चार्ल्स डार्विन

कुछ प्रमुख जीवनियाँ

ईश्वरचंद्र विद्यासागर
नेपोलियन बोनापार्ट
चंद्रशेखर आजाद
लाला हरदयाल
समाज सुधारक
राजा राममोहन राय
आनंदमूर्ति
बेंजामिन फ्रैंकलिन की आत्मकथा
जगदीशचंद्र बसु
लोकमाता अहिल्याबाई
लोकमान्य बाल गंगाधर तिलक
लियोनार्दो द विंची
शिखर भारतीय महिलाएँ
मैडम भीखाजी कामा
प्रथम अंतरिक्ष यात्री
यूरी गागरिन
लियो टॉलस्टॉय
आचार्य विनोबा भावे
स्वामी रामदेव
आर्यभट
अन्ना हजारे
नेल्सन मंडेला
महर्षि अरविंद घोष
कस्तूरबा गांधी
कर्नल जिम कॉर्बेट
मौलाना अबुल कलाम आज़ाद
होमी जहांगीर भाभा
नेताजी
सुभाषचंद्र बोस
भगिनी निवेदिता
भारत कोकिला
सरोजिनी नायडू
स्टीफन हॉकिंग
गोपाल कृष्ण गोखले
गुरुदेव
रवींद्रनाथ टैगोर
स्वामी दयानंद सरस्वती
बिपिनचंद्र पाल
निकोलस कॉपरनिकस
बिरसा मुंडा

चार्ल्स डार्विन

विनोद कुमार मिश्र

प्रकाशक

प्रभात प्रकाशन प्रा. लि.

4/19 आसफ अली रोड, नई दिल्ली–110002

फोन : 23289777 • हेल्पलाइन नं. : 7827007777

इ–मेल : prabhatbooks@gmail.com ❖ वेब ठिकाना : www.prabhatbooks.com

संस्करण

2025

पेपरबैक मूल्य

तीन सौ पचास रुपए

मुद्रक

नरुला प्रिंटर्स, दिल्ली

★

CHARLES DARWIN

A biography by Shri Vinod Kumar Mishra

Published by **PRABHAT PRAKASHAN PVT. LTD.**

4/19 Asaf Ali Road, New Delhi-110002

ISBN 978-93-5048-334-3

₹ 350.00 (PB)

पूज्य पिताजी
स्व. श्री लक्ष्मी चरण मिश्र
(अवकाश-प्राप्त वैज्ञानिक अधिकारी)
की
चिर स्मृति को
सादर समर्पित।

भूमिका

दुनिया के सभी धर्मग्रंथों में यह स्पष्ट रूप से उल्लिखित है कि मानव सहित सृष्टि के हर चर और अचर प्राणी की रचना ईश्वर ने अपनी इच्छा के अनुसार की। प्राचीन पौराणिक ग्रंथों में उपलब्ध वर्णन से भी यह स्पष्ट होता है कि प्राचीनकाल में मनुष्य लगभग उतना ही सुंदर व बुद्धिमान् था जितना कि आज है।

पश्चिम की अवधारणा के अनुसार यह सृष्टि लगभग छह हजार वर्ष पुरानी है। यह विधाता द्वारा एक बार में रची गई है और पूर्ण है।

ऐसी स्थिति में किसी प्रकृति-विज्ञानी (औपचारिक शिक्षा से वंचित) द्वारा यह प्रमाणित करने का साहस करना कि यह सृष्टि लाखों-करोड़ों वर्ष पुरानी है, अपूर्ण है और परिवर्तनीय है—कितनी बड़ी बात होगी, इसकी केवल कल्पना ही की जा सकती है। ईश्वर की संतान या ईश्वर के अंश मानेजाने वाले मनुष्य के पूर्वज वानर और वनमानुष रहे होंगे, यह प्रमाणित करनेवाले को अवश्य यह अंदेशा रहा होगा कि उसका हश्र भी कहीं ब्रूनो और गैलीलियो जैसा न हो जाए।

उन्नीसवीं सदी के पहले दशक में प्रख्यात चिकित्सक परिवार में जनमे चार्ल्स डार्विन ने चिकित्सा का व्यवसाय नहीं चुना। हारकर उनके पिता ने उन्हें धर्माचार्य की शिक्षा दिलानी चाही, पर वह भी पूरी नहीं हो पाई।

बचपन से ही प्राकृतिक वस्तुओं में रुचि रखनेवाले चार्ल्स को जब प्रकृति-विज्ञानी के रूप में बीगल अनुसंधान जहाज में यात्रा करने का अवसर मिला तो उन्होंने अपने जीवन को एक नया मोड़ दिया।

समुद्र से डरनेवाले तथा आलीशान मकान में रहनेवाले चार्ल्स ने पाँच वर्ष समुद्री यात्रा में बिताए और एक छोटे से केबिन के आधे भाग में गुजारा किया। जगह-जगह की पत्तियाँ, लकड़ियाँ, पत्थर, कीड़े व अन्य जीव तथा हड्डियाँ एकत्रित कीं।

उन दिनों फोटोग्राफी की व्यवस्था नहीं थी। अत: उन्हें सारे नमूनों पर लेबल लगाकर समय-समय पर इंग्लैंड भेजना होता था। अपने काम के सिलसिले में वे दस-दस घंटे घुड़सवारी करते थे और मीलों पैदल भी चलते थे। जगह-जगह खतरों का सामना करना, लुप्त प्राणियों के जीवाश्मों को ढूँढ़ना, अनजाने जीवों को निहारना ही उनके जीवन की नियति थी।

गलापागोज की यात्रा चार्ल्स के लिए निर्णायक सिद्ध हुई। इस द्वीप में उन्हें अद्‌भुत कछुए और छिपकलियाँ मिलीं। उन्हें विश्वास हो गया कि आज जो दिख रहा है, कल वैसा नहीं था। प्रकृति में सद्‌भाव व स्थिरता दिखाई अवश्य देती है, पर इसके पीछे वास्तव में सतत संघर्ष और परिवर्तन चलता रहता है।

लंबी यात्रा की थकान अभी उतरी भी नहीं थी कि चार्ल्स ने आगे का अन्वेषण तथा उस पर आधारित लेखन आरंभ कर दिया। बहुत थोड़े से लोगों ने उनका हाथ बँटाया। समस्त कार्य चार्ल्स को स्वयं ही करना पड़ा।

श्रेष्ठ वैज्ञानिकों का कार्यस्थल आमतौर पर कोई प्रतिष्ठित संस्था या शिक्षा केंद्र ही रहा है। अरस्तू से लेकर न्यूटन, फैराडे तक को कोई-न-कोई रॉयल सोसाइटी, रॉयल संस्थान आदि मिल ही गया था, जो काम और काम के खर्च दोनों में हाथ बँटाता था।

परंतु डार्विन ने अपना कार्य ग्रामीण इलाके के दूर-दराज स्थित मकान में शुरू किया। अपनी पैतृक संपत्ति के रूप में प्राप्त सारा धन उन्होंने इस कार्य पर लगा दिया। जिस प्रकार का काम वे कर रहे थे—उसमें न तो कोई पैसा लगाने के लिए आगे आया और न ही चार्ल्स ने इसके लिए विशेष प्रयास ही किए।

उनके मस्तिष्क में 'जीवोत्पत्ति का सिद्धांत' जन्म ले चुका था। सन् 1844 में उन्होंने इसे विस्तार से कलमबद्ध भी कर लिया था, पर इसे प्रकाशित करने की कोई जल्दी उन्होंने नहीं दिखाई; क्योंकि इसकी भावी प्रतिक्रिया का उन्हें एहसास था। इसलिए वे इसमें कोई कमी या गुंजाइश रहने देना नहीं चाहते थे। वे लगातार प्रयोग-दर-प्रयोग करके उसे प्रामाणिक करते चले गए।

वे धैर्यपूर्वक लिखते रहे। उनकी रचनाएँ तेजी से पाठकों के हाथों में आती रहीं। संभवत: वे कुछ वर्ष और इंतजार कर लेते, पर वालेस के अनुसंधान का परिणाम देखकर उन्हें भी अपना सिद्धांत सार्वजनिक करना पड़ा। हालाँकि उनके पास पुख्ता प्रमाण थे कि वे निष्कर्ष पर पहले पहुँचे थे, पर उन्होंने वालेस को बराबर का सम्मान दिया।

तत्कालीन समाज में उनके सिद्धांत पर जोरदार बहस हुई। ईश्वर की संतान

माना जानेवाला मानव वानर की संतान माना जाने लगा। इसे मानव के पतन की संज्ञा दी गई। राजशाही से लेकर चर्च तक सभी तिलमिला गए, पर डार्विन जरा भी विचलित नहीं हुए। सभी प्रकार की प्रतिक्रियाओं को वे पूरी विनम्रता से स्वीकार करते रहे।

अथक परिश्रम से किए गए प्रयोगों के परिणामों की शुद्धता के आगे उठनेवाला भारी विरोध दूर भागता चला गया और अंततः लुप्त प्रजातियों की तरह विलुप्त हो गया।

डार्विन ने जीवन के हर पहलू पर प्रयोग किए। उन्होंने पत्तों, फूलों, पक्षियों, स्तनपायी जीवों—सभी को अपने प्रयोगों के दायरे में लिया। अपने मित्र माइकेल फैराडे द्वारा विकसित विद्युत् जेनरेटर का प्रयोग करके उन्होंने विभिन्न मानसिक स्थितियों का चेहरे पर पड़नेवाले प्रभाव का अध्ययन किया और उस पर आधारित पुस्तक की रचना की। इसमें उनके कुत्ते बॉब ने उन्हें भरपूर सहयोग दिया और उन्हें बतलाया कि भूख लगने पर, गुस्सा होने पर तथा प्रसन्न होने पर उसकी मुखमुद्रा कैसे बदलती है।

दुनिया को मांसाहारी पौधों के बारे में ज्ञान देनेवाले चार्ल्स डार्विन ने निरीह केंचुओं के व्यापक योगदान पर भी प्रकाश डाला और उन्हें सामाजिक सम्मान दिलवाया। उनके योगदान को प्रमाणित करने के लिए उन्होंने गणित का भी सहारा लिया; हालाँकि वे न्यूटन व गैलीलियो की तरह गणित में दक्ष नहीं थे, पर वे अपने सिद्धांतों को अनेक दृष्टिकोणों व तरीकों से परखना जानते थे।

स्वभाव से विनम्र, परिश्रमी, धैर्यवान्, साहसी, तर्कसंगत विचारोंवाले, कलम के धनी चार्ल्स डार्विन आज भी दुनिया के श्रेष्ठतम वैज्ञानिकों में से एक और न्यूटन, आइंस्टाइन आदि के समकक्ष माने जाते हैं। तत्कालीन समाज में उनका विरोध हुआ और होता रहा, पर उनके सिद्धांत का विकल्प कोई नहीं दे पाया। आमतौर पर श्रेष्ठ वैज्ञानिकों के परिवार का इतिहास अस्त-व्यस्त रहा है, पर डार्विन का भरा-पूरा परिवार प्रगतिशील व समृद्ध था और उनके पुत्र भी श्रेष्ठ वैज्ञानिक बने। शायद इसमें उनकी करुणाशील पत्नी एम्मा का भी विशेष योगदान रहा।

विज्ञान के अतिरिक्त चार्ल्स ने किसी अन्य कार्य, जैसे—समाज-सेवा, राजनीति, व्यवसाय आदि में हाथ नहीं डाला; पर दासप्रथा के वे घोर विरोधी थे। उन्हें मनुष्यों के ही नहीं पशु-पक्षियों के दुःख-दर्द की भी चिंता थी और वे घोड़े को चाबुक लगाना भी बरदाश्त नहीं कर पाते थे।

ऐसे महान् वैज्ञानिक की जीवनी लिखने हेतु सामग्री जुटाने के लिए

सी.एस.आई.आर., अनुसंधान भवन, दिल्ली स्थित लाइब्रेरी की प्रभारी श्रीमती रेणु पांडेय तथा साहित्य अकादेमी की लाइब्रेरी के श्री पद्‌मनाभन ने विशेष सहयोग दिया।

हर बार की ही तरह मेरे मित्रों व सहयोगियों के अलावा मेरी पत्नी वीना मिश्र तथा पुत्रों वरुण व विशाल ने अनुकूल वातावरण बनाए रखकर एवं अनेक प्रकार से इस पुस्तक के साकार होने में प्रत्यक्ष व अप्रत्यक्ष रूप से सहयोग दिया। मैं उन सभी का हृदय से आभारी हूँ।

इस जीवनी से पूर्व मैं एक अन्य शृंखला के अंतर्गत अष्टावक्र, राणा संग्राम सिंह (साँगा), फ्रैंकलिन डिलानो रूजवेल्ट व हेलेन कीलर की जीवनी लिख चुका हूँ। वर्तमान शृंखला के अंतर्गत अल्बर्ट आइंस्टाइन व थॉमस अल्वा एडिसन की जीवनी प्रकाशित हो चुकी हैं। इस जीवनी ने आगे का मार्ग प्रशस्त कर दिया है और आनेवाले समय में अल्फ्रेड नोबल, ग्राहम बेल, लियोनार्डो द विंसी, हेनरी फोर्ड तथा मैडम क्यूरी आदि की जीवनियाँ पाठकों के हाथों में आएँगी। अत: आपसे विनम्र प्रार्थना है कि कार्य में त्रुटियों व भावी सुझावों से अवगत कराते रहें।

—विनोद कुमार मिश्र

अनुक्रम

प्रकृति की खोज का सिलसिला

मानव सभ्यता के प्रारंभ में मनुष्य के मन में जिज्ञासाएँ उठने लगी थीं कि आखिर इस विविधतापूर्ण प्रकृति की रचना कैसे हुई होगी ? उसने अपने आस-पास का प्राकृतिक सौंदर्य देखा होगा। थोड़ी-बहुत यात्रा करके पाया होगा कि इस सौंदर्य का एक प्रमुख आधार विविधता है।

परंतु तब यह प्रश्न बड़ा था और मनुष्य की क्षमता थोड़ी थी। निश्चय ही उसने जल्दी ही मान लिया होगा कि इस संसार के रचयिता ने ही यह सब रचा होगा। वह परम शक्तिमान है। उसने न सिर्फ मनुष्य को रचा वरन् मनुष्य के उपभोग के लिए सुंदर एवं मोहक सृष्टि रचकर दी।

मनुष्य का ईश्वर के प्रति आदर व आस्था बढ़ते चले गए। यह सब स्वतः-स्फूर्त कल्पना थी और इतनी प्राकृतिक थी कि दुनिया के सभी धर्मों में इसे स्थान मिला।

अनादि माने जानेवाले सनातन धर्म, जिसे हिंदू धर्म के नाम से भी जाना जाता है, में कल्पना की गई है कि ब्रह्मा ने सृष्टि की रचना की और मनु व श्रद्धा को रचा। आदिपुरुष व आदिस्त्री माने जानेवाले मनु और श्रद्धा को आज भी पूरे श्रद्धा व आदर से पूजा जाता है, क्योंकि हम सब इन्हीं की संतान माने जाते हैं।

उसी तरह अति प्राचीन यहूदी धर्म, लगभग दो हजार वर्ष पुराने ईसाई धर्म और लगभग तेरह सौ वर्ष पुराने इसलाम धर्म में आदम एवं हव्वा को आदिपुरुष और आदिस्त्री माना जाता है। उनका नाम भी आदर के साथ लिया जाता है, क्योंकि सभी इनसान उनकी ही संतान माने जाते हैं।

पर कालक्रम की गणना में विभिन्न धर्मों में अंतर है। सनातन धर्म की मान्यताओं के अनुसार, सृष्टि की रचना होती है, विकास होता है और फिर संहार (प्रलय) होता है। इसमें युगों की गणना का प्रावधान है और हर युग लाखों वर्ष

का होता है, जैसे—वर्तमान कलियुग की आयु चार लाख बत्तीस हजार वर्ष आँकी गई है।

पर पश्चिमी धर्मों की मान्यताओं के अनुसार ईश्वर ने सृष्टि की रचना एक बार में और एक बार के लिए की है। उनके अनुसार मानव की रचना अधिक पुरानी नहीं है। लगभग छह हजार वर्ष पूर्व मनुष्य की रचना उसी रूप में हुई है जिस रूप में मनुष्य आज है। इसी तरह सृष्टि के अन्य चर-अचर प्राणी भी इसी रूप में रचे गए और वे पूर्ण हैं।

लेकिन मनुष्य की जिज्ञासाएँ कभी शांत होने का नाम नहीं लेती हैं। सत्य की खोज जारी रही। परिवर्तनशील प्रकृति का अध्ययन उसने अपने साधनों के जरिए जारी रखा और उपर्युक्त मान्यताओं में खामियाँ शीघ्र ही नजर आने लगीं।

पूर्व में धर्म इतना सशक्त व रूढ़िवादी कभी नहीं रहा। समय-समय पर आर्यभट, ब्रह्मगुप्त, भास्कराचार्य जैसे विद्वानों ने जो नवीन अनुसंधान किए उन पर गहन चर्चा हुई। लोगों ने पक्ष और विपक्ष में अपने विचार स्पष्ट रूप से व्यक्त किए।

परंतु पश्चिम में धर्म अत्यंत शक्तिशाली था। वह रूढ़ियों से ग्रस्त भी था। जो व्यक्ति उसकी मान्यताओं पर चोट करता था उसे इसकी भारी कीमत चुकानी पड़ती थी। कोपरनिकस ने धार्मिक मान्यता पर पहली चोट की। उनका सिद्धांत उनकी पुस्तक 'मैग्नम ओपस' के रूप में जब आया तो वे मृत्यु-शय्या पर थे और जल्दी ही चल बसे।

पर ब्रूनो एवं गैलीलियो जैसे वैज्ञानिकों को भारी कीमत चुकानी पड़ी। ब्रूनो को जिंदा जला दिया गया। गैलीलियो को लंबा कारावास भुगतना पड़ा। पर उनके ये बलिदान व्यर्थ नहीं गए। उन्होंने लोगों के ज्ञानचक्षु खोल दिए। अब लोग हर चीज को वैज्ञानिक नजरिए से देखने लगे।

उस काल तक यातायात की सुविधाएँ भी विकसित हो चुकी थीं। यूरोप के लोग व्यापार, धर्म-प्रचार और अन्य उद्देश्यों के लिए विश्व-भ्रमण पर निकलने लगे। अनेक साहसिक यात्रियों ने अगम्य माने जानेवाले सागरों का सीना चीरते हुए दुनिया के ओर-छोर नाप लिये।

अब लोग प्रकृति की खोज में भी निकलने लगे। प्रकृति-प्रेमियों ने अब तक प्रकृति का जो अध्ययन किया था, उसने नए विज्ञान का रूप ले लिया था। ये विज्ञानी अपने प्रकृति-विज्ञान का विस्तार करना चाहते थे और इसके लिए लंबी-लंबी यात्राओं पर निकलने लगे।

अठारहवीं और उन्नीसवीं सदी में ऐसी बहुत सी यात्राएँ संपन्न हुईं। ये

यात्राएँ अनेक उद्देश्यों से की गईं। उनमें से एक प्रमुख उद्देश्य था—विभिन्न उपलब्ध चर-अचर प्राणियों का वर्गीकरण। इस समय तक लगभग सभी प्रमुख प्रजातियों के जंतुओं व वनस्पतियों का ज्ञान हो चुका था और बिना उचित वर्गीकरण के उनका अध्ययन कठिन हो रहा था।

इस संबंध में पहली महत्त्वपूर्ण यात्रा सन् 1700 में टोर्नफोर्ट ने संपन्न की थी, जिसमें दो वर्ष लगे। टोर्नफोर्ट फ्रांस के रहनेवाले एक वनस्पति-शास्त्री थे। उन्होंने अपनी यात्रा के अनुभवों को पत्रों द्वारा व्यक्त किया, जो अत्यंत लोकप्रिय साबित हुए। बीसवीं सदी में जब इनका पुनःप्रकाशन हुआ तो खूब बिके। उनके वर्णन में वहाँ की भूमि व वनस्पतियाँ सभी शामिल थे। उन्होंने वहाँ की राजनीतिक व धार्मिक स्थिति का भी वर्णन किया।

टोर्नफोर्ट की यात्रा को राजनीतिक संरक्षण प्राप्त था और उसका खर्च फ्रांसीसी प्रशासन द्वारा उठाया गया था। इस पर बाद में किए गए शोध के अनुसार इस यात्रा का उद्देश्य ऑटोमन साम्राज्य में उपलब्ध प्राकृतिक संसाधनों का पता लगाना था। उस समय फोटोग्राफी की सुविधा नहीं थी, इसलिए एक ड्राफ्टमैन भी उनके साथ भेजा गया था।

इसके ठीक तीन वर्ष बाद स्वीडन से एक साहसी यायावर यात्री निकला, जिसका नाम लीनियस था। उस काल में स्वीडन फ्रांस की तुलना में गरीब देश था। लीनियस ने लैपलैंड की यात्रा की। गरमियों में आयोजित यह एक कम अवधि की यात्रा थी। इसके लिए रॉयल विज्ञान सोसाइटी से मामूली अनुदान ही मिला था। पर इससे वनस्पति-शास्त्र को नया आयाम मिला।

उपर्युक्त यात्राओं ने लंबी दूरी की दीर्घकालीन यात्राओं को आधार प्रदान किया। अठारहवीं सदी के उत्तरार्द्ध में साइबेरिया की यात्रा के दौरान वहाँ से नई-नई प्रजातियों के प्राणी व वनस्पतियाँ मिलीं। कैप्टन जेम्स कुक के नेतृत्व में दक्षिणी गोलार्द्ध की यात्रा संपन्न हुई। उस समय महाशक्ति माने जानेवाले ब्रिटेन और फ्रांस इस दिशा में भी एक-दूसरे के प्रतिद्वंद्वी बन गए।

बहूपयोगी यात्राओं का सिलसिला चल निकला। अन्वेषण दल जब मिस्र गया तो उसके साथ सेना भी थी। भौगोलिक खोज के साथ उपनिवेश बनाने की ललक भी इसके साथ जुड़ गई। इससे प्रकृति-विज्ञानियों का कार्य कठिन हो गया। विभिन्न यूरोपीय ताकतें आपस में एक-दूसरे को नीचा दिखाने लगीं। उनके इस व्यवहार के कारण स्थानीय लोग अकसर भड़क उठते थे। सन् 1788 में ला पेरुज का अभियान दल प्रशांत महासागर से गायब ही हो गया। कई जगहों पर प्रकृति-

विज्ञानियों और नौसैनिकों में तीखी झड़पें हुईं।

परंतु अभियान निरंतर चलते रहे। कुछ बहुत सफल रहे और कुछ में प्रकृति-विज्ञानी वापस स्वदेश नहीं लौट पाए। फ्रांसीसी यात्री विक्टर जैकमांट अपनी चार वर्ष की यात्रा में भारत में प्रकृति का अध्ययन करते रहे और सन् 1832 में बंबई में ही चल बसे।

कुछ काल के पश्चात् अभियान दल पर्याप्त संसाधन जुटाकर चलने लगे। उनके साथ धर्म-प्रचार करनेवाले पादरी भी होते थे। अभियान दल के सभी लोग टोर्नफोर्ट की तरह कुशल लेखक तो नहीं होते थे, पर उनकी यात्राओं के विवरण कुल मिलाकर अत्यंत रोचक होते थे। उनमें नए-नए तथ्य भी होते थे और तसवीरें भी।

इनके अभियानों के आधार पर कथा-साहित्य भी तैयार होने लगा, जो अपने आप में अद्भुत था। अनेक दार्शनिक इसके आधार पर नए सिरे से चिंतन करने लगे, जो मौलिक और तथ्यपरक होने लगा। वे समाज में फैली विविधता एवं सापेक्षता पर विचार करने लगे और ये विचार अब तक की मान्यताओं से भिन्न थे।

प्रकृति-विज्ञानी जब अभियान से वापस आते थे तो अपने साथ न सिर्फ तरह-तरह की कथाएँ, किस्से व विचार लाते वरन् बड़ी मात्रा में वर्तमान व लुप्त प्रजातियों के जीवाश्म, सूखी वनस्पतियों के नमूने भी लाते थे, जिससे अन्य वैज्ञानिकों को भावी अनुसंधान का आधार मिलता था।

यात्राओं से ज्ञान का दायरा कितनी तीव्र गति से बढ़ रहा था, इसका अंदाज इस बात से लगाया जा सकता है कि सत्रहवीं सदी के अंत में टोर्नफोर्ट ने लगभग दस हजार पौधों का वर्णन दर्ज किया था; जबकि एक शताब्दी पूर्व कुछ हजार पौधों का ही ज्ञान उपलब्ध था।

सन् 1833 में मिस्र की यात्रा के पश्चात् पचास हजार वनस्पतियों के बारे में जानकारी उपलब्ध थी और इसके बाद इसकी संख्या में वृद्धि होती ही गई। कालांतर में इन वनस्पतियों को अजायबघर में रखा जाने लगा, ताकि आम आदमी भी उन्हें देख सके। साथ-साथ इनके वर्णनों का संग्रह भी तैयार हो गया।

लगभग ऐसी ही प्रगति जंतु विज्ञान के क्षेत्र में भी हुई। प्राणियों के कैटालॉग तैयार हुए। उन्हें वैज्ञानिक आधार पर वर्गीकृत किया गया। ज्यों-ज्यों अध्ययन आगे बढ़ा त्यों-त्यों वर्गीकरण का आधार भी बढ़ता गया। कुछ वनस्पतियों को घास माना गया तो कुछ को झाड़ी और कुछ को पेड़। इसी तरह चल प्राणियों को आरंभ में छह वर्गों में बाँटा गया—

- मैमल अर्थात् स्तनपायी

- बर्ड अर्थात् चिड़ियाँ
- एंफीबियन, जिनमें मेढक, टोड आदि आते हैं
- फिश अर्थात् मछलियाँ
- इंसेक्ट अर्थात् कीड़े-मकोड़े
- वर्म अर्थात् सूक्ष्म कीड़े।

इसके पश्चात् इनका उप-विभाजन हुआ। इसके अलावा यौन-व्यवहार के आधार पर भी इनका वर्गीकरण किया गया। विभिन्न वनस्पतियों और प्राणियों में वंश-वृद्धि कैसे होती है, यह देखा गया और दर्ज किया गया।

लीनियस ने जो वर्गीकरण किया, उसमें बहुत सी कमियाँ थीं। समय के साथ उनमें सुधार हुए। विभिन्न प्रकार के क्षेत्रों एवं तापमान का वनस्पतियों पर प्रभाव दर्ज किया गया। इन यात्राओं में प्रकृति-विज्ञानियों ने पाया कि बहुत कम पौधे ही ऐसे होते हैं जो हर प्रकार की भूमि, तापमान, नमी में उग जाते हैं। जब यूरोप और ऑस्ट्रेलिया की वनस्पतियों की तुलना की गई तो पाया गया कि कुल वनस्पतियों का मात्र अस्सीवाँ हिस्सा ही साझा था।

चार्ल्स डार्विन ने जब सन् 1831 बीगल जहाज में यात्रा प्रारंभ की तो उन्हें अब तक किए गए कार्यों का बहुत कम ज्ञान था। बाईस वर्षीय युवक ने नए सिरे से अध्ययन आरंभ किया और दुनिया को प्रकृति-विज्ञान के क्षेत्र में एक नई दिशा दी। उनके काम से न सिर्फ वैज्ञानिक जगत् में बल्कि समाज के अनेक क्षेत्रों में भी उथल-पुथल मच गई।

□

पारिवारिक विरासत

सन् 1760 का एक दिन ऐतिहासिक और महत्त्वपूर्ण दिन बन गया। उस शुभ दिन उस समय के प्रसिद्ध चिकित्सक डॉ. एरास्मस डार्विन एक मरीज को देखने गए। वह मरीज एक युवा बरतन निर्माता था, जिसका नाम जोसियाह वेजवुड था।

सन् 1731 में जनमे डॉ. एरास्मस डार्विन ने चिकित्सा-विज्ञान की पढ़ाई कैंब्रिज विश्वविद्यालय से पूरी की थी। कैंब्रिज व एडिनबर्ग में पढ़ने के पश्चात् उन्होंने लिचफील्ड में प्रैक्टिस प्रारंभ की।

डॉ. डार्विन को शीघ्र ही अच्छी लोकप्रियता हासिल हो गई, क्योंकि उन्होंने एक मरीज के बहुत बिगड़े हुए रोग को अपने उपचार के नवीन तरीकों से बिलकुल ठीक कर दिया था। उस युवा मरीज का इलाज उनसे पहले अनेक डॉक्टरों ने किया था, पर गलत तरीके से इलाज के कारण मरीज की हालत निरंतर गिरती जा रही थी।

जब डॉ. डार्विन ने इलाज प्रारंभ किया तो मरीज की स्थिति में तेजी से सुधार होने लगा। इससे उन्हें अभूतपूर्व लोकप्रियता मिली और वे न सिर्फ लिचफील्ड में प्रसिद्ध हुए वरन् उन्हें राष्ट्रीय व अंतरराष्ट्रीय स्तर पर ख्याति मिलती चली गई।

लंबे कद के तथा भारी डील-डौलवाले डॉ. एरास्मस डार्विन विग लगाया करते थे। उनकी रुचियाँ नाना प्रकार की थीं और वे अपना चिंतन चिकित्सा विज्ञान तक सीमित नहीं रखते थे। समकालीन आविष्कारक व उद्योगपति जेम्स वाट एवं मैथ्यू बुल्टन उनके घनिष्ठ मित्रों में से थे। ये लोग उस भाप के इंजन में सुधार करने में लगे थे जिसने आनेवाले समय में इंग्लैंड का नक्शा ही बदल दिया था।

पेशे से चिकित्सक डॉ. डार्विन को इन प्रयासों का मूल्य पहले ही समझ में आ गया और उन्होंने बुल्टन से प्रस्ताव किया कि क्यों न साझे में एक फर्म

खोली जाए, जिससे भाप की शक्ति से गाड़ियाँ चलाई जाएँ। डार्विन ने उसका पेटेंट हासिल करने की भी योजना तैयार की।

पर यह योजना सफल नहीं हो पाई। दु:खी डॉक्टर ने अपनी असफलता के दु:ख को एक कविता में उड़ेला। यह कविता दु:खी डार्विन के हृदय से तब फूटी जब वह अपने गम भुलाने के लिए ग्रामांचल में चाँदनी रात में टहल रहे थे। कविता का सार इस प्रकार है—

"हे भाप! तुम पर अभी तक कोई विजय नहीं पा सका है; पर जल्दी ही तुम्हारे सहारे जहाज धीमी गति से आगे बढ़ेंगे, तेज कारें दौड़ने लगेंगी, अपने चौड़े-चौड़े पंखों के जरिए उड़नेवाले रथ आसमान की ऊँचाइयों को चूमेंगे।"

उधर जिस मरीज को देखने के लिए बहुमुखी प्रतिभा के धनी डॉ. डार्विन गए थे, वे जोसियाह वेजवुड सन् 1730 में जनमे थे। अर्थात् आयु में डॉक्टर से सत्रह महीने वरिष्ठ थे। जोसियाह के पिता का देहांत तभी हो गया था जब वह मात्र नौ वर्ष के थे और इस कारण उन्हें स्कूल की पढ़ाई छोड़नी पड़ी थी। जोसियाह अब अपने भाई के साथ काम करने लगे, जो बरतन बनाया करते थे। उन्होंने अपने छोटे से घर के पिछवाड़े एक कमरे में अपना काम शुरू किया था।

जोसियाह जल्दी ही कारोबार के गुर समझ गए थे। बाद में उन्होंने इस कार्य में अग्रणी थॉमस विल्डन से भी साझेदारी की। उन्होंने परंपरागत तरीके से मिट्टी के बरतन बनाने में भी महारत हासिल की और इसमें नए-नए प्रयोग भी किए।

सन् 1759 में उन्होंने वेजवुड वेयर के नाम से सुंदर व अनोखे बरतन निर्माण का कारोबार प्रारंभ किया, जिसने प्रारंभ में ही धूम मचा दी। जोसियाह का नाम अग्रणी बरतन निर्माताओं में गिना जाने लगा। उन्होंने अपने शानदार बरतन तत्कालीन महारानी कैरोलीन को भेंट किए, जिन्होंने उन्हें 'शाही बरतन निर्माता' की उपाधि प्रदान की। यही नहीं, रूस की सम्राज्ञी कैथरीन ने उन्हें डिनर सेट तैयार करने का बहुमूल्य ऑर्डर दिया, जिसमें इंग्लैंड के प्राकृतिक नजारों के तेरह सौ खूबसूरत दृश्य अंकित करने थे।

जोसियाह ने उपर्युक्त कार्य पूरी कुशलता से कर दिखाया और इससे उन्हें अंतरराष्ट्रीय स्तर पर ख्याति मिली। धीरें-धीरे उन्होंने अन्य आविष्कार भी किए और नहरों, सड़कों आदि बनाने के कामों में भी भागीदारी आरंभ कर दी, जो उस समय के क्रांतिकारी कार्य माने जाते थे। ब्रिटिश साम्राज्य उन्हें बहुत महत्त्व दे रहा था।

इस प्रकार इलाज के बहाने जब डॉ. डार्विन व जोसियाह वेजवुड मिले तो चिकित्सक व रोगी का रिश्ता शीघ्र ही मित्रता में परिवर्तित हो गया। दोनों खुले मस्तिष्क के स्वामी थे और हाल ही में हुई फ्रांसीसी क्रांति में उभरे विचारों व सिद्धांतों के समर्थक थे। उन्हें अमेरिका में चल रहे स्वतंत्रता संग्राम से भी सहानुभूति थी। दोनों को उस समय प्रचलित दास-प्रथा से नफरत थी। वे इसे अपने शब्दों में भी व्यक्त करते थे और कृतित्व में भी। जोसियाह ने अपने एक बरतन पर काले गुलाम को जंजीरों में बँधा दिखाया था और साथ में अंकित किया था—'क्या मैं मनुष्य व आपका भाई नहीं हूँ?'

डॉ. डार्विन और जोसियाह दोनों प्रगति के पथ पर आगे बढ़ते चले गए। जोसियाह एक-से-एक खूबसूरत बरतन डिजाइन करते चले गए, जो बेशकीमती होते थे। डॉ. डार्विन की प्रतिष्ठा भी बढ़ती चली गई और उन्होंने तत्कालीन ब्रिटिश सम्राट् जॉर्ज तृतीय को भी प्रभावित किया, जिन्होंने उन्हें 'शाही चिकित्सक' का कार्यभार सँभालने का निमंत्रण दिया। पर डॉ. डार्विन ने उसे अस्वीकार कर दिया और वे अपना ज्यादातर समय लेखन में लगाने लगे।

उन्होंने अपने ग्रंथ 'जूनोमिया' पर लगभग बीस वर्ष लगाए, जिसका उद्देश्य रोगों के सिद्धांतों का प्रतिपादन करना था। इससे जीवन के विभिन्न पहलुओं को सामने लाने में सहायता मिलती थी। उन्होंने एक जगह लिखा भी कि यह कल्पना करना कठिन नहीं है कि इस पृथ्वी के अस्तित्व में आने के करोड़ों वर्ष बाद ही मानव जीवन का अस्तित्व प्रारंभ हुआ। यही नहीं, यह भी कहा जा सकता है कि सभी गरम खूनवाले प्राणी प्रारंभ में एक कोशिकावाले जीव ही थे।

डॉ. डार्विन उस समय तक लीनियस तथा बफॉन द्वारा किए गए कार्य से काफी प्रभावित थे, जिन्होंने वनस्पतियों और प्राणियों का वर्गीकरण किया था। उन्होंने यह भी प्रमाणित करने का प्रयास किया था कि प्रारंभ में एक मौलिक जीव था।

डॉ. डार्विन कवि भी थे और चिंतक भी। उन्होंने दोनों गुणों का उपयोग करते हुए कल्पना की कि आखिर एक जीव से अनेक प्रजातियाँ कैसे विकसित हुई होंगी? आज के सभी चौपाए और मनुष्य आखिर जलजीव के रूप में कैसे रहते होंगे। ऐसा भी हो सकता है, किसी आपदा या मजबूरी के कारण वे सूखे इलाकों में आए होंगे। यह भी हो सकता है कि लाखों-करोड़ों वर्षों में पृथ्वी पर ये वनस्पतियाँ एवं अन्य प्राणी ही रहे हों और बाद में मनुष्य अस्तित्व में आया हो।

उन दिनों लामार्क का जीवन संबंधी सिद्धांत सामने आया था। उसके संदर्भ में डॉ. डार्विन ने अपनी रचना 'जूनोमिया' में लिखा था कि सभी प्राणियों में लगातार परिवर्तन होते रहते हैं। इनमें से कुछ परिवर्तन उनके अपने प्रयासों से होते हैं, जो उनकी इच्छाओं की पूर्ति के लिए होते हैं, जबकि कुछ परिवर्तन उनमें संतुलन के कारण होते हैं।

इस प्रकार उस समय अनेक देशों—स्वीडन, फ्रांस आदि—के वैज्ञानिक भी जीवों की उत्पत्ति के संदर्भ में अधिक-से-अधिक जानने में लगे हुए थे। पर लोग इस प्रकार के सिद्धांतों, जैसे एक कोशिकावाले प्राणियों से गरम खून और ठंडे खून वाले प्राणियों की उत्पत्ति हुई थी, को मानने के लिए तैयार नहीं थे। वे पूछ बैठते थे कि व्हेल, सील और मेढक एक मूल के कैसे हो सकते हैं।

उस समय प्राणियों को कृत्रिम रूप से परिवर्तित करने के प्रयास भी चल रहे थे। अनेक घोड़ों को तीव्र गति से दौड़ने के लिए तैयार करने हेतु कृत्रिम रूप से घोड़ियों का गर्भाधान कराया गया था। उसी तरह ऐसे कुत्ते तैयार किए जा रहे थे जो सूँघने के विशेषज्ञ हों। इसी तरह नई प्रजातियों की गायें व भेड़ें तैयार की जा रही थीं।

इन सभी को देखकर डॉ. डार्विन लगातार चिंतन करते रहते थे। एक दिन उन्होंने देखा कि एक कीड़ा एक मक्खी को मारकर ले जा रहा है। उस पर उस समय बह रही ठंडी हवा का कोई प्रभाव नहीं पड़ रहा था। इससे भी उन्हें प्रेरणा मिली। उन्होंने यह भी सोचा कि जीवन में प्रगति होती है, यह धारणा अति प्राचीन काल में बन गई थी और इस कारण यूनानी एवं रोमन साहित्यकारों ने कुछ वैज्ञानिक आधार पर और कुछ कल्पना के आधार पर अनोखी रचनाएँ लिखीं। मध्य युग में अवश्य ही इस चिंतन में ठहराव आ गया था।

उन दिनों अर्थात् अठारहवीं सदी में यूरोप में विज्ञान का उदय तेजी से हो रहा था। डॉ. डार्विन के नए विचारों को सराहा गया और उनकी रचना 'जूनोमिया' ने लोगों में रुचि उत्पन्न की। सात वर्षों में इसके तीन संस्करण बिक गए। इसका फ्रेंच, इतालवी तथा जर्मन भाषाओं में अनुवाद हुआ।

पर ज्यादातर लोग इसे रोगों से संबंधित पाठ्य-पुस्तक ही मानते थे और जीवन की उत्पत्ति के बारे में उनके विचार लोगों के गले नहीं उतर पाते थे, क्योंकि डॉ. डार्विन ने उसमें प्रयोगों, निरीक्षणों आदि का सहारा लेने के बजाय केवल कल्पनाओं का इस्तेमाल किया था। उस समय ये विचार अत्यंत कच्चे थे। पर फिर भी इस बारे में चिंतन तो आरंभ हो ही गया था।

निजी जीवन

डॉ. डार्विन ने युवावस्था में चिकित्सा की प्रैक्टिस प्रारंभ करते ही सत्रह वर्षीया एक युवती से विवाह कर लिया था। यह युवती, जिसका नाम पॉली था, पहली नजर में ही उनका दिल जीत चुकी थी। पति-पत्नी एक पुराने मकान में रहने लगे।

कालांतर में पॉली तीन बेटों की माँ बनी। ये थे—चार्ल्स, एरास्मस तथा रॉबर्ट वेयरिंग। रॉबर्ट वेयरिंग (जो सबसे छोटे थे) का जन्म सन् 1766 में हुआ था।

उधर, डॉ. डार्विन के नए मित्र जोसियाह वेजवुड का विवाह सन् 1764 में हुआ। वे भी तीन बेटों और तीन बेटियों के पिता बने। श्रीमती वेजवुड का स्वास्थ्य ठीक नहीं रहता था, इस कारण से बच्चों को दूर के स्कूल भेज दिया गया। पर बाद में देखा गया कि उनकी पढ़ाई ठीक से नहीं हो पा रही है, अत: उन्हें घर पर ही पढ़ाने का निर्णय लिया गया। इस निर्णय में भी डॉ. डार्विन का योगदान था, जो लड़कों एवं लड़कियों के लिए आधुनिक शिक्षा के पक्षधर थे। उन बच्चों को पढ़ाने के लिए अच्छे विद्वान् शिक्षक रखे गए।

बाद में डार्विन परिवार और वेजवुड परिवार के बच्चे एक ही स्कूल में पढ़ने गए। इस विद्यालय में पढ़ाए जानेवाले पाठ छोटे होते थे और भोजन बहुत अच्छा मिलता था। बच्चों को अच्छी कसरत कराई जाती थी, पर पढ़ाई या व्यवहार में कमी के कारण शारीरिक दंड नहीं दिया जाता था।

रॉबर्ट वेयरिंग डार्विन और सूजनाह (जोसियाह की बेटी) में बचपन में ही मुहब्बत हो गई। प्यार में बाधा उत्पन्न होने का कोई कारण नहीं था। रॉबर्ट को बाद में चिकित्सा विज्ञान के अध्ययन के लिए एडिनबर्ग भेजा गया, पर दोनों का प्रेम व्यवहार चलता रहा।

सन् 1796 में रॉबर्ट तथा सूजनाह के विवाह के साथ ही डार्विन परिवार और वेजवुड परिवार के बीच अब तक चली आ रही मित्रता रिश्तेदारी में बदल गई। हालाँकि इस खुशी को देखने से पूर्व ही (विवाह के एक वर्ष पूर्व) जोसियाह का देहांत हो गया था।

युवा डॉक्टर रॉबर्ट डार्विन भी एक कुशल चिकित्सक बने। उन्होंने स्रूसबरी में प्रैक्टिस करने का निर्णय लिया, जो एक पुराना शहर था और एक पहाड़ी के ऊपर बसा हुआ था। उससे होकर एक नदी भी बहती थी, जो सर्पीले रास्ते से बल खाती हुई आगे बढ़ती जाती थी। उन दिनों लोग उन्नीसवीं सदी के आगमन की प्रतीक्षा कर रहे थे। यह शहर उस समय में अपनी मध्यकालीन इमारतों के लिए जाना जाता था,

जिनमें से एक पुरानी दीवार और नदी के किनारे बसा किला अतीत की दास्तान बयान करते हुए मालूम पड़ते थे।

डॉ. डार्विन तथा सूजनाह ने स्रूसबरी में अपना घर बसाया। वहाँ पर प्रतिवर्ष सर्दियों में कुलीन लोग आकर रहते थे। डॉक्टर की प्रैक्टिस भी अच्छी चलती थी। सूजनाह ने एक के बाद एक चार संतानों को जन्म दिया।

□

चार्ल्स डार्विन का जन्म

सन् 1809 को एक महत्त्वपूर्ण वर्ष या भाग्यशाली वर्ष माना जाता है। जूलियस हक्सले नामक विद्वान् ने इसे विशेष वर्ष की संज्ञा दी, क्योंकि इस वर्ष ग्लैडस्टन, होम्स जैसे लगभग आधा दर्जन महापुरुषों ने जन्म लिया।

इतना ही नहीं, दुनिया की महानतम हस्तियों में से एक तथा अमेरिका के महानतम राष्ट्रपतियों में से एक अब्राहम लिंकन का जन्म 12 फरवरी, 1809 को ही हुआ था।

इसी दिन सूजनाह ने अपनी पाँचवीं संतान को अपने मकान 'द माउंट' स्क्वायर जार्जियन हाउस में जन्म दिया, जिसे डॉ. राबर्ट डार्विन ने सन् 1800 में बड़े चाव से बनवाया था। यह इलाका शहर से थोड़ा अलग था, पर नदी के किनारे बसे इस मकान से अद्‌भुत प्राकृतिक छटा निहारने का एक अलग ही आनंद था। आस-पास सुंदर, मोहक वृक्ष और लताएँ फैली थीं।

नवजात शिशु का नाम चार्ल्स रखा गया। उस समय यूरोप में भारी उथल-पुथल मची थी। अंग्रेज नेपोलियन से जूझ रहे थे। युद्ध की खबरें लोगों के बीच चर्चा का प्रमुख विषय थीं।

बालक चार्ल्स भी लोगों के बीच युद्ध संबंधी बातें सुनता रहता था। वेजवुड परिवार का भी एक युवक मोरचे पर डटा था। उसने ऐतिहासिक वाटरलू युद्ध में भी भाग लिया था।

जून 1815 में अफवाह फैली कि नेपोलियन ने आत्मसमर्पण कर दिया है; परंतु किसी को इस पर विश्वास नहीं हुआ। डार्विन और वेजवुड परिवार जब भी मिलता तो युद्ध की ही बातें होतीं। किसी का भी ध्यान बालक चार्ल्स पर नहीं जाता था।

चार्ल्स का प्रारंभिक विकास बहुत धीमी गति से हुआ। जब नेपोलियन के

आत्मसमर्पण की खबर आई तो सभी उत्तेजित हो गए थे। सभी ने देखा कि छह वर्षीय चार्ल्स भी अचानक उत्तेजित हो गया। अभी तक की उसकी गतिविधियाँ अपने हमउम्र बालकों से पीछे रहा करती थीं।

परिवार की खुशियाँ ज्यादा दिनों तक नहीं रह पाईं। जब बालक चार्ल्स मात्र आठ वर्ष का था तब उसकी माता सूजनाह इस दुनिया से चल बसी। चार्ल्स को इस भारी दु:ख का विशेष एहसास नहीं हो पाया। वह अपनी ही दुनिया में खोया रहता था और कंचे, सिक्के, डाक-टिकट, पौधे, चिड़ियों के अंडे आदि एकत्रित करता रहता था। धीरे-धीरे वह मरे हुए कीड़ों को इकट्ठा करने लगा। उसकी बड़ी बहन ने उसे बताया था कि जीवित प्राणियों को नहीं मारना चाहिए और वह इसका तत्परता से पालन करता था।

डॉ. डार्विन लंबे कद के एवं भारी-भरकम शरीरवाले तो थे ही, उनकी आवाज भी कड़क थी। वे इस बिन माँ के बच्चे की ऐसी हरकतों से परेशान रहते थे और उसे अकसर डाँटते हुए कहते थे कि तुम इन कुत्ते, बिल्लियों, चूहों आदि के खेल में लगे रहते हो, तुम्हें अपने भविष्य की कोई चिंता नहीं है। तुम अवश्य ही खानदान का नाम डुबो दोगे।

माता के देहांत के थोड़े दिनों बाद बालक चार्ल्स को स्रूसबरी ग्रामर बोर्डिंग स्कूल में भेजा गया, जिसकी स्थापना दो सौ पचास वर्ष पूर्व ब्रिटिश सम्राट् एडवर्ड षष्ठम ने की थी। वहाँ का वातावरण काफी सख्त व परंपरागत था।

चार्ल्स जैसे अनोखे बच्चे के लिए वहाँ कठिनाइयाँ-ही-कठिनाइयाँ थीं। घर की तरह विद्यालय के अध्यापक, प्रधानाध्यापक डॉ. बटलर आदि सभी उससे निराश थे।

उसके विद्यालय की रिपोर्ट इस प्रकार थी—

अंग्रेजी	औसत
लैटिन	औसत
गणित	औसत
भूगोल	औसत
इतिहास	औसत
फ्रेंच	औसत।

टिप्पणी—चार्ल्स एक दब्बू किस्म का बालक है। वह दूसरे बच्चों के साथ घुल-मिल नहीं पाता है। वह केवल फूल, पत्ते, चींटी, कीड़े आदि इकट्ठे करने में लगा रहता है।

पर चार्ल्स इन सब टिप्पणियों से बेखबर था। वह इन कीड़ों आदि के बारे में ज्यादा-से-ज्यादा जानने में लगा रहता था। वह पाठ्यक्रम की तथा अन्य किताबें भी पढ़ता था; पर पक्षी विज्ञान, कीट विज्ञान में उसकी गहरी रुचि थी। घर आकर भी वह यही सब करता रहता था, हालाँकि घर के सभी इस बात से काफी चिढ़ते थे।

उधर चार्ल्स के बड़े भाई एरास्मस डार्विन ने अपने बगीचे में एक रासायनिक प्रयोगशाला बनाई थी, जिसमें चार्ल्स भी अपने भाई के साथ देर रात तक लगा रहता था। दोनों भाई मिलकर तरह-तरह की गैसें व यौगिक तैयार किया करते थे। यह खबर चार्ल्स के विद्यालय तक जा पहुँची और उसके साथी उसे 'गैस' के नाम से पुकारने लगे।

प्रधानाध्यापक डॉ. बटलर तो पहले से ही उससे खफा रहते थे। वे चार्ल्स को इन फालतू कामों में समय बरबाद करने के लिए सार्वजनिक रूप से डाँटने लगे। उपर्युक्त गतिविधियाँ वैसे ही कम नहीं थीं, ऊपर से चार्ल्स के चाचा सामुवेल गाल्टन ने उसे निशाना लगाना और सिखा दिया। जब चार्ल्स ने पहली बार बंदूक से निशाना लगाया तो वह बड़ा उत्तेजित हुआ। एक बार को तो उसकी हिम्मत ही नहीं पड़ी कि वह दोबारा कारतूस भरे। धीरे-धीरे वह चिड़ियों का शिकार करने में कुशल हो गया।

पिता डॉ. डार्विन उसकी इन सब गतिविधियों को पसंद नहीं करते थे, पर वे उन्हें सहन करते रहे। चार्ल्स अपने पिता के डील-डौल व गंभीर आवाज से काफी प्रभावित था। वह अकसर उनकी चर्चा करता था। लंबे तगड़े डॉक्टर जब गरीब मरीजों को देखने जाते थे तो पहले अपने कोचवान को जाँचने के लिए अंदर भेजते थे कि दरवाजे से उनका सिर कहीं टकरा तो नहीं जाएगा।

सभी बच्चे डॉ. रॉबर्ट डार्विन की तरह-तरह के नाम रखकर चर्चा करते थे। कोई उन्हें 'नदी का ज्वार' कहकर पुकारता था तो कोई किसी अन्य नाम से। कई बार उनकी कड़ी बातें चार्ल्स के बाल-मन को बुरी तरह आहत कर देती थीं। धीरे-धीरे चार्ल्स आत्मनिर्भर होता चला गया।

पर वह अपने पिता की गतिविधियों व बातों को ध्यान से देखता-सुनता था वह उनके मुँह से बराबर सुना करता कि अकसर महिलाएँ अपने स्वास्थ्य के बारे में शिकायत गोल-मोल तरीके से करती हैं। डॉ. डार्विन का मानना था कि उन्हें शरीर में नहीं वरन् मन में तकलीफ होती है और इसलिए वे ऐसा करती हैं। यह बात उस समय के लिए बिलकुल नई थी और बहुत बाद में फ्रायड ने इसका खुलासा किया।

संवेदनशील चार्ल्स पर इन बातों का गहरा असर पड़ रहा था। चार्ल्स किसी भी बात को बिना मजबूत आधार के मानता नहीं था। वह औरों को भी प्रेरित करता था कि वे भी पूरी जाँच के बाद ही कुछ स्वीकार किया करें।

स्वस्थ शरीरवाले रॉबर्ट डार्विन का पुत्र चार्ल्स प्रारंभ से ही नाजुक स्वास्थ्य वाला था। डॉक्टर प्रसन्नचित्त रहते थे, पर बेटा चार्ल्स चिंतित-सा रहने लगा। पिता लोगों को अपनी बात मानने पर विवश कर देता था, जबकि बेटा सामान्य तर्कों में भी हार मान जाता था। वह बहुत ही दयालु स्वभाव का हो गया था।

□

चिकित्सा का पेशा ठुकराया

डॉ. रॉबर्ट डार्विन की हार्दिक इच्छा थी कि उनके दोनों बेटे उसके और अपने दादा के पदचिह्नों पर चलें, जिन्होंने बतौर चिकित्सक बड़ा नाम कमाया था।

बड़े भाई इरास्मस ने कैंब्रिज में चिकित्सा-शास्त्र की पढ़ाई प्रारंभ कर दी थी। सन् 1825 में वह एडिनबर्ग विश्वविद्यालय में जाने वाला था। पिता रॉबर्ट ने फैसला किया कि चार्ल्स स्कूल में कुछ विशेष नहीं कर पा रहा है, अतः उसे भी चिकित्सा-शास्त्र की पढ़ाई करनी चाहिए। जाने से पूर्व पिता रॉबर्ट ने बेटे को चिकित्सा पेशे की कुछ प्रारंभिक बातें समझानी चाहीं। गरीब मरीजों के इलाज के समय वे बेटे को साथ रखते थे।

हालाँकि उस समय चार्ल्स की आयु मात्र सोलह वर्ष थी और वह चिकित्सा विज्ञान की पढ़ाई के लिए कम उम्र का ही था; पर उन प्रयासों के कारण उसके अंदर करुणा आ गई। वह शिष्टतापूर्ण व्यवहार करना सीख गया। वह रोगियों के लक्षण कागज पर दर्ज करने लगा और अपने पिता को जोर-जोर से पढ़कर सुनाता था। डॉ. डार्विन उसके अनुसार दवा बतला देते थे।

चार्ल्स नित्य एक दर्जन से अधिक मरीजों से बातचीत करता था। वह इस काम में गहरी रुचि लेता था और अब उसके पिता प्रसन्न होकर कहते थे कि चार्ल्स एक दिन प्रसिद्ध चिकित्सक बनेगा। उन्हें इस बात की प्रसन्नता थी कि चार्ल्स अपने मरीजों में विश्वास उत्पन्न कर लेता है।

पर मेडिकल कॉलेज का माहौल अलग ही किस्म का था। अपने समय के लोकप्रिय व चर्चित वैज्ञानिक गैलीलियो को भी चिकित्सा-शास्त्र की पढ़ाई में रुचि नहीं थी। चार्ल्स डार्विन का हाल भी कुछ वैसा ही था। चार्ल्स की आयु सोलह वर्ष की हो चुकी थी, पर उसका मन बच्चों जैसा ही था।

उन दिनों स्कॉटलैंड में पड़नेवाली ठंड के बावजूद प्रातः आठ बजे चिकित्सा

विज्ञान के विभिन्न विषयों के व्याख्यान आरंभ हो जाते थे। ये व्याख्यान चार्ल्स पर कोई प्रभाव नहीं डाल पाते थे। शिक्षक भी प्रभावहीन थे। वे स्वयं पुराने घिसे-पिटे, लिखे-लिखाए व्याख्यानों को शब्द-दर-शब्द दोहराते थे।

कई बार स्थिति हास्यास्पद भी हो जाती थी, क्योंकि सन् 1825 में पढ़ा रहे शिक्षक डॉ. मुनरो अपने दादा द्वारा लिखे गए व्याख्यान को, जो उन्होंने अपने कार्यकाल में लिखा था, दोहराते थे और उसमें 1719 में की गई कार्यवाही का हवाला देते थे। उन्हें इस बात से कोई मतलब नहीं था कि छात्र-छात्रा समझ रहे हैं या नहीं। छात्र तरह-तरह की गोलियाँ बना-बनाकर उन पर फेंकते थे, पर उन पर इनका कोई असर भी नहीं होता था।

उन दिनों पढ़ाई में व्याख्यान पर अधिक ज़ोर दिया जाता था और प्रयोगों पर नहीं के बराबर। किशोर चार्ल्स को शरीर की रचना का ज्ञान व्याख्यान द्वारा तो करवा दिया गया था, पर मेढक का शरीर काटकर व्यावहारिक ज्ञान नहीं कराया गया।

चार्ल्स डार्विन को व्यावहारिक ज्ञान पहले-पहल तब हुआ जब उसे एडिनबर्ग अस्पताल में सर्जरी के दौरान भेजा गया। पहली बार तो उसने सहन कर लिया, पर दूसरी बार ऑपरेशन थिएटर में बच्चे का ऑपरेशन होना था। उन दिनों तक क्लोरोफार्म का आविष्कार नहीं हुआ था। बच्चे को दर्द से तड़पते देखकर चार्ल्स ऑपरेशन थिएटर से तो क्या अस्पताल से ही भाग खड़ा हुआ और दोबारा लौटकर नहीं आया। वह बीभत्स दृश्य चार्ल्स को लंबे समय तक सताता रहा।

चार्ल्स ने ठान लिया कि वह डॉक्टर नहीं बनेगा। उसे यह भी पता था कि उसके पिता के पास अकूत धन-संपत्ति है, जिसके सहारे वह जीवन गुजार सकता है। अब उसने फैसला कर लिया कि वह वही करेगा जो उसे पसंद है। वह समुद्र के किनारे निकल जाता और समुद्री जंतुओं से संबंधित व्यावहारिक अध्ययन करता था।

चार्ल्स उन जीवों को एकत्रित भी करता था। वह सीपी पालनेवालों के साथ भी उठता-बैठता था और उनकी विभिन्न प्रजातियों के बारे में ज्यादा-से-ज्यादा जानकारी एकत्रित करता था। उसने जीवों के शरीर को काटकर उनका अंदरूनी अवलोकन भी आरंभ किया और इसके लिए एक माइक्रोस्कोप का भी प्रबंध कर लिया। पर वह माइक्रोस्कोप पर्याप्त व उपयुक्त नहीं था, अतः उसका अध्ययन अधूरा ही रह गया।

उसने एक बार समुद्री जल में बीज बहते देखे। उनका भी उसने माइक्रोस्कोप द्वारा अध्ययन किया और पाया कि वे तो लार्वा हैं। इससे चार्ल्स का उत्साह और बढ़ गया। उसने अपने अब तक के अध्ययन के आधार पर एक शोध-पत्र तैयार किया।

छात्रों की एक सभा में उसने उसे पढ़कर भी सुनाया। यह शोध-पत्र प्रकाशित तो नहीं हो पाया; पर उससे चार्ल्स की एक पहचान अवश्य बन गई।

अब चार्ल्स लगातार किताबें पढ़ता रहता था और विश्वविद्यालय में होने वाली सभाओं एवं बैठकों में श्रोता के रूप में जाकर उन्हें सुनता अवश्य था। एक विद्वान् ने एक सभा में चिड़ियों से संबद्ध अपने अध्ययन के बारे में बतलाया था। इस सभा की अध्यक्षता प्रख्यात लेखक सर वाल्टर स्कॉट ने की थी। चार्ल्स ने उसमें भी भाग लिया।

एडिनबर्ग में रहते हुए चार्ल्स को अपने मामा जोसियाह वेजवुड (जूनियर) के साथ पेरिस जाने का अवसर मिला। वहाँ से उसके साथ उसकी ममेरी बहनें साथ आईं। बाद में उनमें से एक एम्मा चार्ल्स की पत्नी बनी। इसी दौरान चार्ल्स को निशानेबाजी सीखने का भी भरपूर अवसर मिला।

वेजवुड परिवार सप्ताहांत की छुट्टियों में अपने मकान 'मायर' में लौट आता था। यहाँ पर अन्य मित्र व रिश्तेदार भी आकर जुटते थे और छुट्टियों का भरपूर आनंद लेते थे। यह मकान एक छोटी सी, पर सुंदर झील के किनारे कुछ ऊँचाई पर था। साथ में मकान के दोनों ओर लंबे-चौड़े बगीचे थे। मकान में बड़े-बड़े कमरे थे, जिनमें किनारे पर अलमारियों में किताबें सजी रहती थीं। सभी लोग उन्हें पढ़ते और उन पर चर्चा करते थे। चार्ल्स इस प्रकार की चर्चाओं को कभी नहीं छोड़ता था। वह संगीत के कार्यक्रमों में भी भाग लेता था और बगीचे में बहनेवाली शीतल समीर और भीनी-भीनी सुगंधों का भी आनंद लेता था। मकान और आस-पास के पेड़ों की परछाईं चंचल जल पर जब पड़ती थी तो एक अद्भुत मनोहारी दृश्य उत्पन्न कर देती थी और चार्ल्स का मन उसे देखकर बहुत खुश होता था।

इस दौरान घर में बच्चों व छोटों के लिए समय-समय पर पिकनिक होती थी और उनमें सभी घुड़सवारी का आनंद लेते थे। स्कैटिंग भी होती थी और झील में नौकायन का भी आनंद लिया जाता था।

चार्ल्स का मन यह सब छोड़कर जाने का बिलकुल नहीं होता था; पर मन मारकर उसे एडिनबर्ग लौटना ही पड़ता था। कब दो साल बीतने को आए, पता ही नहीं चला। अब तक सभी के मनों में यह बात घर कर गई थी कि चार्ल्स अपने पिता और दादा की तरह डॉक्टर नहीं बन पाएगा। पर आखिर क्या बनेगा और क्या करेगा? क्रोधी स्वभाव के डॉ. रॉबर्ट डार्विन अकसर परेशान हो जाते थे और अपना गुस्सा रोक नहीं पाते थे। उन्हें चार्ल्स के बारे में बचपन से ही अंदेशा था और वह सच साबित होता जा रहा था। वे फूल-पत्ती, कीड़े-मकोड़े इकट्ठा करने की चार्ल्स की आदत और निशानेबाजी के शौक को छुड़ाना चाहते थे।

□

नए पेशे की तलाश

कैंब्रिज जाने के तीसरे वर्ष चार्ल्स के लिए नए पेशे की तलाश प्रारंभ हो गई। उस समय कुछ ही पेशे, जैसे—कानून, चिकित्सा, धर्मगुरु, सेना, राजनीति आदि प्रतिष्ठित माने जाते थे। इनमें से कानून से तो चार्ल्स का दूर-दूर तक कोई नाता नहीं था। अत: जीवन के उन्नीसवें वर्ष में चार्ल्स के लिए यह तय हुआ कि वह धर्म की शिक्षा ग्रहण करे। हमेशा से पिता की आज्ञा माननेवाले चार्ल्स ने यह बात मान ली और सन् 1928 से 1931 के दौरान उसने कैंब्रिज में नए सिरे से अध्ययन आरंभ किया।

उसने अनेक पुस्तकें पढ़ीं। उसके बहुत से मित्र भी बन गए। यहाँ का जीवन उसे एडिनबर्ग या स्रूसबरी के जीवन से बेहतर लगा। उसने अनिवार्य व्याख्यान भी सुने और पाठ्यक्रम को पूरा करने के लिए निजी ट्यूटर की भी सहायता ली। इस तरह उसने अपनी आवश्यक परीक्षाएँ सफलतापूर्वक पास कर लीं। क्राइस्ट कॉलेज में उसे दसवाँ स्थान प्राप्त हुआ।

इन सभी के साथ उसने निशानेबाजी, शिकार, लंबी घुड़सवारी करना भी जारी रखा। उसे पार्टियों में पीने-पिलाने, गाने, ताश खेलने का भी शौक पैदा हो गया। उन दिनों विश्वविद्यालय में कीड़ों, तितली आदि पकड़ने का एक फैशन-सा आरंभ हो गया। चार्ल्स को तो इसमें पहले से ही महारत हासिल थी। जब इस काम के दीवानों से उसका परिचय उसके चचेरे भाई विलियम डार्विन ने करवाया तो फिर क्या कहना था। चार्ल्स उनका अगुआ बन गया।

इसी क्रम में एक दिन चार्ल्स ने लकड़ी के एक लट्ठे की छाल को छीला तो उसे दो नए प्रकार के कीड़े मिले। उसने उन दोनों को एक-एक हाथ में पकड़ा। तभी उसे तीसरा कीड़ा दिखाई दिया और उसे पकड़ने की धुन में उसने दाएँ हाथ में पकड़ा कीड़ा मुँह में रख लिया और तीसरे को हाथ में पकड़ लिया। इसी बीच मुँह

में बंद कीड़े ने अजीब सा तरल पदार्थ छोड़ा, जिसे चार्ल्स सहन नहीं कर पाया और उसे थूकना पड़ा। यह पूरा घटनाक्रम बड़ा ही दुःखद रहा, क्योंकि तीसरा कीड़ा भी हाथ से छूट गया, जिसके लिए चार्ल्स ने इतना बड़ा जोखिम उठाया था।

अब चार्ल्स इस काम में अपने साथियों से प्रतिस्पर्धा भी करने लगा। वह कीड़ों, तितलियों आदि को पकड़ने के लिए नए-नए तरीके खोजने लगा। वह इस काम में मजदूरों की सहायता भी लेने लगा, जो उसके लिए पेड़ की सफाई आदि करते थे।

चार्ल्स को इस काम में इतना आनंद आता था कि वह इसे व्यक्त करने के लिए कविताएँ लिखने लगा। जब कीड़े पकड़ने पर उसकी पहली कविता छपी तो उसे अत्यंत प्रसन्नता हुई। इसी बीच उसकी मित्रता वनस्पति-शास्त्र (बोटनी) के एक प्राध्यापक जॉन स्टीवन हेंसलो से हुई। हेंसलो एक प्रतिभावान् व्यक्ति थे और लंबे अवलोकन के पश्चात् निर्णय या निष्कर्ष निकालने में कुशल थे।

चार्ल्स व हेंसलो दोनों को लंबी सैर करने का शौक था और दोनों कैंब्रिज के पास के ग्रामीण इलाकों में सैर के लिए निकल जाते थे। चार्ल्स को दो महत्त्वपूर्ण किताबें भी पढ़ने के लिए मिलीं। इनमें से एक यात्रा-वृत्तांत संबंधी थी और दूसरी दर्शन संबंधी। अब उसके मन में यात्रा करने तथा प्रकृति के बारे में अधिक-से-अधिक जानने की इच्छा जोर पकड़ने लगी। उसने पुस्तकों के अंश हेंसलो तथा अपने अन्य मित्रों को जोर-जोर से पढ़कर सुनाए।

अब उसकी इच्छा बलवती हो उठी कि प्रकृति के बारे में और अधिक जाना जाए और प्राकृतिक-विज्ञान को अधिकाधिक समृद्ध बनाया जाए। उधर, जनवरी 1831 में परीक्षा पास करने के पश्चात् उसे कैंब्रिज में दो सत्र और रहना था। हेंसलो ने उसे प्रेरित किया कि इस अवधि का उपयोग वह भूगर्भ-विज्ञान के अध्ययन में करे। उसी दौरान गरमियों में प्रो. आदम सेजविक वेल्स के साथ पुरानी चट्टानों के भूगर्भीय अध्ययन की योजना बनाई गई।

हेंसलो ने प्रो. सेजविक को इस बात के लिए राजी कर लिया कि वे चार्ल्स डार्विन को अपने अध्ययन दल में शामिल कर लें। जाने से पूर्व सेजविक ने डार्विन परिवार के साथ एक रात स्रूसबरी में बिताई। बातों-ही-बातों में चार्ल्स ने प्रोफेसर को बता दिया कि हाल ही में एक मजदूर को गड्ढा खोदते समय एक शैल मिला है। सुनकर प्रोफेसर ने कहा कि फिर तो आस-पास और भी बहुत कुछ दबा हो सकता है।

इस बात ने चार्ल्स डार्विन को एक नई दिशा दी। उसे मालूम हो गया कि

विज्ञान में अनेक ऐसे सामान्य नियम होते हैं जिनकी सहायता से निष्कर्ष निकाले जा सकते हैं।

भूगर्भ-शास्त्रियों के साथ की गई अनुसंधान-यात्रा से भी चार्ल्स को बड़ा लाभ हुआ। उसे याद आया कि पतझड़ के मौसम के आरंभ में उसकी ननिहाल में निशानेबाजी की प्रतिस्पर्धा होती है। उसने छोटा रास्ता चुना, ताकि वह जल्दी घर पहुँच सके। उस समय तक उसे लगता था कि निशानेबाजी किसी भी विज्ञान, भूगर्भ-विज्ञान या अन्य विज्ञान से अधिक महत्त्वपूर्ण और आनंददायक है।

□

महान् यात्रा का प्रारंभ

ननिहाल पहुँचने से पूर्व चार्ल्स को अपने घर 'माउंट' रुकना पड़ा। यहाँ पर एक पत्र उसके नाम से पहले से आया हुआ था। यह पत्र उसके प्रिय मित्र प्रो. हेंसलो द्वारा भेजा गया था। वास्तव में ब्रिटिश नौसेना के एक कैप्टेन रॉबर्ट फिट्जराय एक वैज्ञानिक अनुसंधान मिशन पर जाना चाहते थे। उनके पास इस मिशन के लिए एक विशेष जलयान था—एच.एम.एस. बीगल। इसके जरिए वे दुनिया के बड़े भाग का भ्रमण करके प्राकृतिक विज्ञान संबंधी तमाम जानकारियाँ एकत्रित करना चाहते थे। उन्हें एक प्राकृतिक विज्ञानी की आवश्यकता थी, जिसके लिए नाम सुझाने की प्रार्थना उन्होंने वनस्पति-शास्त्र के प्रोफेसर हेंसलो से की थी।

इस पत्र के जरिए हेंसलो ने चार्ल्स डार्विन की स्वीकृति माँगी कि क्यों न वे इस महान् लक्ष्य के लिए उसका नाम सुझा दें। चार्ल्स यह पढ़कर रोमांचित हो उठा। उस पत्र में जिन स्थानों की यात्रा का उल्लेख किया गया था, वे नाम उसने सुने तक नहीं थे।

इसके अलावा निम्न बातें भी प्रमुख थीं—

- चार्ल्स की सेवा इस अभियान में वैज्ञानिक सलाहकार की होनी थी, जबकि चार्ल्स के पास विज्ञान संबंधी ऐसी कोई डिग्री नहीं थी, जिसके आधार पर वह सलाह देता।
- उसे समुद्र से बहुत डर लगता था।

पर चार्ल्स के पास चौकन्ने कान व संवेदनशील नाक थी। पत्र में हेंसलो ने लिखा था कि यह उपयुक्त अवसर है। तुम्हें अपनी अयोग्यता पर अधिक ध्यान नहीं देना चाहिए। मेरे विचार से अभियान दल को तुम जैसे व्यक्ति की ही जरूरत है।

उत्साहित चार्ल्स अनुमति लेने के लिए अपने पिता डॉ. डार्विन के पास गया। पर पिता ने जोरदार डाँट पिलाकर सारा उत्साह ठंडा कर दिया। उन्हें पेशे में

परिवर्तन मंजूर नहीं था। उन्होंने कहा कि इससे धर्मगुरु के रूप में भविष्य में काम करने में कोई लाभ नहीं मिलेगा, अतः चार्ल्स को तत्काल इनकार कर देना चाहिए।

पर बातों-ही-बातों में डॉ. डार्विन एक बात कह गए कि यदि एक भी समझदार व्यक्ति इस बेवकूफी भरे प्रस्ताव के लिए 'हाँ' कर दे तो वे चार्ल्स को जाने की स्वीकृति दे देंगे।

अब क्या था, राह मिल गई। चार्ल्स ने अपने मामा वेजवुड से राय ली और सभी ने एक स्वर से इसे एक उपयोगी और चुनौतीपूर्ण प्रस्ताव बतलाया। मामा ने कहा कि वे चार्ल्स के पिता को मना लेंगे। चार्ल्स ने अपने पिता की आपत्तियाँ लिखित में अपने मामा को दीं, जिनका मामा ने बिंदुवार उत्तर दिया। उन्होंने अपने पत्र में लिखा कि प्राकृतिक विज्ञान का ऐसा अद्‌भुत, उपयोगी अनुभव धर्मगुरु के पेशे में बाधक नहीं वरन् सहायक साबित होगा। इस यात्रा में उसे तरह-तरह के व्यक्ति और नाना प्रकार की चीजें देखने को मिलेंगी और इससे उसका ज्ञान समृद्ध होगा।

पत्र के साथ चार्ल्स ने अपनी टिप्पणी भी जोड़ी, जिसमें लिखा था कि वह इतना ज्ञान घर पर रहकर या पढ़कर हासिल नहीं कर पाएगा। इस यात्रा के पश्चात् वह सफल जीवन बिताने की हरसंभव कोशिश करेगा। पर वह अपने परिवार की अनुमति मिलने पर ही जाएगा।

पत्र डाक द्वारा भेज दिए गए, पर मामा-भानजे को निश्चिंतता नहीं हुई और वे व्यक्तिगत रूप से स्वीकृति लेने आ गए। अंततः डॉ. डार्विन ने न सिर्फ स्वीकृति दी वरन् राह-खर्च की भी व्यवस्था की, क्योंकि चार्ल्स डार्विन के वेतन आदि के बारे में कुछ तय नहीं था।

चार्ल्स ने पिता से वायदा किया कि वह अपने भत्ते से ही अपना गुजारा कर लेगा। उसने यह सुखद समाचार अपने प्रेरक मित्र हेंसलो को भेजा। थोड़े ही दिनों में नौसेनाध्यक्ष के कार्यालय से चार्ल्स डार्विन के लिए औपचारिक आदेश आ गया।

इसके उत्तर में चार्ल्स ने कैप्टेन फिट्‌जराय को लिखा कि 4 नवंबर का दिन उसके जीवन में ऐतिहासिक दिन होगा। उस दिन वह अपना दूसरा जीवन प्रारंभ करेगा। शुरू में कैप्टेन ने चार्ल्स को देखकर कुछ नाक-भौंह सिकोड़ी, पर जल्दी ही दोनों में अच्छा तालमेल हो गया।

अंततः 27 दिसंबर, 1831 का दिन भी आ गया। उस दिन बहुप्रतीक्षित पुरवाई हवा चल पड़ी। जहाज का लंगर खोल दिया गया तथा जहाज बंदरगाह छोड़ने के लिए तैयार हो गया।

जाने से पूर्व कैप्टेन फिट्ज़राय, सेकंड लेफ्टीनेंट जेम्स सलीवान तथा चार्ल्स डार्विन ने समुद्री तट पर भोजन किया, जिसमें मटन चॉप के अलावा शैंपेन भी थी। उन्होंने अपनी मातृभूमि इंग्लैंड से विदा ली, क्योंकि वे जानते थे कि कम-से-कम वे तीन वर्षों के लिए जा रहे हैं।

दिन के दो बजे थे। मंद-मंद हवा बह रही थी। सर्दी के मौसम में बीगल जहाज धीरे-धीरे गहरे समुद्र में उतरा।

उस समय किसी को इस बात का एहसास नहीं था कि यह यात्रा एक ऐतिहासिक व महान् यात्रा कहलाएगी। सौ फीट लंबे उस जहाज के तीन मस्तूल थे। उस पर बहत्तर व्यक्ति सवार थे। उनमें से सात अधिकारी थे और पाँच अपर अधिकारी। दो चिकित्सक थे और एक पर्सर था। दस नौसैनिक थे और चौंतीस जहाजी। छह काम करनेवाले लड़के थे। तीन फुजी वासी थे, जो अपने देश वापस जा रहे थे। एक मिशनरी पादरी था और एक प्राकृतिक-विज्ञानी अर्थात् चार्ल्स डार्विन।

बीगल जहाज की यह दूसरी अनुसंधान यात्रा थी। इसके अंतर्गत जहाज को एक लंबी यात्रा करनी थी। उसे दक्षिणी समुद्र से होकर गुजरना था। उसे केप ऑफ गुड होप होते हुए फिर इंग्लैंड वापस आना था।

इसके लिए बीगल को नए सिरे से तैयार किया गया था। उसका भार 235 टन से 242 टन हो गया था। उसे इतना सक्षम बनाया गया था कि वह चंचल समुद्र में भी आसानी से आगे बढ़ सके। उसमें अनेक नए उपकरण भी लगाए गए थे, ताकि अनजाने समुद्री इलाकों व तटीय इलाकों की अधिकाधिक जानकारियाँ एकत्रित की जा सकें।

जहाज के चलने से पूर्व व्यवस्था के आकलन से प्रसन्न चार्ल्स डार्विन ने अपने परिवार को एक उत्साहवर्द्धक पत्र लिखा। उसने अपना लक्ष्य भी बताया कि उसे न सिर्फ अनजाने समुद्री इलाकों का चार्ट बनाना है वरन् दुनिया को यह भी बतलाना है कि यह जीवन, जो अनादि सा लगता है, का उद्भव कैसे हुआ।

औपचारिक शिक्षा से वंचित, पर दृढ़ संकल्प के धनी चार्ल्स ने जब यात्रा प्रारंभ की तो वह मात्र बाईस वर्ष का था और उसके मन में असंख्य जिज्ञासाएँ थीं। उसके पास अपने काम के लिए कुछ विशेष उपकरण भी थे, जैसे—

- अच्छी पिस्तौल व उसका खोल,
- एक अच्छी किस्म की राइफल,
- एक दूरबीन,

- भूगर्भ-शास्त्र में प्रयोग होनवाला कंपास,
- माइक्रोस्कोप, जो 6 इंच लंबा और 4 इंच गहरा था।

यात्रा के लिए उसने एक दर्जन कमीजें भी रख ली थीं। उसकी बहन ने दरी-बिस्तर भी बाँध दिया था। उसके पास हलके जूते भी थे और चप्पलों का एक जोड़ा भी। साथ में स्पेनिश भाषा की पुस्तकें भी थीं।

चलते समय उसे हेंसलो ने एक सद्यः प्रकाशित रचना भेजी थी, जिसमें भूगर्भ-शास्त्र के सिद्धांत वर्णित थे। हेंसलो ने आग्रह किया था कि उसे जरूर पढ़ ले। उसमें वर्णित तथ्य बहुत महत्त्वपूर्ण हैं, जो उसके बहुत काम आएँगे।

डार्विन को पुस्तक पढ़ने का अवसर जल्दी ही मिल गया, क्योंकि जहाज चलने के कुछ ही समय बाद तेज हवाएँ चलने लगीं और समुद्री लहरें उत्पात मचाने लगीं।

चार्ल्स को एक छोटा सा केबिन मिला था, जिसमें एक अन्य अधिकारी भी था। इसमें वह केवल सीधा लेट सकता था। इसमें चार्ट तैयार करने के लिए एक टेबल भी थी, जिसकी दराजों में उसने अपने कपड़े भर दिए थे।

समुद्र दिन-पर-दिन अशांत होता जा रहा था। दिन में चार्ल्स लेटकर पुस्तक पढ़ता था और रात में चाँद-तारों की गतिविधियाँ निहारा करता था। उस समय तक पश्चिम में माना जाता था कि बाइबिल में जिस प्रकार वर्णित है, उसी प्रकार ईश्वर ने पृथ्वी की रचना की है। भूगर्भ-शास्त्र की उस पुस्तक के बत्तीस वर्षीय लेखक चार्ल्स लाइल ने नई अवधारणाओं को दुनिया के सामने रखा था। उनके अनुसार हवाएँ, बारिश, ज्वालामुखी आदि का अस्तित्व सृष्टि के प्रारंभ में भी था। जो बल आज सक्रिय हैं वे तब भी थे और उन्हीं के कारण ये महादेश, समुद्र, पहाड़ आदि की रचना हुई।

इस पुस्तक के बारे में हेंसलो, सेजविक आदि की धारणा प्रतिकूल थी। वे इसे अधार्मिक मानते हुए इसका सक्रिय विरोध कर रहे थे। पर चार्ल्स डार्विन को इस पुस्तक को पढ़ने में आनंद आ रहा था। इसकी भाषा सरल थी, पर विचार उत्तेजक और निष्कर्ष की ओर ले जानेवाले थे। चार्ल्स डार्विन इसमें वर्णित कल्पनाओं की जाँच प्रयोगों व आँकड़ों द्वारा करना चाहते थे। समुद्री यात्रा में चार्ल्स को जो बेचैनी महसूस हो रही थी, यह पुस्तक उसे मानसिक संतुष्टि देते हुए मरहम का कार्य कर रही थी।

5 जनवरी, 1832 को बीगल जहाज जब एक द्वीप के समीप पहुँचा तो हवा मंद पड़ गई और मौसम सुहाना हो गया था। 6 जनवरी को चार्ल्स ने उस द्वीप पर

सूर्योदय का अद्‌भुत नजारा देखा। उस समय आसमान में बादलों के टुकड़े छाए थे और विविध रंगों से सराबोर थे। पर यह खुशी अल्पकालिक थी। शीघ्र ही एक नाव दुःखद समाचार लेकर आई। सुनकर सभी चौंक गए।

उस समय इंग्लैंड में हैजा फैल चुका था और उसकी खबर भी दूर-दूर तक फैल रही थी। सैकड़ों लोग काल के ग्रास बन चुके थे। एम्मा वेजवुड को अंदेशा था कि बीगल पर यात्रा कर रहे लोगों को कोई अपने समुद्री तट पर उतरने नहीं देगा।

इस समाचार से चार्ल्स को भी बड़ा धक्का लगा। लोगों की चुप्पी देखकर कैप्टेन फिट्जराय ने निर्णय लिया कि जहाज को दूर फ्रांसीसी शासनवाले पश्चिमी अफ्रीका की ओर ले जाया जाए।

□

नए-नए प्रयोग

अब चार्ल्स ने नए-नए प्रयोग करने प्रारंभ कर दिए। उसने जाल फेंककर नित्य ही समुद्री जीव पकड़ना शुरू किया। उसने चार फीट लंबा एक थैला तैयार किया था और उसे जहाज के पीछे बाँध दिया था। उसमें वह रोज पकड़े जीवों को डाल देता था और उनका आकार-प्रकार, संख्या आदि दर्ज करता था। अब उसके सामने नए-नए तथ्य उभरने लगे।

उसने देखा कि तमाम बड़े-बड़े जीव स्थल से दूर पाए जाते हैं। ये जीव विविध प्रकार के तथा रंग-बिरंगे हैं। उसे यह भी अचंभा हुआ कि यहाँ इतना अद्‌भुत सौंदर्य है और उसे देखनेवाला कोई नहीं है। उसने यह भी निष्कर्ष निकाला कि ये छोटे-छोटे जीव व मछलियाँ ही बड़ी मछलियों के अस्तित्व का कारण हैं।

16 जनवरी, 1832 को बीगल जहाज सैन टियागो पहुँचा। यह केप वर्डे द्वीप समूह का एक भाग है। डार्विन ने पहली बार जहाज से उतरकर भूमि पर कदम रखा था। उसने सोचा कि वह इस सूखे पहाड़ी द्वीप पर भूगर्भीय अनुसंधान करेगा; पर समुद्र से निकलकर जमीन पर आने की खुशी इतनी ज्यादा थी कि वह जश्न मनाने में जुट गया। उसने संतरे खरीदकर खाने आरंभ कर दिए, जो एक शिलिंग प्रति सैकड़ा बिक रहे थे। उसने केला भी चखा, पर उसे उसका स्वाद पसंद नहीं आया।

अब उसने चार्ल्स लाइल की नजरों से उस द्वीप को निहारना आरंभ किया। तभी उसे एक अत्यंत सफेद, चमकदार इलाका नजर आया। उस चमकदार पट्‌टी को ध्यान से देखने के लिए चार्ल्स ऊँचाई पर गया तो उसने पाया कि ये तो सीपियों के ढेर हैं।

पर इनमें और समुद्र से निकलनेवाली सीपियों में थोड़ा अंतर था। अब चार्ल्स ने सोचना आरंभ किया। उसने पाया कि इन सीपियों पर लगातार सूर्य का ताप पड़ता रहा था, इस कारण ये रवादार चूने के पत्थर या दागदार पत्थरों की तरह जम

गई थीं। प्रारंभ में द्वीप की ऊँचाई समुद्र तल से अधिक नहीं रही होगी। कालांतर में जब ये सीपियाँ जमती चली गईं तो यह द्वीप समुद्र तल से पैंतालीस फीट ऊँचा हो गया।

चार्ल्स ने हर चीज का बारीकी से अवलोकन प्रारंभ किया और तर्क का सहारा लेना प्रारंभ किया। वह तुलना भी करने लगा और इस प्रकार उसके मस्तिष्क में वह खाका उभरने लगा, जो हो चुके घटनाक्रम को परदे पर उतारता था।

चार्ल्स वहाँ टहलने लगा। उसने पाया कि यहाँ के पेड़ रेगिस्तानी पेड़ों जैसे हैं। आसमान में सूर्य का तेज प्रकाश था, जो वातावरण में गरमी पैदा कर रहा था। पर साथ ही उसने देखा कि समुद्र से आया पानी एक जगह जमा हुआ है, जिसमें रंग-बिरंगे मूँगे चमक रहे थे।

उसका मन हुआ कि वह इन सबको हू-बहू दर्ज कर ले। उसने ठान लिया कि वह भूगर्भ-शास्त्र पर एक पुस्तक लिखेगा। उसके सामने यह बिलकुल नया व अनोखा विषय उभरकर आया है। उसके अंदर उत्तेजना भी थी और अत्यधिक प्रसन्नता भी।

जहाज चलने को हुआ। चार्ल्स वापस आकर जहाज में बैठा। अब जहाज ब्राजील की ओर बढ़ रहा था। अब समुद्र शांत था और चार्ल्स जहाज के डेक पर आराम से बैठकर लिखने-पढ़ने लगा। उसने हमबोल्ट की कविताएँ पढ़ीं, जिनमें ब्राजील के जंगलों का वर्णन था।

जब चार्ल्स जहाज से उतरकर ब्राजील के जंगलों में पहुँचा तो उसे लगा कि ये कविताएँ तो वास्तविकता से परे थीं। वास्तविकता तो अत्यधिक सुंदर थी। लंबे-ऊँचे पेड़, खूबसूरत आकर्षक फूल और फल, नए अद्‌भुत परजीवी पौधे व बेलें, रंग-बिरंगी चिड़ियाँ, विविध प्रकार के कीड़े, इतना कुछ कि देखनेवाला क्या देखे और क्या न देखे!

इस जंगल में शांति व ध्वनि का अद्‌भुत संगम था। डरानेवाली शांति को कीड़ों की आवाज पराजित करने का प्रयास कर रही थी। देखते-देखते रात हो गई। डार्विन जहाज पर चढ़ गया, जो समुद्री तट से कई सौ गज दूर खड़ा था। रात में उन्हें तटीय इलाके से समूह-गान की ध्वनि सुनाई दी। सचमुच जहाँ इतना सौंदर्य हो, वहाँ की प्रसन्नता और उससे निकलनेवाले स्वर कितने मनोरम होंगे!

बीगल ब्राजील के तट का सर्वेक्षण करता रहा और इस क्रम में चार्ल्स ने इन जंगलों के कई चक्कर लगाए। उसने तितली पकड़नेवाले जाल की सहायता से तमाम तितलियाँ, रंग-बिरंगे कीड़े आदि एकत्रित किए। उसने अपने चाकू से तमाम

वनस्पतियों के टुकड़े भी एकत्रित किए। जब वह अपनी राइफल, कंपास व अन्य उपकरणों के साथ बाहर निकलता था तो स्थानीय स्त्री-पुरुष, बच्चे उसके पीछे हो लेते थे। उन लोगों को चार्ल्स एक अजूबा ही लगता था।

बीच-बीच में वह बच्चों को प्रसन्न करने के लिए अपने उपकरण दिखाता भी था। वह तरह-तरह के जाल, बोतलें, कीड़े रखने की डिबियाँ, रस्सियाँ आदि दिखाता था। उसके पास बहुत सारे रूमाल भी थे जो नापने, लपेटने आदि के काम आते थे। बच्चे इन अजीबोगरीब चीजों को देखकर खिलखिलाते थे।

ब्राजील के जंगलों में चार्ल्स को ऐसी वनस्पतियाँ भी मिलीं जो कीड़ों, तितलियों को अपनी सुगंध द्वारा आकर्षित कर लेती थीं। उसे इंग्लैंड व दूरस्थ ब्राजील की वनस्पतियों के बीच अनेक समानताएँ भी देखने को मिलीं, जो उस समय चौंकानेवाली थीं।

समय के साथ डार्विन का यह संग्रह बढ़ता ही चला जा रहा था। उसके पास सैकड़ों-हजारों वनस्पतियाँ, पत्थर, जीव, मकड़ियाँ, मछलियाँ, रेंगनेवाले प्राणी जमा हो गए थे। ये सब जगह घेरते जा रहे थे। बीच-बीच में चार्ल्स रास्ते में मिलनेवाले और इंग्लैंड जा रहे जहाजों में यह सामान बक्सों में रखकर भेजता भी जा रहा था; पर फिर भी जहाज पर उसका ढेर बढ़ता ही जा रहा था। इस जहाज के डेक का प्रभारी जॉन क्लीमेंट विकहैम उस गंदगी से त्रस्त होकर बार-बार कहता था कि अगर वह जहाज का कप्तान होता तो चार्ल्स और उसके जंगली कूड़े से तत्काल निजात पा लेता।

पर जहाज का चालक दल उस युवा प्रकृति-विज्ञानी से प्रेम और सद्भाव रखता था। प्रारंभ में सभी लोग उसे 'सर' कहकर पुकारते थे, क्योंकि चार्ल्स जहाज के कप्तान के साथ भोजन करता था। जल्दी ही लोग उसे 'फिलोसफर' कहकर पुकारने लगे। जब उन्हें यह नाम लंबा लगने लगा तो उसे 'फिलोस' कहने लगे।

एक बार एक नाविक ने नए नाविक से कहा कि वह दूर खड़ा व्यक्ति जहाज का कप्तान है। उसके साथ खड़ा उसका उपकप्तान (फर्स्ट लेफ्टीनेंट) है, पर उसका काम मक्खियाँ पकड़ना है। चार्ल्स ने यह सब सुन लिया, पर उसे बुरा नहीं लगा।

1 अप्रैल का दिन आया। रात के 12 बजे नया दिन प्रारंभ होने से पूर्व ही जहाज के बढ़ई ने ठोंक-पीट शुरू कर दी। सभी को लगा कि शायद जहाज में छेद हो गया है। जहाज पर सवार सभी लोग डेक पर आ गए। उनमें से एक चिल्लाया—"डार्विन, बचना है तो जहाज से कूदो। पास में जमीन दिखाई दे रही है।" डार्विन

कपड़े उतारकर कूदने के लिए तैयार भी हो गया; पर तभी हँसी का फव्वारा फूटा। लोग अप्रैल-फूल का आनंद ले रहे थे।

5 जुलाई को ब्राजील का सर्वेक्षण पूरा हुआ। उस दिन प्रात: रियो डी जेनेरियो बंदरगाह पर बहत्तर तोपोंवाला एक विशाल युद्धपोत आया, जिसने पिछले दो युद्धों में अद्वितीय कौशल दिखाया था। बीगल में सवार सभी लोगों ने उस महान् जहाज पर चढ़ने का गौरव प्राप्त किया। उस जहाज के बैंड-वादकों ने इस अवसर पर एक धुन भी बजाई, जो उनके लिए यादगार साबित हुई।

सन् 1832 के बचे महीनों और 1833 के पूरे साल बीगल जहाज ने दक्षिण अमेरिका के पूर्वी तट पर जगह-जगह सर्वेक्षण किया। यह इलाका उस समय अनजाना था। पुराने नक्शों और वास्तविकता में कई-कई मील का अंतर था। अनेक ऐसे द्वीप मिले जिनका अस्तित्व मानक नक्शों में नहीं था।

यह इलाका खतरों से भरा हुआ था। इसके एक भाग की यात्रा पर चार्ल्स नीचे नहीं उतरा था। चालक दल के तीन सदस्य, जो बाहर गए थे, बुखार में जकड़ गए और अंत में मृत्यु के शिकार बने।

डार्विन जमीन पर उतरकर अंदर दूर तक गया था। उरुग्वे के पूर्वी किनारे पर स्थित माल्डोनाडो नामक इलाके में जब वह गया तो उसके साथ पिस्तौल आदि से लैस रक्षक थे। डार्विन को इस तरह चलते हुए देखकर बड़ा मजा आ रहा था। पर जल्दी ही यह मजा किरकिरा हो गया, जब यह पता चला कि एक दिन पहले जो यात्री वहाँ गया था, उसका बिना सिर का धड़ पड़ा मिला है।

उस समय सर्वेक्षण का काम अत्यंत कठिन होता था। बीगल का एक दल तट के किनारे सर्वेक्षण के लिए चार नौकाओं में गया हुआ था। दूसरी ओर डार्विन अंदर भूगर्भीय अन्वेषण के लिए गया था। इससे पहले कि दो नावों के लोग वापस लौटते, तट पर जोर की आँधी चल पड़ी। सारी खाद्य सामग्री नष्ट हो गई और जिन कपड़ों में यात्री थे, केवल वही पहने रह गए।

बात यहीं तक सीमित नहीं रही, कुछ समय बाद वर्षा प्रारंभ हो गई। सब लोगों की हालत खराब हो गई। अगले दिन सवेरे फिर आँधी उठी। लोगों को नाश्ते में दो बड़े पक्षियों, ज़ो तट पर मरे पड़े थे, का मांस खाने को मिला। दिन में एक विशाल लहर आई जो अनेक मछलियों को तट पर पटककर चली गई। डार्विन और उसके साथियों ने उन्हें रात्रि का भोजन बनाया।

कैप्टेन ने कुछ लोगों को अनाज आदि खाद्य सामग्री की तलाश में भेजा। कुछ लोगों को सामान ढूँढ़ने के लिए अच्छी-खासी तैराकी भी करनी पड़ी, पर कुछ

खास हाथ नहीं लगा। उस रात कड़ाके की ठंड पड़ी। डार्विन पूरी रात ठंड से काँपता रहा और उसे एक क्षण के लिए भी नींद नहीं आई।

पर उन यात्राओं में आनंद भी भरपूर आया। उन इलाकों में यूरोपीय लोग शायद कभी नहीं गए थे, इसलिए डार्विन और उसके साथी वहाँ के लोगों के लिए एक प्रकार से अजूबा थे। लोग उनसे तरह-तरह के सवाल इशारों से पूछते थे, जैसे—

1. पृथ्वी घूमती है या सूर्य?
2. उत्तर में ठंड ज्यादा है या गरमी?

कोलंबस की यात्रा के कारण स्पेन ज्यादा प्रसिद्ध था, अतः लोग स्पेन के बारे में ज्यादा पूछते थे।

डार्विन को जगह-जगह अपना कंपास दिखाना होता था और उसके बारे में समझाना होता था। अनेक जगहों पर जब लोगों को पता चलता कि एक बड़ा वैज्ञानिक आया है तो भीड़ जुट जाती थी और लोग वैज्ञानिक प्रश्नों के साथ अन्य सवाल भी पूछते थे, जैसे कि क्या ब्यूनोस आयर्स की महिलाएँ विश्व में सबसे सुंदर हैं?

इस यात्रा में चार्ल्स डार्विन का व्यवहार एक राजनयिक जैसा हो गया था और वह गोल-मोल जवाब देने लगा था। वह स्थानीय स्त्री-पुरुषों, चीजों आदि की प्रशंसा करके उन्हें खुश कर देता था। उसकी बातें सुनकर लोगों की बाँछें खिल जाती थीं, क्योंकि वे मानते थे कि चार्ल्स डार्विन अब तक आधी दुनिया देख चुका है।

ज्यों-ज्यों बीगल दक्षिण की ओर बढ़ता गया त्यों-त्यों उसे नई-नई प्रजातियाँ देखने को मिलती चली गईं। प्रारंभ में उसे घास ज्यादा हरी प्रतीत हुई। वहाँ के निवासियों का यह मानना था कि वे इसकी बेहतर देखभाल करते हैं और पर्याप्त खाद आदि देते हैं। यह सच भी था। उन इलाकों में खाद का अच्छा प्रयोग भी देखा गया था। पर निष्कर्ष निकालना कठिन था कि यह इलाके की जमीन के कारण है या देख-रेख व खाद के कारण। तभी डार्विन की नजर दो यूरोपीय प्रजातियों के पौधों पर पड़ी, जिन्हें यूरोप से आए पहलेवाले लोग अपने साथ लाए थे। ये पौधे अब सैकड़ों वर्ग मील इलाके में फैल चुके थे। इन पौधों की ऊँचाई भी अपेक्षाकृत ज्यादा थी। डार्विन को लगा कि इन नए पौधों ने वहाँ के परंपरागत पौधों को दबा दिया है।

इसी तरह डार्विन को कुछ प्राचीन प्राणियों के अवशेष मिले। ये प्राणी गैंडे के आकार-प्रकार के थे। इतने बड़े प्राणियों को कौन मार या नष्ट कर सकता है। हो

सकता है कि ये प्राकृतिक कारणों से नष्ट हुए हों। तभी उसे लेखक लाइल की पुस्तक याद आई, जिसमें लिखा था कि स्थल इलाकों की लंबाई-चौड़ाई, ऊँचाई आदि में दीर्घकालीन, पर धीमी गति से परिवर्तन होते रहते हैं।

अब उसने नए नजरिए से सोचना प्रारंभ किया। उसने देखा कि लगभग सभी प्रजातियों के प्राणियों की संख्या में वृद्धि ज्यामितीय दर से होती है। अनेक प्राणी हजारों अंडे एक बार में देते हैं। जिन प्राणियों की वृद्धि दर कम मानी जाती है, यदि उन्हें भी निर्बाध छोड़ दिया जाए तो उनकी भी बेतहाशा वृद्धि हो जाए। अनेक प्राणी दूसरी जगहों से आते हैं या लाए जाते हैं। अनुकूल वातावरण में उनमें भी वृद्धि होती है, पर एक सीमा से ज्यादा नहीं हो पाती है। कीड़े हों या कुत्ते, घास हो या बेलें, इनकी संख्या स्थिर-सी रहती है। बहुत ध्यान से देखने पर भी पता नहीं चल पाता है कि उनकी वृद्धि कब रुक गई।

डार्विन को एक तथ्य और नजर आया। उसने पाया कि पहले प्राणी दुर्लभ हो जाता है और फिर अस्तित्वहीन। अपने अनुभवों में चार्ल्स ने देखा कि फॉकलैंड द्वीप समूह में एक लोमड़ी थी, जो देखने में तो भेड़िया जैसी थी, पर इतनी भोली कि मांस का एक टुकड़ा दिखाने पर पास में आ जाती थी। डार्विन की यात्रा के दौरान वह लोमड़ी फॉकलैंड द्वीप समूहों के पूर्वी भाग में दुर्लभ हो चुकी थी। बाद में उसका अस्तित्व ही मिट गया। बाद में डोडो के साथ भी यही सब घटा।

डार्विन ने अपने दस्तावेज में दर्ज किया कि जिस प्राणी का अस्तित्व मिट जाता है वह मिटने से पूर्व दुर्लभ हो जाता है। दुर्लभ होना मिटने से पूर्व ऐसा ही है जैसा कि मरने से पूर्व बीमार हो जाना। बीमार व्यक्ति के मरने पर आश्चर्य नहीं होता है।

अब डार्विन के समक्ष एक के बाद एक प्रश्न खड़े होने लगे। उसे पता चला कि जब कोलंबस ने अमेरिका की धरती पर कदम रखा था तो वहाँ एक भी घोड़ा नहीं था। पर डार्विन को घोड़े जैसे प्राणी के दाँत अवशेष के रूप में मिले। इसका अर्थ है कि वहाँ पर घोड़े थे, पर बाद में उनका अस्तित्व मिट गया। बाद में स्पेन के लोग अपने घोड़े लेकर महाद्वीप में आए। बाद में दक्षिण अमेरिका की ही तरह उत्तरी अमेरिका में भी घोड़े जैसे प्राणी के दाँतों के अवशेष मिले। इसका अर्थ है कि इस प्रकार के प्राणी जैसे घोड़े, हाथी आदि जंगलों और मैदानों में घूमते होंगे। बाद में दोनों ही महाद्वीपों में कुछ ही प्राणियों की प्रजातियाँ रह गईं।

भूगर्भीय परिवर्तन भी इसका कारण हो सकता है। डार्विन का मानना था कि ये दोनों भाग धीरे-धीरे अलग होते गए। इसी दौरान डार्विन ने अजीबोगरीब घटनाएँ

भी देखीं। उसने देखा कि अँधेरे में अचानक चिनगारी निकलती थी और रोशनी उत्पन्न हो जाती थी। अनेक छोटे चमकदार जीव पानी को आग की लपटों में बदल देते थे।

बीगल जहाज फॉकलैंड के बाद आगे बढ़ता गया। गहादेश का किनारा आ पहुँचा, जिसे पार करते ही हवा व लहरों की गति तेज होती चली गई। तभी किनारे से जंगली फूजियनों ने जहाज का पीछा करना शुरू कर दिया। एक रात नाविकों ने तट पर जंगली आवाजें सुनीं।

डार्विन के लिए यह भी शोध का विषय था। वह सोचता रहा कि सभ्य मनुष्य और जंगली मनुष्य में कितना अंतर होता है। वे फूजियन नंगे खड़े थे। उनका बूढ़ा मुखिया छह फीट तीन इंच ऊँचा था और उसके सिर पर सफेद पंखों का मुकुट था। उसके चेहरे पर विचित्र आकृतियाँ थीं।

बीगल के नाविकों ने उसे जब लाल कपड़ा दिया तो उसने उसे गरदन के पास बाँध लिया। पिछली यात्रा में जब उन लोगों ने बीगल की एक नाव चुरा ली तो कैप्टेन फिट्जरॉय ने उनमें से तीन को बंधक बना लिया था। बाद में उन्होंने एक और स्थानीय लड़के को एक मोती देकर खरीदा था और उन्हें इंग्लैंड ले आए थे। वहाँ पर उन्हें धार्मिक शिक्षा दी गई थी।

उनमें से एक की चेचक के कारण मृत्यु हो गई थी, पर बाकी लोगों को वापस उनके वतन छोड़ने के लिए ले जाया जा रहा था। अब उन लोगों के निश्चित नाम थे, जिसे सुनकर वे प्रतिक्रिया व्यक्त करते थे। इनमें से एक जेमी जहाजियों का प्रिय बन चुका था। वह चार्ल्स डार्विन से भी बहुत हिल-मिल गया था।

पर जब इन फूजियों को तमाम सामान आदि देकर उनके वतन ले जाकर छोड़ा गया तो वे वापस अपने रंग में रँग गए। कुछ महीने बाद बीगल के जहाजी जेमी को देखने गए तो वहाँ वह फिर से नंगा रह रहा था और उसका सारा सामान गायब था। उसके साथ एक लड़की थी, जिससे उसका विवाह हो चुका था। जब जेमी से दोबारा इंग्लैंड चलने को कहा गया तो उसने मना कर दिया।

बीगल जहाज के साथ एक पादरी भी आया था, जिसका उद्‌देश्य रियेरा डेल फूजियों में ईसाई धर्म का प्रचार था। हालाँकि इलाके में बहुत कम लोग रहते थे और जमीन ऊबड़-खाबड़ थी, पर इस पादरी ने हिम्मत के साथ वहाँ रहना प्रारंभ कर दिया था।

ईसाई मिशनरियों ने इलाके के आदिवासियों को पश्चिमी चकाचौंध के जरिए आकर्षित करने हेतु आधुनिक उपयोग की बहुत सी सामग्रियाँ भेजी थीं,

जिनमें निम्न चीजें प्रमुख थीं—

1. शराब पीने के लिए आकर्षक गिलास,
2. मक्खन रखने के लिए नाव के आकार की कटोरियाँ,
3. चाय के कप रखने के लिए सुंदर ट्रे,
4. सूप पीने के लिए कटोरे,
5. अनेक प्रकार के आधुनिक वस्त्र,
6. सुंदर लिनेन की साड़ियाँ व फ्रॉक आदि,
7. बुने हुए हैट।

उपर्युक्त चीजें तत्कालीन अंग्रेज समाज में बहुमूल्य मानी जाती थीं, पर उन भोले-भाले आदिवासियों के लिए उनका कोई मूल्य नहीं था। जब वे चीजें उन्हें भेंट की गईं तो उन्होंने उनकी कोई परवाह नहीं की और जब भी उन्हें इस्तेमाल किया तो मूर्खतापूर्ण तरीके से किया और वे सब चीजें टूट-फूट गईं।

जल्दी ही पादरी का ज्यादातर सामान चोरी हो गया। इतना ही नहीं, उसकी जान भी खतरे में पड़ गई। बीगल के जहाजियों ने तय किया कि यदि पादरी की जान बचानी है तो उसे वापस इंग्लैंड भेज दिया जाए।

सन् 1832 का क्रिसमस आया। जहाजियों के लिए यह बड़ा खुशी का अवसर था। ज्यादातर जहाजियों ने इसे जहाज पर धूमधाम से मनाया। पर चार्ल्स और सलीवान जमीन पर उतर आए और तट पर स्थित पहाड़ीनुमा ढेर पर चढ़ गए। वहाँ से उन्होंने जहाज का नजारा देखा, जो लंगर डाले खड़ा था।

उन्हें एक बड़ी गुफा दिखाई दी और वहाँ जाकर वे उसमें घुस गए। जब वे उसमें चिल्लाते या अपनी पिस्तौल दागते तो उन्हें बड़ा आनंद आता था। बाद में वे ऊँचाई पर चढ़कर बड़े-बड़े पत्थरों को लुढ़काने लगे। पत्थरों के टकराने से अलग ही प्रकार की ध्वनियाँ उत्पन्न हो रही थीं। वे इतने मस्त थे कि उन्हें अपने आस-पास की खबर ही नहीं थी। बहुत देर बाद में उनकी नजर पड़ी तो पाया कि जंगली फूजियन उनके जंगलीपन व पागलपन को देखकर आनंद ले रहे हैं।

उस रात आसमान साफ था और तेज हवा चल रही थी। लहरें ऊँची उठ रही थीं और दो सौ फीट की ऊँचाई तक उछाल मार रही थीं। जल्दी ही समुद्र अशांत हो गया और बीगल जहाज के आगे बढ़ने की संभावना क्षीण हो गई।

छह दिनों बाद जब जहाज आगे बढ़ा तो फिर तेज लहरें उठने लगीं। एक बार को तो ऐसी स्थिति बन गई कि वे कहाँ हैं। उन्हें समझ में ही नहीं आ रहा था। डार्विन सहित सभी लोगों को लगने लगा था कि अब बचना कठिन है।

लगभग चौबीस दिनों तक ऐसी ही उथल-पुथल चलती रही। हार मानकर चालक दल ने लंगर डाल दिया था। इसी बीच फूजियनों का एक नया दल जहाज और जहाजियों का तमाशा देखने के लिए आ गया। वे लोग बिलकुल ही नंगे थे। उनमें एक स्त्री भी थी, जो गोद में नन्हा बच्चा लिये घंटों खड़ी रही और अंग्रेज जहाजियों को निहारती रही। बीच-बीच में वह बच्चे को अपना दूध पिलाती थी और टकटकी लगाए डार्विन एवं उसके साथियों को देखती रही।

डार्विन भी उन लोगों के बारे में सोचता रहा। वह सोच रहा था कि वह उत्पत्ति के सिद्धांत की तलाश कर रहा है। आखिर ये जंगली लोग कैसे उत्पन्न हुए होंगे? यदि ये कहीं से आए हैं तो इस उजाड़, बियाबान इलाके में ही क्यों आए? यह तो दुनिया के स्थल का अंतिम छोर है।

उस समय यह भी कहा जाता था कि इन फूजियन आदिवासियों की संख्या घट रही है, पर डार्विन को इस पर विश्वास नहीं हुआ। उसे लगा कि यह जलवायु उनके लिए अनुकूल है और ये इसी को वतन मानते हैं। यहाँ से कहीं जाना भी नहीं चाहते हैं।

टियारा डेल फूजियों के बाद एक साल का समय अमेरिका के पूर्वी तट के सर्वेक्षण में निकल गया। इस बीच जहाजियों को नई-नई जगहें, नए-नए मार्ग देखने को मिले। उन्हें बीच में खराब मौसम की मार भी झेलनी पड़ी। पर खराब मौसम का नजारा भी देखने में अकसर आकर्षक लगता था। पहाड़ों की ऊँची-ऊँची चोटियाँ, उन पर जमी बर्फ, उनसे टकराते काले-काले बादल एक अद्‌भुत दृश्य पैदा कर देते थे।

मौके का फायदा उठाते हुए बीगल के जहाजी उन पहाड़ों का ही सर्वेक्षण करते रहे। जहाज के कप्तान फिट्‌जरॉय ने प्राकृतिक-विज्ञानी चार्ल्स डार्विन के नाम पर एक पहाड़ की चोटी का नाम 'माउंट डार्विन' रख दिया।

□

जहाज बढ़ता गया

बीगल की प्रशांत महासागर की यात्रा का अलग ही आनंद था। पर साथ में कठिनाइयाँ भी कम नहीं थीं। इस यात्रा के बारे में वर्णन करते हुए चार्ल्स डार्विन ने अपनी बहन को लिखा कि यहाँ पर पानी इतना गहरा है कि जहाज के लिए लंगर डालना तक संभव नहीं है। कई बार उन्हें घुप्प अँधेरी रातों में चौदह-चौदह घंटों तक पतले सँकरे इलाकों में बिना लंगर डाले खड़े रहना पड़ा था और इस क्रम में जहाज कई बार चट्टानों के बहुत निकट आ गया।

इसके अलावा कई बार जहाज को उछलते-कूदते गरजते समुद्र में भी सावधानीपूर्वक आगे बढ़ना पड़ा। गर्जना इतनी गंभीर थी कि यदि स्थल निवासी सुन लें तो एक हफ्ते तक डर के मारे सो न पाएँ। जहाज तेजी से ऊपर-नीचे होता रहा। इसी बीच जहाज का पर्सर मृत्यु का शिकार हो गया। वह पहले से ही बीमार था।

जहाजियों ने जहाज के डेक पर उसका शव रखा और अंतिम प्रार्थना पढ़ी। इसके बाद शव को आदरपूर्वक समुद्र में डाल दिया गया। डार्विन का स्वास्थ्य भी अच्छा नहीं चल रहा था। इस दुःख का उस पर बहुत गहरा असर पड़ा।

पर दुःख अधिक दिनों नहीं रह पाया। दक्षिणी गोलार्द्ध में जून-जुलाई में सर्दी पड़ती है। जल्दी ही आसमान साफ हो गया और हवा में नमी का नामोनिशान तक नहीं रहा। जब वे चिली में वैलपरेइसो पहुँचे तो धूप खिली थी। डार्विन को एक पुराना स्कूली मित्र मिला, जिसने उसे अपने घर पर आमंत्रित किया।

मित्र का घर सुख-सुविधाओं से सुसज्जित था। खाने में ताजा मांस मिला। पर इस आरामदायक माहौल में भी डार्विन को अनेक बातों की चिंता सता रही थी। वह पूरी यात्रा में जानवरों, प्राणियों, कीटों, वनस्पतियों के नमूने डिब्बों, क्रेटों में पैक कर-करके भेज रहा था, ताकि उनका आगे अध्ययन-परीक्षण हो। इस बीच हेंसलो

का एक पत्र मिला, पर जिसमें डिब्बों व क्रेटों का ब्योरा अधूरा था।

डार्विन को चिंता हो रही थी कि कहीं वे नमूने खो या नष्ट तो नहीं हो गए। पर जल्दी ही डार्विन को एक और पत्र मिला, जिसे इंग्लैंड से डार्विन तक पहुँचने में अठारह माह लगे थे और उसमें न सिर्फ सारे नमूनों का ब्योरा था वरन् उनकी प्रशंसा भी की गई थी और हेंसलो ने लिखा था कि इस काम से विज्ञान की प्रगति में महत्त्वपूर्ण योगदान होगा।

उधर चार्ल्स के घर के भी समाचार सुखद थे। डॉ. डार्विन अपने बेटे के वैज्ञानिक कार्यों से संतुष्ट थे। जब उन्हें पता चला कि बढ़े हुए काम के कारण चार्ल्स परेशान है तो उन्होंने चार्ल्स को एक सहायक रखने की अनुमति दे दी। हालाँकि कप्तान फिट्जराय एक जहाजी को डार्विन की सेवा के लिए नियुक्त करते थे, पर वह पर्याप्त नहीं था। अब चार्ल्स का निजी सहायक उसके लिए निजी कामों के अलावा नमूने तैयार करना तथा बंदूक लेकर साथ चलना जैसे काम करता था।

इसी बीच अगस्त 1834 में वैलपराइसो में डार्विन ने वहाँ के बर्फीले पहाड़ों का भी निरीक्षण किया। उसने सूर्य डूबने, आकाश में काले बादलों के घिर आने का नजारा देखा। उसे लगता था कि सूर्य की अंतिम किरणें जब पहाड़ों की बर्फीली चोटियों पर पड़ती थीं तो ऐसा लगता था मानो लाल रूबी (एक रत्न) चमक रहा हो।

जब सूर्य बिलकुल ढल जाता था तो वे लोग बाँसों के पेड़ के बीच आग जलाते थे और मांस पकाते-खाते थे। बीच-बीच में वे स्थानीय पेय का भी आनंद लेते थे।

चार्ल्स को इस इलाके में स्थित सोने व ताँबे की खदानों में अनेक बार जाने का अवसर मिला। इसका उसने वर्णन भी अपनी पत्रिका में किया। उसे इस बात पर दुःख हुआ कि उन्नीसवीं सदी में भी यहाँ के लोग खानों में भर जाने वाले पानी को मश्कों में भर-भरकर निकालते थे। उस समय ब्रिटेन में यह कार्य भाप के इंजन द्वारा किया जाता था।

उस जमाने में चिली के खदान मजदूरों को दिन निकलने से पहले काम आरंभ करना पड़ता था और वे अँधेरा होने तक काम करते थे। इसके बदले उन्हें मात्र एक पाउंड मासिक वेतन मिलता था और दिन में तीन बार मामूली भोजन, वह भी आधा पेट मिल पाता था। शायद ही वे कभी मांस चख पाते थे और ज्यादातर अनाज पर गुजारा करते थे।

एक बार खदान का निरीक्षण करते समय चार्ल्स ने वहाँ कच्ची शराब पी

ली, जो कुछ जहरीली थी। उसकी हालत बिगड़ गई। वह कई दिनों तक अंदर ही पड़ा रहा। इसके अलावा उसने इस इलाके में एक बार लंबी घुड़सवारी की तो उसका पेट खराब हो गया। उन दिनों में उसे सूखी घास (पुआल) पर सोना पड़ता था। साफ पुआल पाकर वह ईश्वर को धन्यवाद देता था। बाद में उसे घास पर सोने और घोड़े के बदबूदार कपड़ों को बिस्तर बनाने की याद आती तो वह हँसता था।

काम के दबाव और रहन-सहन से चार्ल्स शारीरिक रूप से कमजोर हो गया और बीमार पड़ गया। जहाज के डॉक्टर ने उसे दवा दी और विश्राम करने के लिए कहा। इस बीमारी का उसके स्वास्थ्य पर प्रभाव पड़ा और वह पश्चात्ताप करता कि अगर वह बीमार न होता तो और जीव पकड़ लेता।

जैसे ही डार्विन यात्रा के लिए तैयार हुआ, बीगल ने दक्षिणी चिली के सर्वेक्षण का कार्य बंद किया और आगे बढ़ चला। पर बाधाएँ कब कम होने वाली थीं। ब्रिटिश नौसेना का इरादा बीगल की यात्रा के बारे में बदल रहा था। पर कप्तान फिट्जरॉय अड़ गया। अंततः जहाज अपनी योजना के अनुसार आगे बढ़ने लगा।

एक दिन चार्ल्स जीवों की खोज में भटक रहा था। अचानक उसे थकान महसूस हुई और वह जमीन पर लेट गया। तभी उसे लगा कि उसके नीचे से जमीन सरक गई है। यह हलचल इतनी भयानक थी मानो जहाज किसी ज्वार को पार कर रहा हो।

वह दिन 20 फरवरी, 1835 का था और चिली के उस भूकंप तथा उससे उत्पन्न सुनामी लहरों की भयानकता की दास्तान आज भी इतिहास में दर्ज है। उस शहर का एक भी मकान सीधा खड़ा नहीं रह सका था। भूकंप से उत्पन्न सुनामी लहरें दूर-दूर तक गईं और अपने साथ बहुत कुछ बहा ले गईं। किनारे से टकराकर लहरों ने चार टन की तोप को इस तरह पटका मानो तिनका लहरों में डूब-उतरा रहा हो।

चार्ल्स डार्विन और उसका जहाज बीगल उस इलाके में लगभग तीन वर्षों से था और एक-एक इलाके का बारीकी से सर्वेक्षण किया जा रहा था। जब यह भीषण दुर्घटना उनकी आँखों के सामने घटी तो उन्होंने फिर से नाप-जोख आरंभ की। उन्होंने देखा कि कुछ जगहों पर जमीन पहले की तुलना में दो-तीन फीट ऊँची हो गई है। अनेक द्वीप इधर-उधर सरक गए हैं। डार्विन को अपने पुराने अध्ययनों से संबंधित गुत्थियों को सुलझाने में भी सहायता मिली और पता चला कि पहले भी ऐसा होता रहा होगा, तभी अचानक ऊँचाई पर सीपी दब गए होंगे।

यात्रा लंबी थी। उस यात्रा में लाइल की लिखी भूगर्भ-शास्त्र संबंधी पुस्तक

के दूसरे और तीसरे खंड भी आ चुके थे। डार्विन उन्हें न सिर्फ बड़े चाव से पढ़ रहा था वरन् उनके आधार पर विभिन्न घटनाओं का विश्लेषण भी कर रहा था। वह लेखक से अधिकाधिक प्रभावित होता जा रहा था।

चिली में डार्विन ने लंबी यात्राएँ भी कीं। उसने एक मार्ग-निर्देशक की सहायता भी ली और खच्चर की सवारी का आनंद उठाया। इस क्रम में उसने उस घोड़ी का भी अध्ययन किया जिसके गले में घंटियाँ बँधी थीं और जो यात्रा का आनंद बढ़ाती जा रही थी। साथ में और खच्चर भी थे जिन पर सामान लदा था। यात्रा में ज्यादा सामान इसलिए ले जाया जा रहा था, क्योंकि मार्च का महीना था ताकि अगर बर्फ पड़ने लगे, रास्ता बंद हो जाए तो परेशानी न हो।

अब तक चार्ल्स को अनेक प्रकार की यात्राओं का आनंद प्राप्त हो चुका था। इस यात्रा में रास्ते में आग जलाकर लोहे के एक बड़े बरतन में खाना पकता था। खुला आसमान ही कई बार छत होती थी। पर प्रकृति का अध्ययन आसान होता था; डार्विन हर चीज को अपने नजरिए से देखता और दर्ज करता चला गया।

एक जगह एक तरफ गरजता समुद्र था और दूसरी तरफ आकाश चूमते पहाड़। डार्विन ने स्थिति की तुलना की और तभी उसे समुद्र के किनारे के रेत के ढेरों की याद आई कि ये रेत के ढेर भी विशालकाय दुर्गम पहाड़ ही रहे होंगे, जो नदियों के बहाव से तथा अन्य प्राकृतिक आपदाओं से चूर-चूर हो गए। यह लगभग वैसा ही है जैसे कि तमाम प्राणियों की विभिन्न प्रजातियों का समय के साथ लुप्त हो जाना।

इस यात्रा में डार्विन ने अनेक ऊँचाइयाँ भी छुईं। सर्पिल रास्तों से चढ़ते हुए वे ऊपर चढ़ते गए। एक जगह पर ऊँचाई समुद्र तल से बारह हजार फीट थी और हवा विरल। आदमी और खच्चर दोनों को साँस लेने में परेशानी हो रही थी और खच्चर 50 गज चलकर साँस लेने के लिए रुक जाते थे।

धीरे-धीरे ऊँचाई बढ़ती रही। तेरह हजार फीट की ऊँचाई पर उन्हें और अधिक परेशान होना चाहिए था, पर वे परेशानी भूल गए, क्योंकि डार्विन को समुद्री सीपियों का एक ढेर पहाड़ों के बीच परतों के रूप में दिखाई दे गया। अब तक की समुद्री यात्रा में डार्विन ने अनेक प्रकार की सीपियों का अध्ययन किया था। वह पहचान लेता था कि कौन सी सीपी किस प्राणी की है।

अब वह इन सीपियों के नमूने लेने लगा, पर स्थानीय मार्गदर्शकों ने सलाह दी कि अब देर नहीं करनी चाहिए, क्योंकि यहाँ की बर्फबारी जानलेवा होती है। अतः डार्विन थोड़े से नमूने ही ले पाया।

पर फिर भी डार्विन की अनेक गुत्थियाँ थोड़े ही समय में सुलझ गईं। उसने पाया कि पहाड़ की ऊँचाइयों की अनेक चट्टानें वैसी ही हैं जैसी कि सागर की तलहटी में हुआ करती हैं। इसका अर्थ है कि किसी समय समुद्र की तली ऊपर आ गई और उसमें सागर के जीवों के अवशेष भी दब गए।

यात्रा में नए-नए तथ्य इस प्रकार सामने आ रहे थे कि स्वयं डार्विन को डर लग रहा था कि उसके विचार और खोज के परिणाम पढ़कर परंपरागत भूगर्भ-शास्त्री क्या सोचेंगे। हिचकिचाते हुए उसने हेंसलो को लिखा कि मेरे पास अब जीवन की वे सच्चाइयाँ हैं जो तुम्हें बकवास और निराधार लगेंगी। वास्तव में पहाड़ की चोटियों और समुद्र की तलियों में बहुत कुछ समानता है।

यात्रा में डार्विन ने जगह-जगह प्राकृतिक सुंदरता का भी आनंद लिया। ऊपर खुला आसमान, लंबी-लंबी घाटियाँ, बीच-बीच में ऊँचे-नीचे पहाड़, जगह-जगह अवशेष मानो अपनी दास्तान सुनाना चाह रहे हों। कहीं-कहीं चट्टानों के रंग चमकदार थे और जमी हुई बर्फ का नजारा ही कुछ अलग था।

ऐसी यात्रा शायद उस समय तक किसी ने की ही नहीं थी और यदि की भी थी तो उसका वृत्तांत नहीं लिखा था। वहाँ जब हवाएँ सनसनाती थीं तो ऐसा लगता था मानो ईश्वर स्वयं कुछ कहना चाह रहा है।

धीरे-धीरे डार्विन और उसका दल नीचे आने लगा। ग्यारह हजार फीट की ऊँचाई पर जब उन्होंने कैंप लगाया तो उन्हें आग जलाने में काफी परेशानी हो रही थी। वहाँ पर सूखी लकड़ियाँ कम थीं और हवा तेज थी। न उनकी ठंड मिट पा रही थी और न ही पतीले में रखे आलू उबल पा रहे थे।

सारी रात निकल गई, पर आलू नहीं उबले। प्रात: सभी ने आलू के बिना ही नाश्ता किया। साथ चल रहे सहायक आपस में बात कर रहे थे कि जिस बरतन में आलू उबाले जा रहे थे वह नया और अभिशापित था, इसीलिए आलू नहीं उबले।

इस यात्रा में काफी उतार-चढ़ाव आ रहे थे और इसी कारण चार्ल्स डार्विन को विभिन्न ऊँचाइयों पर हवा और उसके गुणों का ज्ञान हुआ। उसने देखा कि चौदह हजार फीट की ऊँचाई पर हवा बहुत साफ व सूखी थी। इस कारण इस ऊँचाई से चाँद व तारे बिलकुल साफ और स्पष्ट दिखाई देते हैं। उसे यह भी अनुभव हुआ कि इस ऊँचाई पर विद्युत्-आवेश बहुत तेजी से उत्पन्न हो जाता है। एक बार अचानक चार्ल्स ने अपना कोट रगड़ा तो उसे लगा कि चमक उत्पन्न हो रही है। यह बिलकुल वैसा ही था मानो कोट को फास्फोरस से धोया गया हो।

यात्रा के दौरान उसने न सिर्फ नैसर्गिक सौंदर्य का नजारा देखा वरन् जगह-

जगह चट्टानों के नमूने भी लिये। इसके अलावा उसने बर्फ के रंग के खंभे भी देखे। नजदीक से देखने पर मालूम हुआ कि वास्तव में वे पुराने कटे हुए पेड़ थे, जो समय के साथ सफेद रंग के रवादार पदार्थों में परिवर्तित हो गए हैं। उनकी ऊँचाई तीन से पाँच फीट तक थी।

अब तक चार्ल्स को काफी अनुभव हो चुका था और उसके आधार पर उसने तत्काल अनुमान लगा लिया। उसके अनुसार एक समय ये पेड़ हरे-भरे थे। ये पेड़ अटलांटिक महासागर के नजदीक थे। परंतु सन् 1830 के दशक में यह महासागर उन पेड़ों से 700 मील दूर था। पर हमेशा ऐसा नहीं रहा था। इस इलाके की जमीन का स्तर कई बार नीचे गया और कई बार ऊपर आया। इस कारण ये पेड़ कई बार पानी में डूबे भी और बाहर भी निकले, पर इनकी जड़ें मजबूत थीं। इस कारण ये अपनी जगह से हिले नहीं। इनके ऊपर से कई बार पानी भी गुजरा और रेत भी। इन सबका प्रभाव इन पेड़ों के ठूँठों पर पड़ता रहा।

जब समुद्र के नीचे के ज्वालामुखी फूटे तो उनका लावा और रेत भी इनसे होकर गुजरा और इन पेड़ों के ठूँठों में लिपट गया। यह कहानी अनेक बार दोहराई गई और लावा के ऊपर रेत और फिर रेत के ऊपर लावा इसी प्रकार जमता रहा।

एक समय ऐसा आया जब जमीन के नीचे की प्लेटें फिर आपस में टकराईं और इससे हजारों फीट ऊँची तथा लंबी-चौड़ी पर्वतमाला उत्पन्न हो गई। इसके बाद हवा, वर्षा एवं बर्फ का प्रभाव पड़ने लगा और पुराना जमा हुआ लावा एवं रेत उखड़ते चले गए। इस प्रकार इन पेड़ों के नए स्वरूप का जन्म हुआ।

डार्विन समय के प्रभाव का खाका तैयार करता रहा। उस पूरी पर्वतमाला की यात्रा में उसने बहुत सारे नमूने एकत्रित किए। उसका आत्मविश्वास का वजन भी बढ़ता जा रहा था और उसने अपनी बहन सूजन को पत्र में लिखा था कि बिना प्रमाणों के उसकी एक भी बात नहीं मानी जानी चाहिए। वह अपने मित्र प्रो. हेंसलो को भी अपनी यात्रा के बारे में विस्तार से लिखता रहा। उसने लिखा था कि वह जो कुछ भी लिख रहा है उसके पुख्ता प्रमाण उसके पास हैं।

इस दौरान बीगल ने चिली और पेरु सर्वेक्षण में अधिक समय लगाया और इस कारण चार्ल्स को इन पर्वतमालाओं में घूमने तथा अन्वेषण करने का अतिरिक्त समय मिलता रहा। उसने यह भी देखा कि वहाँ का मैदानी इलाका बंजर व वीरान है।

उस समय पेरु में अराजकता फैली हुई थी। वहाँ के राष्ट्रपति ने आदेश दिया था कि जो भी उसका आदेश नहीं मानेगा, उसकी हत्या कर दी जाएगी। इन

परिस्थितियों में पेरु की यात्रा असंभव थी। पर फिर भी डार्विन ने छोटी-मोटी यात्राएँ कीं और वहाँ के घरों में कई बार रुका। वह वहाँ के मक्खी-मच्छरों से बहुत परेशान रहा।

कई बार उसे खीझ भी होती थी कि दुनिया का यह हिस्सा उसके अपने श्रूसबरी से इतना भिन्न क्यों है। वह अनेक बार खीझकर वापस अपने जहाज पर आ जाता था। पर बढ़िया भोजन करने और भरपूर नींद लेने के बाद वह तरोताजा हो उठता था तथा फिर पेरु की ओर चल देता था।

उसे वहाँ की दो चीजें अच्छी लगने लगी थीं—एक तो महिलाएँ और दूसरा चिलीमोया, जो एक फल था। यह फल खाने में अति स्वादिष्ट तथा सेब जैसा था, जिसे कस्टर्ड में डाला जा सकता था। साथ ही युवा व कुँआरे चार्ल्स को पेरु की युवतियाँ अति सुंदर लगती थीं। उस काल में वे युवतियाँ इलास्टिक-युक्त गाउन पहना करती थीं, जिससे उनके शरीर के उभार और अधिक स्पष्ट हो जाते थे और देखनेवाला मोहित हुए बिना नहीं रह पाता था।

इतना ही नहीं, आकर्षक वस्त्रों के कारण वे अपने आपको बड़ा सहेजकर चलती थीं। उनके सिल्क के मोजे और सुंदर पैर जब झलकते तो डार्विन देखता ही रह जाता था। दुर्भाग्यवश उनका चेहरा काले बुरकेनुमा रेशमी कपड़े से ढका रहता था, जिससे सिर्फ उनकी काली-कजरारी आँखें ही दिखाई देती थीं, पर उन आँखों में गजब की गहराई होती थी। छब्बीस वर्षीय चार्ल्स डार्विन का अब तक का जीवन कीटों, पतंगों, तितलियों, पत्थरों, सीपियों के नमूने बटोरने में बीता था। जवानी का एक बड़ा हिस्सा सागर की लहरें निहारने, पुस्तकें पढ़ने आदि में बीत गया था। पहली बार उसने जीवन का यह पहलू बहुत ध्यान से देखा था। उन्हें देखने के बाद उसे वहाँ की इमारतों, चर्चों आदि की खूबसूरती निहारने व कलमबद्ध करने की कभी सुध नहीं रही।

चार्ल्स को यहाँ ज्यादा दिन रहने का अवसर नहीं मिल पाया। बीगल जहाज गलापागोज की ओर बढ़ने वाला था। इस बीच उसे इंग्लैंड में विभिन्न लोगों को अनेक पत्र भी लिखने थे। आगे की यात्रा में पत्र भेजने की सुविधा नहीं थी।

उन पत्रों में लिखी जानेवाली विभिन्न बातों में से एक प्रमुख बात आर्थिक समस्या थी। चार्ल्स जो-जो काम कर रहा था उसमें खर्च भी हो रहा था, जिसे उसके पिता को चुकाना था। दबंग पिता के समक्ष समस्या रखने की हिम्मत नहीं पड़ रही थी। अत: चार्ल्स ने अपनी बहन सूजन का सहारा लिया।

सूजन को लिखे पत्र में चार्ल्स ने यह समझाने का प्रयास किया कि वह पिता

को यह समझाए कि चार्ल्स बहुत थोड़े में गुजारा कर रहा है। इससे पहले वह साल में 100 पौंड खर्च करता था, जिसका एक भाग बीगल का किराया, खाने-पीने का खर्च आदि था; पर चिली में एंडेस के अन्वेषण अभियान गें उसका खर्च मात्र 60 पौंड हुआ।

चार्ल्स के पत्र विनोदपूर्ण लहजे में होते थे। उसने बहन को यह भी समझाया कि समुद्री यात्रा में तो वह कम खर्च करता है, क्योंकि समुद्र में वह भी करे तो क्या। पर जब मैं जमीन पर पहुँच जाता हूँ और घोड़े दिख जाते हैं तो मेरा खर्च बढ़ जाता है, मैं घुड़सवारी किए बिना रह नहीं पाता और घोड़े का मालिक मेरी जेब खाली कर लेता है।

उसे यह भी लगता था कि शायद डॉ. डार्विन के सब्र का बाँध टूट गया होगा, क्योंकि कहाँ वे उम्मीद कर रहे थे कि बेटा कमाएगा और कहाँ वह अभी तक उनसे लेकर ही खर्च कर रहा है; घोड़ों-खच्चरों पर चढ़कर पहाड़ों, जंगलों, बियाबान स्थलों की खाक छान रहा है।

पर डॉ. डार्विन ने इसी को चार्ल्स की नियति मान लिया था। बेटे को विदा किए हुए चौथा वर्ष पूरा होने जा रहा था, पर अभी तक उन्हें झुँझलाहट नहीं हुई।

□

गलापागोज-एक अद्‌भुत पड़ाव

चार्ल्स को घर से निकले लगभग पौने चार वर्ष हो चुके थे। उस दौरान यात्रा में अनेक पड़ाव आए। चार्ल्स ने बहुत कुछ देखा, बहुत कुछ सीखा, बहुत कुछ जाना। इस क्रम में उसके अंदर एक अद्‌भुत कला जन्म ले चुकी थी। अब चार्ल्स वह सब देखने लगा था जो अन्य लोग नहीं देख पाते थे। अब वह वे बातें सीखने लगा था जो और लोग नहीं सीख पाते थे। उसके सवाल अद्‌भुत होते थे और उन सवालों से ज्ञान की तलाश इस प्रकार आरंभ होती थी कि जवाब-पर-जवाब ज्ञान के झरने के रूप में निकलते चले आते थे।

हालाँकि चार्ल्स की आयु अभी छब्बीस वर्ष ही थी, पर अब दुनिया की उत्पत्ति, विभिन्न जीवों एवं वनस्पतियों की उत्पत्ति का पूरा दृश्य उसके सामने एक चित्र की तरह उभरने लगा था। उसने अब तक उत्तरी गोलार्द्ध के प्राणी देख लिये थे और दक्षिणी गोलार्द्ध के भी। उनमें दिखनेवाले अंतर का कारण भी वह समझता जा रहा था। उसे अब पृथ्वी की वर्तमान आयु तथा इस दौरान अति धीमी गति से हुए स्पष्ट परिवर्तनों का भी आभास होने लगा था।

अब बीगल जहाज अपने नए पड़ाव की ओर अग्रसर था, पर उस पड़ाव पर प्राप्त होनेवाले अद्‌भुत ज्ञान का आभास किसी को भी नहीं था। 7 सितंबर, 1835 को बीगल गलापागोज की ओर बढ़ने लगा। दूर से देखने से गलापागोज समुद्र के बीच में चट्टानों का एक ढेर-सा लगता था। इसी दिन बीगल ने गलापागोज में लंगर डाला।

इस इलाके में दस बड़े द्वीप थे। युवा चार्ल्स व उसके साथी सबसे पूर्ववाले द्वीप चैथम पर उतरे। यह द्वीप एक मैदान के टूटे हुए टुकड़े जैसा लगता था, जिस पर ज्वालामुखी का काला लावा बिछा था। इस लावे पर वर्षों से समुद्री लहरें तांडव कर रही थीं। अत: यह घिस-घिसकर बिलकुल पक्का हो चुका था। सूर्य की तपती

धूप बार-बार इस द्वीप को सूखा-पक्का बना देती थी।

इस द्वीप पर वनस्पतियाँ नाममात्र को थीं। वहाँ पर एक अद्‌भुत, पर बेहद दुर्गंध थी। समुद्र के किनारे पड़ी काली चट्टानें ऐसी लगती थीं मानो काली विशाल छिपकलियाँ लेटी हों।

जब चार्ल्स ने पहली बार उस द्वीप का नजारा देखा तो आश्चर्य में पड़ गया कि वह कहाँ आ गया है। हालाँकि अब तक उसने जो इलाके देखे थे वे कम अद्‌भुत नहीं थे और इन सबके बारे में दुनिया को अब तक नहीं के बराबर जानकारी थी। पर अब तक देखी विचित्रताएँ गलापागोज की तुलना में नगण्य थीं।

अब तक चार्ल्स ढेरों नमूने एकत्रित कर चुका था। विभिन्न इलाकों से प्राप्त नमूनों की न सिर्फ पहचान कर चुका था वरन् उनमें आपसी संबंधों का विश्लेषण भी कर चुका था। उसने यह भी देखा कि ज्यों-ज्यों आगे बढ़ते हैं त्यों-त्यों परिवर्तन होता चला जाता है। पहाड़ के एक ओर तथा पहाड़ के दूसरी ओर की स्थितियाँ अलग-अलग होती हैं।

डार्विन के मस्तिष्क में यह सब बैठता जा रहा था कि ये विविधताएँ उत्पत्तिकर्ता के कारण नहीं हैं। ये सभी एक ही समय और एक ही रूप में उत्पन्न हुई थीं, पर समय के साथ इसमें परिवर्तन आया है। परिवर्तन आया कैसे, यह तो साबित हो ही चुका है कि अनेक स्थल पहले जल के नीचे थे और कालांतर में ऊपर आ गए। इसी तरह अनेक इलाके पहले ऊपर थे, बाद में जलमग्न हो गए।

भूमि के हिलने, अपना स्थान बदलने का नजारा चार्ल्स फरवरी 1835 के भूकंप व उसके बाद उठी विनाशकारी सुनामी लहरों के दौरान देख चुका था। इससे उसके अंदर उठ रहे सिद्धांत का बीज फूट चुका था और वह एक कोमल नवजात पौधे का रूप लेने के लिए व्याकुल था।

एक अन्य विशेष बात यह भी थी कि लंबे-ऊँचे कद के युवा, भूरी आँखों वाले अंग्रेज चार्ल्स डार्विन का मन एक साफ स्लेट की तरह था। उस पर न कोई पहले की छाप थी और न कोई पूर्वग्रह। वह हर चीज को एक नई दृष्टि से देख रहा था, समझ रहा था और एक क्रम में रखता जा रहा था। इंग्लैंड से आने के बाद उसने अफ्रीका का एक किनारा भी देख लिया था तथा लैटिन अमेरिका के दोनों पूर्वी व पश्चिमी भाग भी। वह विद्रोही भी नहीं था और अब तक की मान्यताओं की बखिया उधेड़ने के लिए आतुर भी नहीं था।

वह अपनी नोट-बुक में उपलब्ध तथ्यों को सँजोता रहा। उसे इस बात का बिलकुल एहसास नहीं था कि आनेवाले समय में वह दुनिया को एकदम नया और

खतरनाक चुनौती देनेवाला सिद्धांत देगा। शायद यही कारण था कि आनेवाले सिद्धांत की तैयारी वह पूरी ईमानदारी से कर रहा था। यह लगभग वैसा ही था जैसे एक गर्भवती महिला यह न जानते हुए कि उसके लड़का होगा या लड़की, गर्भ की सुरक्षा व आनेवाले समय की तैयारी कर रही हो।

सितंबर की एक गरम सुबह को जब डार्विन चैथम द्वीप के ऊबड़-खाबड़ इलाके में उतरा तो उसने तय किया कि यह एक नया इलाका है और यहाँ से वह हर जीवित वस्तु का कम-से-कम एक नमूना अवश्य लेगा। उसने यह भी सोचा कि वह शुरुआत वनस्पतियों से करेगा।

पर जल्दी ही उसे झटका लगा और उसने पाया कि गरम लावे से बनी इस धरती पर कुछ प्रजातियों के ही पौधे हैं। उसके अनुमान से ऐसा तो उत्तरी या दक्षिणी ध्रुवीय प्रदेशों में ही होना चाहिए। यहाँ ऐसा क्यों हो रहा है ? गलापागोज तो विषुवत् (भूमध्य) रेखा पर है अर्थात् पृथ्वी के बीच के इलाके में है। इसके किनारों पर दक्षिण से आनेवाली शीत जलधाराएँ बहती हैं। ऐसी जलवायु में तो प्रकृति का रूप तेजी से निखरता है और जल्दी ही समृद्ध हो जाता है।

इस ऊहापोह में डार्विन को जल्दी ही नए, आश्चर्यजनक व दिलचस्प तथ्य मिलने लगे। वहाँ की लकड़ियाँ, जो अभी तक सूखी तथा पत्ती-विहीन लग रही थीं, वे वास्तव में पत्तियों से विहीन नहीं थीं। हालाँकि उसे उनमें एक भी फूल दिखाई नहीं दिया, पर उनमें उसकी दिलचस्पी बढ़ती चली गई।

उधर बीगल जहाज चैथम द्वीप के चारों ओर सर्वेक्षण कार्य करने लगा और इधर डार्विन ने द्वीप पर अपना तंबू तान लिया। वह द्वीप का बारीकी से निरीक्षण करने लगा। अपने तंबू से उसने दूर-दूर तक नजर दौड़ाई और पाया कि इस ऊबड़-खाबड़ द्वीप पर चलना एक कठिन कार्य है। वहाँ से साफ दिखाई दे रहा था कि आस-पास लावे के लाल रंग के साठ ढेर हैं, जो पचास से सौ फीट तक ऊँचे थे। इसके अलावा जगह-जगह बड़े-बड़े गड्ढे भी थे, जिनके किनारे तीखे थे और असावधानी होते ही व्यक्ति सीधे गड्ढे में चला जाता। वह समझ गया कि जब ज्वालामुखी फूटता है तो उसके लावे के साथ गैस भी बबूलों के रूप में निकलती है और बबूले जब फूटे होंगे तो गड्ढे बन गए होंगे।

उस समय वहाँ भीषण गरमी थी। डार्विन को बिलकुल नहीं सूझ रहा था कि वह किधर जाए और कैसे जाए। तभी उसे हलका सा रास्ता दिखा। पर उसके मन में तुरंत सवाल उठा कि यह तो निर्जन द्वीप है। इसमें यह रास्ता कैसे बना और किसने बनाया? अवश्य ही यह किसी जानवर ने बनाया होगा। उसका उत्साह

जल्दी ही ठंडा पड़ गया, जब उसे दो भीमकाय कछुए दिखाई दिए। उनमें से एक का वजन 80 किलोग्राम से अधिक था और वह वहाँ के जंगली काँटेदार कैक्टस पौधों को धीरे-धीरे चबा रहा था।

कौतूहलवश डार्विन उनके निकट आ गया और बड़े ध्यान से देखने लगा। दूसरा कछुआ, जो लगभग उसी के आकार का था, अपना सिर उठाकर डार्विन को देखने लगा और एक आवाज भी निकाली, पर वे डार्विन को देखकर डरे नहीं। उधर झाड़ियों पर बेरंगे पंखोंवाली चिड़ियाँ चहचहा रही थीं।

अब डार्विन को निश्चय हो गया कि इस द्वीप पर ये बड़े-बड़े आकार के सरीसृप, जमा हुआ काला लावा, पत्ती-विहीन झाड़ियाँ, बड़े-बड़े कैक्टस आदि ही हैं। उसे यह द्वीप बाबा आदम के जमाने का लगा।

अब बीगल जहाज अन्य द्वीपों पर भी गया। डार्विन को वहाँ पर भी वृहदाकार सरीसृप जीव मिले। उसे लगा कि यदि कोई कवि या साहित्यकार होता तो इस द्वीप की दशा देखकर किसी दूसरे ग्रह या चंद्रमा की कल्पना कर लेता और रोचक ग्रंथ लिख डालता। अब उसका मस्तिष्क भी कल्पना करने लगा। उसने निष्कर्ष निकाला कि ये कछुए यहीं के हैं और ऐसे कछुए दुनिया में और कहीं नहीं हैं।

पर यह बात कोई नई नहीं थी। पहली बार जब एक जहाज इस द्वीप के किनारे पहुँचा था तो उसने उस समय अर्थात् सन् 1708 में देखा था कि इस द्वीप में कछुए-ही-कछुए भरे पड़े थे। इसके बाद जो भी जहाज उस द्वीप के पास से गुजरता, उसके नाविक अपने मुँह का जायका बदलने के लिए इन कछुओं का बड़ी बेरहमी से शिकार करते थे। इन द्वीप समूहों के बारे में कहानियाँ प्रचलित थीं कि एक जहाज के जहाजियों ने एक दिन में सात सौ कछुए पकड़े थे और एक युद्धपोत के जहाजियों ने एक दिन में दो सौ। उन जहाजियों की बहुत दिनों से ताजा मांस खाने की इच्छा बलवती होती थी और वे उन मासूम एवं निरीह कछुओं पर टूट पड़ते थे।

यही कारण था कि यहाँ पर कछुओं की संख्या कम होती जा रही थी। बीगल के जहाजियों को एक दिन में मात्र पंद्रह कछुए ही मिल पाए। बीगल जहाज में पीने का पानी खत्म हो चुका था और वह इसकी तलाश में आगे गया; इस कारण चार्ल्स अगले द्वीप जेम्स पर तंबू तानकर ठहर गया। वह बड़े ध्यान से अवलोकन करने लगा। उसने कछुए के पैरों के निशान देखे और उनका पीछा करते-करते द्वीप के केंद्रीय भाग में पहुँचा, जो ऊँचाई पर था और जहाँ पर मीठे पानी का झरना था। इस जगह पर बादल निचाई पर थे और उनसे जो नमी मिल रही थी वह इस भाग को

हरा-भरा बना रही थी।

इस झरने के पानी में बड़े सरीसृप अपना सिर गड़ाकर पानी के घूँट भर रहे थे। डार्विन को उनकी प्यास का अंदाज इस बात से लग रहा था कि वे वृहदाकार जीव प्रति मिनट दस बार घूँट भर-भरकर निगल रहे थे और इस गरम वातावरण में वह शीतल जल उन्हें कितना सुख व शांति प्रदान कर रहा था।

डार्विन ने उन कछुओं की चाल का भी अवलोकन किया और पाया कि वे दस मिनट में लगभग साठ गज की दूरी तय कर लेते हैं। इस प्रकार यदि वे पूरे दिन बिना रुके चलें तो लगभग साढ़े छह किलोमीटर चल पाएँगे।

इन कछुओं के बारे में स्पेन के जहाजियों का कहना था कि ये बहरे हैं। डार्विन ने इसकी भी जाँच-पड़ताल की। जब तक वह उनके बराबर किनारे-किनारे दौड़ता रहा, उन्होंने डार्विन पर ध्यान नहीं दिया; पर ज्यों ही डार्विन ने सामने से रास्ता काटा, वे बिदक गए। उन्होंने एक आवाज—हिस—निकाली और अपना सिर अपने पैरों के बीच इस प्रकार छिपा लिया मानो वे मृत हों।

अब डार्विन उनमें से एक के ऊपर चढ़ गया और जोर-जोर से कूदने लगा। मजबूर होकर वह कछुआ धीरे-धीरे चलने लगा। डार्विन चलते कछुए पर अपना संतुलन नहीं बनाए रख सका और उसे नीचे उतरना पड़ा।

धीरे-धीरे डार्विन को विश्वास होता चला गया कि ये अद्‌भुत प्राणी इसी द्वीप के हैं। उसने अपने अन्वेषण का दायरा बढ़ाया। उसने तीन-चार फीट लंबी छिपकलियों का अवलोकन प्रारंभ किया। वहाँ की पीली-भूरी छिपकलियाँ भी अनोखी थीं। आरंभ में जो लोग उस द्वीप पर गए थे, वे बताते थे कि ये काली छिपकलियाँ अकसर समुद्र में गोता लगाने जाती हैं और मछलियों का शिकार करके लौटती हैं।

डार्विन ने भी उन्हें किनारे की चट्टानों से समुद्र में कूदते देखा था। वे जब पानी में तैरती थीं तो उनका शरीर साँप की तरह बल खाता था। उनकी पूँछ सीधी हो जाती थी। पर उसे इस बात पर विश्वास नहीं था कि वे मछलियाँ खाती हैं। उसने किसी के मुँह में मछली देखी भी नहीं थी।

बाद में चार्ल्स ने उन छिपकलियों का पेट फाड़ा तो पाया कि उसमें समुद्र के अंदर उपजनेवाली वनस्पतियाँ थीं। वे वनस्पतियाँ तटों पर उपजनेवाली नहीं थीं वरन् समुद्र की तलहटी में ही उगती थीं। इन छिपकलियों की आँतें वैसी ही थीं जैसी कि वनस्पति खानेवाले शाकाहारी प्राणियों की होती हैं।

डार्विन के आश्चर्य का ठिकाना न था। उसने अपने जीवन में कभी शाकाहारी

छिपकलियों के बारे में नहीं सुना था। इतना ही नहीं, उन छिपकलियों का भोजन समुद्र पर आधारित था। उनके शरीर की संरचना समुद्री जीवों जैसी थी। वे समुद्र में तैरती और गोते लगाती थीं, पर जब वे भयभीत होतीं तो डर के मारे समुद्र में छलाँग नहीं लगाती थीं।

इस बात पर चार्ल्स ने अनेक प्रयोग किए। उसने समुद्र के किनारे उन छिपकलियों को खूब दौड़ाया, पर वे कभी समुद्र में नहीं कूदीं। उसने एक की पूँछ पकड़कर उसे एक तालाब में फेंक दिया, पर वह नीचे गई और तैरती हुई फिर से उसी स्थान पर ऊपर आ गई जहाँ वह थी। डार्विन ने उसकी पूँछ पकड़कर दोबारा पानी में फेंका तो वह फिर उसी प्रकार बाहर आ गई।

अब डार्विन एक मदारी की तरह उसे बार-बार पानी में फेंकता रहा, पर उस छिपकली का व्यवहार वैसा ही रहा जैसा कि एक प्रशिक्षित बंदर या भालू का होता है। काफी सोचने के बाद चार्ल्स ने निष्कर्ष निकाला कि यह छिपकली स्थल इलाकों को अधिक सुरक्षित मानती है, क्योंकि यहाँ इसका कोई शत्रु नहीं है; जबकि समुद्र में इसे शार्क जैसी मछलियों का भय होता है।

पीले रंग की छिपकलियाँ जेम्स द्वीप में इतनी बड़ी संख्या में थीं कि उनके कारण बीगल के जहाजियों को वहाँ पर अपना तंबू गाड़ने में अनेक दिक्कतें आती थीं। इतना ही नहीं, वहाँ पर चलने में भी परेशानी होती थी, क्योंकि अकसर पैर इन छिपकलियों के पीले-पीले शरीर पर पड़ ही जाता था।

लंबे समय तक वे छिपकलियाँ डार्विन के आकर्षण का केंद्र बनी रहीं। वे जमीन को खोदती थीं। जब वे आधा खोदकर उसमें प्रवेश कर जाती थीं तो डार्विन उनकी पूँछ पकड़कर बाहर निकाल देता था। उस अवस्था में वे डार्विन को घूरती थीं मानो कह रही हों कि तुमने पूँछ क्यों पकड़ी?

उस उजाड़ द्वीप में इन छिपकलियों के लिए पीने का पानी तक नहीं था। वे हवा में मौजूद नमी पर गुजारा करती थीं। जमीन पर उनके लिए पौष्टिक आहार के रूप में कैक्टस की छोटी-छोटी पत्तियाँ ही थीं। डार्विन छोटी-छोटी पत्तियाँ तोड़कर उनके सामने फेंकता तो वे उसी प्रकार झपटती थीं जैसे कुत्ता अपने मुँह में हड्डी दबाकर भाग जाता है। इन मामूली पत्तियों पर छोटी-छोटी चिड़ियाँ भी झपट्टा मारती थीं और छिपकलियाँ भी।

खेल-खेल में डार्विन का सिद्धांत भी जन्म ले रहा था। वह सोच रहा था कि इन कछुओं ने यहाँ की जमीन पर रास्ता तक बना दिया है। ये छिपकलियाँ भी इसी जमीन पर कब्जा किए बैठी हैं। संभवतः इसी प्रकार दुनिया में हर जगह समुद्री जीव

समुद्र में जीवों की भीड़ से राहत पाने के लिए जमीन पर आए होंगे और फिर उन्होंने कब्जा कर लिया होगा। बाद के काल में दुनिया के अन्य इलाकों में तो स्तनपायी जीवों का कब्जा हो गया, पर इस द्वीप में अभी भी इन सरीसृपों का ही कब्जा है।

प्रारंभ में उनमें से कुछ शाकाहारी होंगे और कुछ मांसाहारी। कुछ व्हेल के आकार के भी होंगे और उनका दबदबा जमीन पर भी होगा तथा पानी में भी।

इस द्वीप में रहने के बाद डार्विन की जिज्ञासा और बढ़ती चली गई। उसने यहाँ के स्थल में वास करनेवाले छब्बीस पक्षियों का विवरण दर्ज किया। ये पक्षी अनेक आकार-प्रकार के थे और दुनिया में अन्यत्र कहीं नहीं पाए जाते थे। यहाँ पर बाज जैसे विशाल पक्षी भी थे और मक्खियों का भक्षण करनेवाले छोटे पक्षी भी। यहाँ पर कबूतर जैसे पक्षी भी थे और तोते जैसी नाकवाले भी। डार्विन ने उन सभी को क्रम से कलमबद्ध किया। इनमें से कुछ प्राणी अमेरिकी प्राणियों से कुछ हद तक मिलते-जुलते थे, पर अंतर भी स्पष्ट थे।

कोई यह भी कह सकता है कि शुरू में यहाँ पर पक्षी बिलकुल नहीं थे और वहाँ एक प्रजाति ले जाई गई थी। बाद में उसी में फेरबदल करके अन्य प्रजातियाँ तैयार कर दी गई थीं। पर इस परिकल्पना पर भी पूरी तरह विश्वास नहीं किया जा सकता था।

डार्विन ने ग्यारह प्रकार के जल-पक्षियों को भी एकत्रित किया। उनमें से मात्र तीन गलापागोज के ही थे, वे अन्यत्र नहीं मिलते हैं। डार्विन का मानना था कि जल-पक्षी अधिक गतिशील हैं और इस कारण पूरे संसार में आसानी से फैल जाते हैं। शायद यही कारण है कि किसी एक स्थान पर अनोखे जल-पक्षी नहीं मिल पाते हैं। वे हर प्रकार के जल में अपनी दुनिया बसा लेते हैं और इस कारण पूरे संसार में पाए जाते हैं।

डार्विन को तरह-तरह के घोंघे व सीपी मिले। उनमें से सोलह प्रकार के मीठे पानी में रहनेवाले थे। केवल एक ऐसा था जो अन्यत्र नहीं मिला, शेष सब दूसरी जगहों में भी पाए जाते हैं। इसी तरह समुद्री खारे जल में रहनेवाली नब्बे सीपियों में से सैंतालीस अनोखी थीं और शेष दूसरी जगहों पर भी पाई जाती हैं। इससे यह भी पता चलता है कि घोंघे भी पूरे संसार में अच्छी संख्या में फैले हैं। तैंतालीस प्रकार के घोंघे जो अन्यत्र भी पाए जाते हैं, उनमें से पच्चीस अमेरिका के पश्चिमी तट पर पाए जाते हैं। इनके अलावा ये प्रशांत महासागर के अन्य द्वीपों, जैसे फिलीपीन आदि में पाए जाते हैं। इसका अर्थ यह निकाला जा सकता है कि ये अमेरिका से आए होंगे।

पर उस समय की पुस्तकों में यह लिखा था कि ये घोंघे उसी जगह पर विकसित होते हैं और इस कारण प्रशांत महासागर के विभिन्न द्वीपों के घोंघों की अपनी अलग-अलग विशेषताएँ होती हैं।

अमेरिका के दोनों भागों—उत्तरी व दक्षिणी—के पश्चिमी तटों पर समुद्र दूर-दूर तक फैला है और आते-जाते जहाज गलापागोज में रुकते रहे हैं। यदि भूगर्भ विज्ञान की दृष्टि से देखा जाए तो यह इलाका किसी समय अमेरिका का अंग था और बाद में टूटकर अलग हुआ होगा। आज यह अमेरिका किसी भी हिस्से से कम-से-कम पाँच-छह सौ समुद्री मील से कम दूर नहीं है।

यदि ये पक्षी, सरीसृप, जल-पक्षी आदि वैसे ही होते जैसे कि अमेरिका में होते हैं तो स्थिति को स्पष्ट करना अत्यंत सरल था। यह आसानी से कहा जा सकता था कि वे चलकर या उड़कर आ गए होंगे। पर दिक्कत यह थी कि यहाँ पर आधे से अधिक पौधे तथा ज्यादातर प्राणी मौलिक थे या समतुल्य प्रजातियों से इतने अधिक भिन्न थे कि उन्हें अमेरिकी पौधों या प्राणियों की श्रेणी में बिलकुल नहीं रखा जा सकता था।

हालाँकि अब तक की यात्रा में डार्विन ने असंख्य प्रजातियों के नए-नए पक्षी, सरीसृप, घोंघे, कीड़े, पतंगे, पौधे, वनस्पतियाँ आदि देखे थे और उनकी संरचना, आवाज, डील-डौल आदि में काफी भिन्नता थी; पर इन गलापागोज के प्राणियों से कोई भी मेल नहीं खाता था। डार्विन ने उष्ण इलाकों, रेगिस्तानी प्राणियों का भी अध्ययन किया था, पर उनसे भी इनकी तुलना नहीं की जा सकती थी।

यह सवाल डार्विन के मन में लगातार उठता रहा। इसी बीच निर्णय हुआ कि बीगल अब आगे जाएगा। अतः चार्ल्स ने अपने अन्वेषण का काम और तेज कर दिया। तभी एक दिन उन द्वीप-समूहों के उपराज्यपाल से चार्ल्स की बातचीत हुई। उस अधिकारी ने बातों-बातों में कह दिया कि विभिन्न द्वीपों के कछुए आपस में इतने अलग हैं कि वे कछुआ देखकर पहचान सकते हैं कि कौन सा कछुआ किस द्वीप का है।

डार्विन के दिमाग में यह बात गहरे उतर गई। उसने पाया कि इस द्वीप समूह के विभिन्न द्वीप एक-दूसरे से मात्र 50-60 मील दूर हैं और आसानी से देखे जा सकते हैं, पर उनके वातावरण में इतनी भिन्नता है कि उससे कछुए भी पहचाने जा सकते हैं।

ध्यान से देखने पर चार्ल्स डार्विन को यह बात बिलकुल सत्य लगी। उसने अन्य प्राणियों को इसी दृष्टि से देखा। सुविधा के लिए नमूने एकत्रित करते समय हर

प्राणी पर उसके द्वीप का नाम भी चिपका दिया गया था। यह पाया गया कि अलग-अलग द्वीपों में अलग-अलग प्रजातियाँ विकसित हुई थीं। चार्ल्स के द्वीप की अलग प्रजाति थी, जबकि जेम्स व चैथम की अलग थी। इसी तरह का अंतर पौधों की प्रजातियों के बीच भी था। कुछ द्वीपों के फूल एक प्रकार के थे और अन्य के एक प्रकार के।

इन अवलोकनों के बारे में डार्विन लगातार सोचता रहा। कुछ समय बाद उसने निष्कर्ष निकाला कि यहाँ पर अलग-अलग द्वीपों पर प्राणियों की अलग-अलग प्रजातियाँ हैं। कछुए जैसे चर प्राणियों की भी अलग प्रजातियाँ हैं और पौधों की भी। निश्चय ही अलग-अलग द्वीपों की अलग-अलग परिस्थितियाँ हैं और इन परिस्थितियों के कारण प्रजातियों में अंतर है। एक जैसी परिस्थितियों में प्राणियों के सामान्य व्यवहार में एकरूपता स्पष्ट रूप से झलक रही है।

पर चार्ल्स डार्विन इसी तथ्य से संतुष्ट नहीं था। वह यह भी सोच रहा था कि आखिर यहाँ पर इन जीवों की उत्पत्ति कैसे हुई होगी ? क्या ये सब एक ही तरह से या एक ही जगह उत्पन्न हुए होंगे और फिर दूसरे द्वीपों में फैले होंगे ? तो शायद उस क्रम में इनके शरीर व व्यवहार में परिवर्तन हुआ होगा।

एक प्रश्न यह भी उभर रहा था कि यदि ये प्राणी पास के इलाके अमेरिका से उन पहले जहाजियों के जरिए आए होंगे तो उन पर अमेरिकी प्राणियों की छाप होनी चाहिए। डार्विन लैटिन अमेरिका के अन्वेषण में यह देख चुका था कि जब इलाके के दो भाग अलग होते हैं तो विभाजन की छाप प्राणियों पर अवश्य पड़ती है। कालांतर में दोनों भागों के बीच विशाल समुद्र विकसित हो जाए या ऊँचा पहाड़, पर मूल छाप बनी रहती है।

इस क्षेत्र के समुद्र में तीव्र गतिवाली जलधाराएँ बहती हैं। इस बात की पूरी संभावना थी कि यदि कोई अंडा या बीज पानी में गिर जाता तो उसका सुरक्षित बचे रहना कठिन था। उन द्वीपों के बीच समुद्र की गहराई भी काफी थी तथा यह भी नहीं माना जा सकता था कि निकट भूतकाल में ये आपस में जुड़े रहे होंगे।

काफी उधेड़-बुन के बाद भी चार्ल्स डार्विन को सही व स्पष्ट उत्तर नहीं मिल पाया। उसने जो तथ्य दर्ज किए, वे इस प्रकार थे—

1. हर द्वीप पर हर प्रकार के प्राणी की अलग-अलग उत्पत्ति हुई।
2. ये प्राणी एक स्थान पर उत्पन्न हुए और फिर दूसरे स्थानों पर फैले।

इस प्रकार डार्विन ने दोनों ही संभावनाओं से इनकार नहीं किया और यह माना कि अन्य स्थिति तो हो ही नहीं सकती है।

पर साथ ही डार्विन को अपनी उन परिकल्पनाओं के भावी प्रभाव का अंदेशा था। वह डर भी रहा था और उसने इस डर को अपनी पॉकेट बुक में दर्ज भी किया। अपनी एक पॉकेट बुक में उसने पक्षी-विज्ञान के बारे में दर्ज किया था तथा विभिन्न द्वीपों में देखे गए पक्षियों के बीच अंतरों को भी वह दर्ज कर रहा था। साथ ही उसने लैटिन अमेरिका के पूर्वी भाग तथा फॉकलैंड में पाई गई लोमड़ियों के बीच के अंतर को दर्ज किया। साथ-साथ उसने यह भी लिख दिया कि इसका अर्थ यह भी है कि प्रजातियों की स्थिरता में संदेह है।

इसका एक कारण यह भी था कि वह जानता था कि वह बहुत कुछ नहीं जानता है। अब तक के अध्ययन से यह भी स्पष्ट था कि ब्रह्मांड में बहुत कुछ ऐसा है जिसका स्पष्ट वर्णन नहीं किया जा सकता है। इस कारण कभी भी अपनी नोट-बुकों में उसने स्पष्ट दावा नहीं किया।

पर भावी जीवोत्पत्ति का उसका सिद्धांत भ्रूण का रूप ले चुका था। छब्बीस वर्षीय चार्ल्स डार्विन जब 20 अक्तूबर, 1835 को गलापागोज से रवाना हुआ तो उस द्वीप के कछुओं, छिपकलियों, तोते जैसी चोंचवाले पक्षियों ने एक नई छाप उसके मन पर छोड़ दी थी और अब वह यही सोच रहा था कि आखिर इस पृथ्वी पर जीवन कैसे आया होगा तथा विभिन्न जीवों का विकास कैसे हुआ होगा?

अब जहाज दक्षिणी सागरों की ओर एक लंबी यात्रा के लिए चल पड़ा था। हजारों मील का सफर अभी तय करना था। रास्ते में धूप तेज थी और आसमान में बादल बिलकुल न थे। मध्यम गति की हवा लगातार बह रही थी।

नवंबर का महीना आ चुका था। प्रकृति का सौंदर्य अपने चरम पर था। 3,200 मील की यात्रा के बाद एक सुंदर द्वीप दिखाई दिया। 15 नवंबर को उस ताहिती द्वीप पर बीगल जहाज ने लंगर डाला।

द्वीप का तट लंबा, सफेद तथा चमकदार था। दूर तट के इलाके ऊँचाई पर थे। दूर से दिखाई दे रहा था कि तटवर्ती इलाके में तरह-तरह के फलदार वृक्ष हैं, जिनमें संतरा, केले, नारियल, अमरूद आदि के पेड़ स्पष्ट दिखाई दे रहे थे। □

यात्रा का अंतिम चरण

डार्विन को इस बात पर बड़ा आश्चर्य हुआ कि ताहिती द्वीप के नागरिक जंगली या असभ्य नहीं थे। वे लोग जब काम करते थे तो कमर के ऊपर कपड़े नहीं पहनते थे। लंबे, गठीले बदनवाले वे शांत व प्रसन्नचित्त लग रहे थे। उनके शरीर के विभिन्न अंगों पर गोदने द्वारा सुरुचिपूर्ण चित्रकारी की गई थी।

वहाँ की महिलाएँ बालों में सफेद व अन्य रंगों के फूल लगाती थीं। इससे उनकी सुंदरता और भी बढ़ जाती थी। जिस रात अंग्रेज जहाजी द्वीप पर पहुँचे, उस रात बीगल के आगमन पर बड़ा बोनफायर (उत्सवाग्नि) हुआ। इसमें सभी अंग्रेज जहाजी व ताहिती के निवासी शामिल हुए। एक छोटी बच्ची ने कविता गाकर सुनाई तथा बाद में सभी ने उन पंक्तियों को दोहराया।

ताहिती द्वीप का केंद्रीय भाग ऊँचा था और उसमें पानी के ऊँचे झरने थे। भ्रमण का शौकीन डार्विन भला कैसे रुकता। उसने बीच के भाग में जाने की तैयारी कर ली। उसने अपना जरूरी सामान लिया और गठरी बनाकर बाँस के एक टुकड़े में बाँध लिया। इस सामान को उसके दो स्थानीय ताहितीयन मार्गदर्शकों ने सँभाल लिया। पर जब वे चल पड़े तो डार्विन को लगा कि उसे रास्ते के लिए खाने-पीने का सामान और पहनने के लिए अतिरिक्त कपड़े भी ले लेने चाहिए। उसकी इस बात पर वे मार्गदर्शक हँसने लगे।

उन्होंने समझाया कि वहाँ पर खाने की पर्याप्त सामग्री मिलेगी। जब चार्ल्स डार्विन और अन्य लोग बीच के ऊँचाईवाले इलाके में आगे बढ़े तो उन्हें सीधी चढ़ाईवाले पहाड़ मिले, जिनमें बीच-बीच में झरने भी थे। पहाड़ के ढलान इतने तीखे थे कि अनेक जगहों पर उन्हें रस्सा फेंककर, फँसाकर और फिर उसके सहारे लटक-लटककर चढ़ना पड़ रहा था।

काफी ऊँचाई पर डार्विन को पहाड़ी केले के पेड़ों का बड़ा झुंड मिला।

स्थानीय लोगों ने कुछ मिनटों में ही चार्ल्स के लिए पत्तों का एक सुविधाजनक आशियाना खड़ा कर दिया। इसी बीच उनमें से कुछ लोगों ने मछलियाँ, गाय का मांस, कच्चे-पक्के केले आदि को एकत्रित किया और काटकर पत्तों पर बिछाया। तत्पश्चात् रात्रि का भोजन पकाना प्रारंभ कर दिया। उन लोगों को विविध स्वादिष्ट व्यंजन तैयार करने में मात्र पंद्रह मिनट लगे।

उस जगह से नीचे की हरी-भरी घाटियाँ भी स्पष्ट दिखाई देती थीं और दूर के ऊँचे-ऊँचे पहाड़ भी। डार्विन ने शाम का आसमान भी देखा और रात्रि में तारे भी।

डार्विन को ताहिती में रहने और आगे काम करते रहने का अवसर नहीं मिला। जहाज जल्दी ही आगे चल दिया। चलते समय शाम हो रही थी। उसने ताड़ के ऊँचे पेड़ों और पहाड़ों की चोटियों के बीच ढलते हुए सूरज को देखा। अब सभी लोग उस लंबी यात्रा से ऊब चुके थे और अपनी धरती का सौंदर्य देखने की उनकी इच्छा बलवती हो रही थी।

डार्विन और विकहैम ने पुराना मानचित्र निकाला और आगे की विभिन्न दूरियों की गणना करने लगे। वे जोड़-घटाव करके यह अनुमान लगा रहे थे कि अंतिम दौर की यह यात्रा कितनी लंबी होगी और सब लोग कब अपने घर पहुँचेंगे।

इस धुन में बीगल जहाज न्यूजीलैंड जैसे बड़े द्वीप में मात्र दस दिन रुका। इससे कम रुकना संभव नहीं था और उससे ज्यादा की किसी की इच्छा नहीं थी। इसके बाद वे ऑस्ट्रेलिया पहुँचे। यहाँ का पड़ाव तीन सप्ताह का था।

यहाँ डार्विन को बड़ी संख्या में अपने हमवतन मिले, जो लंबे समय से ऑस्ट्रेलिया में रह रहे थे; पर उन्हें उनकी एक बात बहुत बुरी लगी। दूर बसे वे अंग्रेज वहाँ के स्थानीय लोगों तथा आदिवासियों पर तरह-तरह के अत्याचार करते थे।

इस सामान्य सी लगनेवाली घटना ने भी चार्ल्स डार्विन के मस्तिष्क में उभर रहे भावी सिद्धांत को एक आयाम दिया। उसने मान लिया कि विभिन्न प्रजातियों के मामले में भी ऐसा ही होता होगा। जो मजबूत होता है वह कमजोर को दबा लेता है।

पर फिर भी डार्विन को वह बड़ा महाद्वीप ऑस्ट्रेलिया अच्छा लगा। विदा लेते हुए उसने ऑस्ट्रेलिया को सलाम किया और माना कि यह महादेश एक दिन दक्षिण का एक बड़ा सितारा बनकर चमकेगा। डार्विन ने कहा कि वह इस महान् व महत्त्वाकांक्षी देश से प्रेम करता है, पर अभी इसका आदर नहीं कर सकता। इसके लिए इस देश को और महान् बनना होगा। डार्विन ने ऑस्ट्रेलिया का समुद्री तट बिना

किसी दु:ख या पछतावे के छोड़ा।

अब बीगल जहाज हिंद महासागर में प्रवेश कर गया था। मार्ग में कुछ द्वीप पड़े जो सुमात्रा के दक्षिण में स्थित थे। इनके आस-पास मूँगे के बड़े-बड़े भंडार थे, जो वैज्ञानिकों व गैर-वैज्ञानिकों दोनों के लिए आकर्षण का केंद्र बने हुए थे।

उस इलाके में मुद्रिका के आकार की बड़ी-बड़ी झीलें-सी थीं और जब सूर्य की किरणें उनके पानी पर पड़ती थीं तो वह हरे रंग का दिखने लगता था। उनके बाहर अनेक प्रकार के घेरे थे। कहीं चट्टानों के घेरे थे तो कहीं नारियल के पेड़ों के। जल के नीचे मूँगे, ऊपर हरियाली, ऊँचे आसमान में सफेद बादलों के टुकड़े—सचमुच प्रकृति में गजब की मनोहरता छाई हुई थी।

डार्विन ने इसी यात्रा में पहले-पहल केप वर्डे द्वीपों के पास के साफ पानी में मूँगे देखे थे। दक्षिण अमेरिका के रास्ते में जगह-जगह मूँगों की कतारें मिली थीं, पर यहाँ का दृश्य अलग ही था। यहाँ पहुँचने से पहले सबको इंग्लैंड पहुँचने की धुन सवार थी, पर मूँगों के ढेर देखकर न सिर्फ सामान्य जहाजी वरन् कप्तान फिट्जरॉय व चार्ल्स डार्विन भी विचलित हो गए थे। बीच-बीच में जब सागर का जल उछाल मारकर मूँगों के ढेर के दृश्य को ओझल कर देता था तो सागर उन्हें दुश्मन-सा लगने लगता था।

मनुष्य जिस चीज से प्रेम करने लगता है, वह उसे अत्यंत नाजुक लगने लगती है और उसे लगातार आशंका बनी रहती है कि वह नष्ट न हो जाए। उस इलाके की तेज समुद्री लहरें किनारे की मजबूत चट्टानों से जोर से टकराती थीं और ऐसा लगता था कि वे उन तटों की ग्रेनाइट, क्वाट्र्ज की चट्टानों को मटियामेट कर देंगी। पर उन लहरों के नष्ट हो जाने के बाद बीगल के जहाजी पाते कि पानी के नीचे मूँगे का नाजुक ढेर ज्यों-का-त्यों है।

डार्विन ने अपने दस्तावेज में लिखा भी कि आखिर समुद्र में तो तूफान लगातार और लंबे समय से आते रहे हैं। पर ये नाजुक मूँगे उनकी उस शक्ति को झेलते रहे हैं, जिसे न तो मनुष्य की कलाकारी बाँध पाती है और न ही प्रकृति की निर्जीव रचनाएँ।

तभी कप्तान ने उस सागर की तली का अंदाज लगाने के लिए प्रयोग किया और पाया कि सागर बहुत गहरा है। अब चार्ल्स का वैज्ञानिक मस्तिष्क भी दौड़ने लगा और वह यह जानने का प्रयास करने लगा कि मूँगे के ढेर कितने लंबे-चौड़े हैं। गणना करने के पश्चात् ज्ञात हुआ कि सुदीवा का ढेर 44 मील लंबा और 34 मील चौड़ा है। दूसरी ओर रिमस्काई का ढेर 54 मील लंबा और 20 मील चौड़ा है।

अब उन्होंने तरह-तरह के प्रयोग किए और यह जानने की कोशिश की कि ये मूँगे के ढेर जिस नींव पर हैं वह कैसी है। पर कुछ विषय की जटिलता के कारण और कुछ घर पहुँचने की जल्दी के कारण वे ज्यादा अन्वेषण नहीं कर पाए।

अंततः बीगल ने इंग्लैंड का रुख किया। अब तक अनेक सवाल चार्ल्स के मन में उमड़ चुके थे। उसके मस्तिष्क में यह सवाल भी था कि आखिर इस पृथ्वी की सतह पर कहीं जल और कहीं स्थल कैसे बने होंगे।

बीच में बीगल अल्पावधि के लिए मॉरीशस के पास एक द्वीप मेडागास्कर में रुका था। पर यहाँ पर कोई खास कार्य संपन्न नहीं हुआ। केप ऑफ गुड होप होते हुए बीगल वापस अटलांटिक महासागर में आ गया।

अब जहाज तेजी से आगे बढ़ रहा था। इसने उन द्वीपों को भी छुआ जिन पर वह पहले रुका था। चार्ल्स डार्विन को उन्हें केवल निहारने का अवसर मिला।

2 अक्तूबर, 1836 को लगभग पाँच वर्ष बाद बीगल इंग्लैंड के तट पर पहुँचा और उसने फाल्माउथ बंदरगाह पर लंगर डाला।

□

नया जीवन

पाँच वर्ष पूर्व जब चार्ल्स डार्विन बीगल जहाज से रवाना हुआ था तो वह एक अनजान युवक था। उसका मस्तिष्क एक कोरी स्लेट की भाँति था। पर अब स्थिति बदल चुकी थी। आज वह एक प्रकृति-विज्ञानी बन चुका था। उसके मस्तिष्क में अनेकानेक मौलिक विचार उमड़ रहे थे। उसके पास असंख्य नमूने थे, जिनका विश्लेषण अभी किया जाना था। उसकी नोट-बुकें भरी हुई थीं, जिनका सार अभी निकाला जाना था।

इंग्लैंड वापस पहुँचने से पूर्व ही उसके काम की ख्याति वहाँ पहुँच चुकी थी। उसके भेजे नए नमूने यहाँ पहुँचते रहे थे। डार्विन को भूगर्भ-शास्त्र पढ़ानेवाले सेजविक उन नमूनों को ध्यान से देख रहे थे। चार्ल्स डार्विन के प्रेरक प्रो. हेंसलो डार्विन के अनेक पत्रों को कैंब्रिज स्थित फिलोसॉफिकल सोसाइटी की बैठकों में पढ़-पढ़कर सुना चुके थे। इतना ही नहीं, ये पत्र 31 पृष्ठवाली एक पुस्तिका के रूप में छपकर सोसाइटी के सदस्यों के बीच बाँटे भी जा चुके थे।

चार्ल्स डार्विन के साथ उसकी नोट-बुकों का जो बड़ा गट्ठर आया था, उसने अब तक की अनेक मान्यताओं की जड़ों को हिलाना आरंभ कर दिया था। जीव-जंतुओं व उनके विस्तार के बारे में फिर से चिंतन आरंभ हो चुका था। जब चार्ल्स ने फाल्माउथ बंदरगाह पर कदम रखा था तो शाम हो चुकी थी। पर वास्तव में यह उसके नए जीवन की सुबह थी।

मन-ही-मन वह इस बात को मान चुका था कि संसार के विभिन्न प्राणियों के बीच जो तमाम समानताएँ और विभिन्नताएँ हैं, वे महज संयोग नहीं है। संसार के रचयिता ने उन्हें इसी स्वरूप में नहीं बनाया होगा। ये समय के साथ बदलती रही हैं और परिस्थितियों के अनुरूप ढलती रही हैं।

पर साथ ही यात्रा की थकान ने डार्विन को हिला दिया था। बंदरगाह पर

उतरने के बाद उसे घर तक पहुँचना भारी हो रहा था। उस दिन वर्षा हुई थी और रास्ता बहुत खराब हो गया था। घोड़ा गाड़ी रह-रहकर धचके खा रही थी और थकान के मारे चार्ल्स का बुरा हाल था। इतने दिनों की समुद्री यात्रा से यह स्थल की यात्रा नए-नए कष्टों के कारण लंबी भी मालूम पड़ रही थी।

रविवार को बंदरगाह से घोड़ा गाड़ी पकड़ने के बाद मंगलवार तक चार्ल्स को अपने सामने समुद्र की लहरें, तटों की चट्टानें आदि ही दिखती रहीं। मंगलवार को उसे पहली बार लहलहाते खेत एवं हरे-भरे पेड़ दिखाई दिए और उसे विश्वास हो गया कि वह वास्तव में घर ही जा रहा है।

अब उसे यह भी लग रहा था कि आखिर इंग्लैंड के लोग अपनी हरी-भरी धरती और खुशहाली को छोड़कर हजारों मील दूर बियाबानों में भटकने जाते ही क्यों हैं? अपने शहर स्रुसबरी की सीमा में दाखिल होते-होते चार्ल्स को फिर शाम हो गई। उसे लगा कि आधी रात को अपने घरवालों को जगाना ठीक नहीं रहेगा। उसने कोचवान से कहकर रात्रि एक सराय में बिताई।

अगले दिन सवेरे नाश्ते से पहले ही यह महान् यात्री अपने घर 'माउंट' पहुँचा। उसे देखते ही उसके पिता डॉ. डार्विन, उसकी बहनें, नौकर-चाकर आदि दौड़ पड़े और उसे चारों ओर से घेर लिया। प्रसन्नता का पारावार नहीं था और प्रश्नों की झड़ी लग गई। पर उसके मुँह से न तो जवाब निकल पा रहे थे और न ही उन्हें कोई सुन रहा था।

घर के लोगों को चार्ल्स दुबला तो लग रहा था, पर उसे ठीक-ठाक देखकर सभी लोग प्रसन्न थे। घर में खुशी इतनी थी कि उसके फार्म के दो मजदूरों ने रात बेतहाशा शराब पी ली और खूब शोर मचाया।

थके होने के बावजूद चार्ल्स ने हाथ से लिखा एक परचा अपने मामा के यहाँ भिजवाया, जिसमें लिखा था कि वह प्रसन्नता के कारण बुरी तरह भ्रमित है तथा अपने मामा के घर 'मायर' आना चाहता है और अपने सभी रिश्तेदारों एवं नातेदारों से मिलना चाहता है। चार्ल्स ने अपनी इस लंबी यात्रा को कराने का पूरा श्रेय अपने मामा को दिया, जिन्होंने अपने प्रभाव का इस्तेमाल करते हुए न सिर्फ पिता डॉ. डार्विन की अनुमति दिलवाई थी वरन् उस यात्रा को शीघ्र व सुचारु रूप से प्रारंभ करवाने में भी योगदान किया।

चार्ल्स को यह भी महसूस हो रहा था कि वह कुछ बन गया है और आगे के जीवन में कुछ कर दिखाएगा। पर साथ ही वह इस बात का श्रेय अपने मामा को देना चाह रहा था, जिनके कारण यह यात्रा तथा उसमें उसकी भागीदारी संभव हो सकी।

परंतु अपने मामा के पास व्यक्तिगत रूप से जाने और उनका आभार व्यक्त करने के लिए उसके पास समय नहीं था, क्योंकि यह लंबी यात्रा उसके सामने विशाल व लंबा कार्यक्रम प्रस्तुत कर चुकी थी, जिसे शीघ्रातिशीघ्र पूरा करना था।

उसे बीगल से अपना सामान, जिनमें असंख्य प्रकार के पदार्थ, जीव आदि थे, निकालना था। अब तक भेजे गए नमूनों के ढेर बड़ी संख्या में थे और उन्हें सुविधापूर्वक रखने, ताकि अन्वेषण कार्य निर्बाध रूप से संपन्न हो सके, के लिए बहुत बड़ी जगह और बहुत सारा समय चाहिए था।

इसी बीच चार्ल्स को समाचार मिला कि भूगर्भ-विज्ञानी लाइल, जिनकी पुस्तकों से उसे यह अभियान एक निश्चित दिशा में चलाने में सहायता मिली थी, भी उससे मिलना चाहते हैं। यात्रा के दौरान लाइल चार्ल्स के दौरे के समाचार व भेजी गई रिपोर्टों के दस्तावेज पढ़ते रहते। उधर डार्विन भी इस जाने-माने भू-विज्ञानी के प्रति पूरी तरह कृतज्ञ था, जिसकी पुस्तकों ने यात्रा के दौरान नए-नए अर्थ दिए। वह अपने नमूनों व उनके भावी प्रयोग के बारे में लाइल का परामर्श भी चाहता था।

लाइल ने चार्ल्स को सलाह दी कि वह भूगर्भ-विज्ञान संबंधी इन नमूनों को अपनी समझ के अनुसार लगाए और उनका अध्ययन करे। इससे वह अब तक की मान्यताओं के प्रभाव में नहीं आएगा।

खबर फैलते देर न लगी और उस समय लंदन व कैंब्रिज के जाने-माने वैज्ञानिकों ने उसका स्वागत किया। उसके पास अनेक प्रतिष्ठित संस्थाओं, जैसे लिनेन सोसाइटी, भूगर्भ-विज्ञान सोसाइटी की सदस्यता के प्रस्ताव आए और कुछ जगहों पर वह बाकायदा चुना भी गया। पर इस दौरान जब उसने कुछ वैज्ञानिकों को अपने नमूनों को वर्गीकृत करने, काटने-छाँटने के लिए नियुक्त करना चाहा तो उसे सफलता नहीं मिली।

पूरा अक्तूबर महीना बीत गया। नवंबर भी आधा बीत गया। चार्ल्स की व्यस्तता कम न हुई। महीने के अंत में वह किसी तरह मामा के घर जाने का समय निकाल पाया। पर ज्यों ही वह पहुँचा, वेजवुड परिवार के घर पर आस-पास के लोगों का ताँता लग गया। वे लोग उसकी साहसिक यात्रा के सफल समापन का जश्न मनाना चाहते थे।

पर चार्ल्स अपने नमूनों और उनसे संबंधित अनुसंधान पर गहन चर्चा करने के लिए ही मायर गया था। उसने आए हुए लोगों से बार-बार माफी माँगी और तब जाकर उसे मामा के साथ बैठकर गंभीर चर्चा करने का अवसर मिल पाया।

जिन बातों की चर्चा हुई, उनमें से एक जहाज की यात्रा के बारे में कप्तान फिट्जरॉय द्वारा लिखित पुस्तक से संबंधित थी। यात्रा के अंत तक कप्तान फिट्जरॉय भी चार्ल्स के काम से काफी प्रभावित हो चुका था। वह कप्तान अपनी यात्रा के बारे में एक पुस्तक लिखकर प्रकाशित कराना चाहता था।

उसने डार्विन से कहा कि वह अपने नोट का एक हिस्सा उसे दे, ताकि वह पुस्तक के अंश के रूप में छप सके। डार्विन ने तत्काल 'हाँ' कर दी। उसे विश्वास ही नहीं था कि सामान्य बातचीत के रूप में की गई चर्चा का उतना महत्त्व होगा कि वह चर्चा का विषय बन जाएगी।

'मायर' में हुई चर्चा में सूजन ने आपत्ति उठाई कि चार्ल्स के काम को कप्तान के काम के साथ मिलाना उचित नहीं। पर चार्ल्स ने अपने काम के जो दस्तावेज सीधे घर भेजे थे, उनसे पूरा परिवार प्रभावित था। चार्ल्स की दोनों बहनों सूजन व कैरोलीन, जो उसके साथ ही मायर गई थीं, ने प्रस्ताव किया कि चार्ल्स डार्विन के दस्तावेज अलग से और पूर्ण पुस्तक के रूप में छपने चाहिए। मामा जोस, एम्मा व परिवार के अन्य लोगों ने इस बात का जोरदार समर्थन किया।

उधर चार्ल्स का भी एक सपना था कि वह अपने किए गए कामों को पुस्तक का रूप दे और शीघ्रातिशीघ्र प्रकाशित करवाए। पर समय की कमी एक बहुत बड़ी समस्या थी। पहले उसने निर्णय लिया था कि वह कैंब्रिज में कुछ महीने रहकर अपने नमूनों को व्यवस्थित करेगा। पर यहाँ मायर में उसने वायदा कर दिया कि वह लगभग नित्य शाम को आकर अपनी पुस्तक 'चार्ल्स जरनल' को पूरा करेगा।

उधर उसके पिता ने जो उसे धर्मगुरु बनाने का मंसूबा बाँधा था, वह पूरी तरह से समाप्त हो चुका था। जब वह कैंब्रिज वापस पहुँचा तो उसके पुराने सहपाठी जा चुके थे। इस वीराने में उसके पास काम करने के अलावा और कोई विकल्प नहीं था। उसे प्रो. हेंसलो से विशेष सहायता मिली। वह पुराने जीवाश्मों को अलग रख रहा था। काम के दौरान उसने प्राणियों व वनस्पतियों के अनेक नए-नए वंश, कुल आदि गठित कर दिए।

उस समय तक दक्षिण अमेरिका के विलुप्त स्तनपायी प्राणियों के दो कुल ही पहचाने जाते थे। डार्विन को अर्जेंटीना के कीचड़ों में हिप्पोपोटामस के आकार का एक जीवाश्म मिला था, जिसे उसने एक कुल में रखा। इसके अलावा उसे घोड़े के आकार का एक जीवाश्म और मिला था, जिसके बारे में प्रमाण मिले थे कि वह चींटियाँ खाता था। डार्विन ने उसे दूसरे कुल में स्थान दिया।

कैंब्रिज के शल्य चिकित्सकों ने उपर्युक्त जीवाश्मों को सहर्ष स्वीकार किया

और उनकी अनुकृतियाँ आदि बनाकर उनका अध्ययन आरंभ कर दिया। उन्होंने उनका विवरण प्रकाशित करने का भी निर्णय लिया, ताकि अन्य लोग भी उनका अध्ययन कर सकें।

दूसरी ओर पुस्तक लेखन भी चल रहा था। चार्ल्स डार्विन ने बीगल की यात्रा के दौरान एक भी पल नहीं गँवाया था। वह अपनी भावी पुस्तक के अंश लगातार लिखता चला जा रहा था। उसने पूरा मन लगाकर और अत्यंत सावधानीपूर्वक अंश लिखे और साथ ही बाहर क्षेत्र में किए गए अध्ययन के परिणाम, जो उसकी नोट-बुकों में दर्ज थे, को बड़ी सावधानीपूर्वक जोड़ा था।

अतः पुस्तक तैयार करने के लिए उसे मात्र अपने पूर्व लेखन की नकल ही तैयार करनी थी। कुछ ही जगहों पर उसे पूर्व विवरण का विस्तार करना था और कहीं-कहीं पर उसे दूसरा रूप भी देना था। वह कुछ अंशों को काट देना चाहता था, क्योंकि उसे लगता था कि ये आम जनता के लिए रुचिकर नहीं होंगे।

जहाज पर तैयार किए गए नोट्स में लगभग 1 लाख 89 हजार शब्द थे। इसका एक-तिहाई हिस्सा चार्ल्स ने अलग कर लिया, क्योंकि उसमें मुख्य तौर पर चार्ल्स की अपनी भावनाएँ, जहाज के ऊपर के जीवन, अपने जहाज के सहयात्रियों का वर्णन आदि ही था। पर साथ ही उसने लगभग 1 लाख शब्द जोड़ने का भी निर्णय लिया। इस नव लेखन में उस सामग्री को लिया गया था जो उन देशों के भूगर्भ-शास्त्र, जंतु-शास्त्र संबंधी तथ्यों से संबंधित थी जिन-जिन देशों में वह गया था। इस अनोखे ग्रंथ को पूरा करते समय उसने अपना अतिरिक्त व्यक्तिगत वृत्तांत भी जोड़ दिया।

गरमियों से पूर्व चार्ल्स को यह लगा कि उसे लंदन जाना होगा, ताकि वह अपना काम पूरा कर सके। उस समय तक यह निर्णय लिया जा चुका था कि उसकी पुस्तक अनेक खंडों में प्रकाशित होगी। उनमें से तीन खंड उसकी यात्रा से सीधे संबंधित थे। जहाज के कप्तान फिट्जरॉय ने पहले दो खंड तैयार करने का दायित्व ले लिया था।

डार्विन अब लंदन में ही 36, मालबरो स्ट्रीट पर स्थित मकान में रहने लगा था और अपने उस अभूतपूर्व ग्रंथ पर काम कर रहा था। तभी चर्चा हुई कि इस यात्रा से संबंधित जंतु-शास्त्रीय विषयों पर एक अलग खंड तैयार हो। उधर डार्विन की योजना थी कि विभिन्न वैज्ञानिकों के द्वारा उसके द्वारा लाए गए नमूनों का जो अध्ययन किया जा रहा है, वह भी प्रकाशित होना चाहिए।

ये वैज्ञानिक जीवाश्मोंवाले स्तनपायी जीवों, आधुनिक स्तनपायी जीवों,

पक्षियों, मछलियों, सरीसृपों आदि का अध्ययन कर रहे थे। यह खर्च तथा पुस्तक प्रकाशन का खर्च डार्विन के आर्थिक सामर्थ्य के बाहर था। इस प्रकार का अनुसंधान व प्रकाशन पहली बार हो रहा था। लोग इसे कौतूहल की दृष्टि से देख रहे थे। तरह-तरह के सुझाव भी दे रहे थे, आर्थिक निवेश की बात कोई नहीं कर रहा था।

धन के इंतजाम के लिए चार्ल्स डार्विन ब्रिटेन के व्यय-विभाग के तत्कालीन चांसलर टी. स्प्रिंग-टाइस से मिला और 1 हजार पौंड की अनुदान राशि के लिए आवेदन किया। उसने यह अनुदान जंतु-शास्त्र संबंधी अनुसंधान के लिए माँगा था।

चांसलर डार्विन से प्रसन्नतापूर्वक मिले और उसके चल रहे काम के महत्त्व की प्रशंसा भी की। उन्होंने माँगे गए अनुदान को स्वीकृति प्रदान करने का आश्वासन भी दिया। इससे डार्विन का उत्साह अब और बढ़ गया था।

अब डार्विन के ग्रंथ का काम तेजी से चल पड़ा। उसने मुद्रक के पास इसी सामग्री को अंतिम रूप देकर भेजा और मुद्रक ने भी अपना काम शीघ्रतापूर्वक किया तथा नवंबर महीने में उसे तैयार करके दे दिया। जब डार्विन के पास उसकी पहली प्रति आई तो उसकी खुशी का ठिकाना न था।

उस रात वह रोशनी में बैठकर उस छपे हुए ग्रंथ को ही निहारता रहा। चिकने कागजों पर स्पष्ट, सुंदर छपाई अत्यंत खूबसूरत लग रही थी। अपनी भावनाओं को उसने हेंसलो को लिखे पत्र में उड़ेला और कहा कि मैं उसके पहले पन्ने को ही काफी देर तक निहारता रहा।

अपने कार्य के प्रति अपनी प्रतिक्रिया में लंबे समय तक खोए रहने के बाद डार्विन ने पाया कि उसे अभी लंबा रास्ता तय करना है। उसने कार्यक्रम तय करते हुए हेंसलो को लिखा कि वह चाहता है कि वह काम करते हुए अस्सी वर्ष की आयु प्राप्त करे।

गहरे नीले आवरणवाले अपने ग्रंथ को डार्विन ने वैज्ञानिक लाइल को समर्पित किया था और स्पष्ट लिखा था कि इस ग्रंथ में जो कुछ भी वैज्ञानिक कार्य वर्णित है, वह लाइल की लिखी पुस्तक 'प्रिंसिपल्स ऑफ जूलॉजी' से प्रेरणा प्राप्त करके किया गया है। जब डार्विन ने पुस्तक की प्रति के साथ पत्र लाइल को लिखा तो पुनः आभार व्यक्त किया, "आप ही के कारण मैं लेखक बन पाया हूँ।"

पर इस ग्रंथ के औपचारिक रूप में प्रकाशित होने में लगातार विलंब होता ही रहा। इसका एक कारण इसके दो खंडों के तैयार होने में हुआ विलंब ही था, जिन्हें कप्तान फिट्जरॉय को तैयार करके देना था। डार्विन के सब्र का पैमाना छलक रहा था और वह अप्रकाशित ग्रंथ की सजिल्द या अजिल्द प्रतियाँ अपने मित्रों और

वैज्ञानिकों को दो साल तक बाँटता रहा। वे लोग उस रचना में दिलचस्पी भी दिखा रहे थे और काफी उत्साहित भी थे।

उधर लाइल के पिता भी इस ग्रंथ को पढ़-पढ़कर मुग्ध हो रहे थे। लाइल ने उस अप्रकाशित ग्रंथ की एक प्रति एक युवा वनस्पति-शास्त्री जोसेफ डाल्टन हूकर को भी दी थी। वह युवा वैज्ञानिक इसे पढ़कर इतना उत्साहित व उत्तेजित हुआ कि उसने लगातार इस पुस्तक को अपने सिरहाने तकिए के नीचे रखा और योजना बनाता रहा कि वह किस प्रकार इस तरह की यात्रा में शामिल हो सकेगा। हालाँकि डार्विन को इस प्रकार की प्रतिक्रियाओं, उत्साह, उत्तेजनाओं की जानकारियाँ बहुत बाद में मिलीं।

सन् 1839 में आखिर उसका ग्रंथ प्रकाशित हुआ। उसमें डार्विन के जंतु-शास्त्र संबंधी अनुसंधानवाला भाग अत्यधिक लोकप्रिय हुआ। प्रारंभ में इसका शीर्षक लंबा था—'जरनल ऑफ रिसर्चेज इंटू द जूलॉजी एंड नेचुरल हिस्टरी ऑफ वेरियस कंट्रीज विजिटेड बाई एच.एम.एस. बीगल अंडर द कमांड ऑफ कैप्टेन फिट्जरॉय फ्रॉम 1832-1836'।

बाद में यही पुस्तक अमेरिका से भी प्रकाशित हुई। इसका शीर्षक छोटा तथा सरल था—'द वॉयज ऑफ द बीगल'।

□

वैवाहिक जीवन

लंबी यात्रा, यात्रा के बाद अनुसंधान तथा लेखन ने चार्ल्स के जीवन में बदलाव ला दिया था। वैसे भी वह युग इंग्लैंड व लंदन के लिए बदलाव का ही युग था।

उस समय आर्थिक परिदृश्य में बदलाव आ रहा था और सामाजिक रीति-रिवाजों में भी। इंग्लैंड में एक नए प्रकार का बौद्धिक माहौल बन रहा था। नई रानी विक्टोरिया महान् ब्रिटिश साम्राज्य के सिंहासन पर आसीन होने वाली थीं।

उस समय ब्रिटिश उद्योग-तंत्र तेजी से फैलता जा रहा था। जगह-जगह लंबी पर गंदी इमारतों में नई-नई फैक्टरियाँ खुल रही थीं। उनमें काम करनेवाले मजदूर गंदी बैरकों में रहते थे। पर इनसे देश की समृद्धि तेजी से बढ़ रही थी और इस कारण ब्रिटिश अर्थव्यवस्था, जो अतीत में कृषि पर आधारित थी, में तेजी से बदलाव आ रहा था।

उपर्युक्त कारणों से लोग अंग्रेजी कानूनों में भी बदलाव चाह रहे थे और प्रतिक्रियावादी फैसलों से संबंधित कानूनों में बदलाव चाह रहे थे, जिनके जरिए किसानों को सुरक्षा मिलती थी। शोर मचानेवाली रेल व उसके लिए रेल लाइनें बिछाने का काम गाँव-गाँव में चल रहा था। पुरानी घोड़ा गाड़ियाँ नुमाइश की चीज बन रही थीं और ब्रिटेन एक औद्योगिक महाशक्ति का रूप ले रहा था।

पर चार्ल्स डार्विन के निजी जीवन में कोई आर्थिक परिवर्तन नहीं आया था। उसका ग्रंथ चर्चा का विषय अवश्य बन चुका था, पर कमाई एक पैसे की न थी। आरंभ में चार्ल्स ने अपनी पुस्तक की प्रतियाँ विभिन्न विद्वानों और चिंतकों को भेंट कीं और इनकी लागत के रूप में उसे प्रकाशक को 21.10 पौंड चुकाने पड़े। बिक्री की आरंभिक रफ्तार अत्यंत धीमी थी, पर धीरे-धीरे वह तेज होती जा रही थी।

चार्ल्स के ननिहाल में भी हलचल मची हुई थी। जिस इलाके में 'मायर'

भवन था, वहाँ भी रेलवे लाइन बिछ रही थी और उस समय यह कार्य अभूतपूर्व था तथा घर में उसकी रोजाना चर्चा होती थी। अभी तक वेजवुड परिवार घोड़ागाड़ी में ही सैर किया करता था।

पर मई 1836 में एम्मा वेजवुड, कैथरीन डार्विन तथा परिवार के अन्य लोग जब पेरिस स्थित अपने रिश्तेदारों से मिलने गए तो उन्होंने बरमिंघम से रग्बी तक की यात्रा रेलगाड़ी से की। इस यात्रा में उन्हें बड़ा आनंद आया। उस समय तीस मील की यात्रा उन्होंने ढाई घंटे में तय की थी। घोड़ागाड़ी की अपेक्षा न सिर्फ समय कम लगा वरन् थकान भी कम हुई। एम्मा तो इतनी आनंदित हुई कि उसने अपने रिश्तेदारों से निवेदन किया कि अगली बार जब वे मिलने आएँ तो रेल द्वारा ही आएँ।

ब्रिटेन सहित समस्त यूरोपीय देशों की राजनीति व रोजमर्रा के जीवन में चर्च की दखलंदाजी पहले बहुत ज्यादा थी। पर अठारहवीं सदी में इसमें काफी कमी आई। इससे जीवन के आधारभूत तथ्य तथा मूल्य तेजी से परिवर्तित होने लगे थे। कट्टरपंथियों की पकड़ ढीली पड़ रही थी। उस समय तक कुलीन–तंत्र मजबूत रहा था और अमीरों का दबदबा समाज की हर गतिविधि पर चल रहा था, पर वह भी अब कमजोर पड़ रहा था।

सन् 1832 में बहुचर्चित सुधार–कानून लागू हुआ था और उससे समाज की आर्थिक असमानता को कम करने में सहायता मिल रही थी। सुधार के उस माहौल में लेखकों को भी लेखन हेतु उत्कृष्ट सामग्री प्रचुर मात्रा में मिल रही थी। पहले कार्लाइल, रस्किन और फिर चार्ल्स डिकेंस के रूप में व्यंग्य–शैली में लिखनेवालों को प्रशंसा मिलती गई और वे विभिन्न विषयों पर अपने–अपने तरीके से अपने विचार प्रस्तुत करने लगे। उनकी लेखन–शैली में खोज व संदेहों का भी समावेश होता था और वे विषय का पर्दाफाश करने का यत्न किया करते थे।

नए युग में लेखक अब केवल कुछ कुलीनों के लिए नहीं लिखते थे। वे चाहते थे कि सामान्य जन उनका पाठक बने। ऐसे माहौल में चार्ल्स डार्विन को आगे बढ़ने का अवसर मिला। उसने नई दुनिया देखी थी। उसके पास भी असंख्य नए प्रश्न थे। उसके पास उस समय चल रही बौद्धिक क्रांति का उपयोगी व महत्त्वपूर्ण हिस्सा बनने का पूरा सामान था। वह भी इस क्रांति के सूत्रधारों से मिलने के लिए व्यग्र था।

लंदन आने के पश्चात् चार्ल्स के बड़े भाई एरास्मस ने चार्ल्स को तत्कालीन प्रख्यात लेखक कार्लाइल से मिलवाया। दोनों भाई लेखक महोदय के घर पर चाय

पर आमंत्रित किए गए थे। एरास्मस काफी समय से लंदन में था और संभ्रांत वर्ग में उसकी अच्छी पहुँच थी। एरास्मस ने भी अपने पिता की इच्छा का पालन नहीं किया था और डॉक्टर नहीं बना था। पर उसने लंदन में एक शानदार पुस्तकालय बनाया था। वह कला-प्रेमियों को तरह-तरह से संरक्षण भी देता था। वह उदार हृदय का था और अपने घनिष्ठ मित्रों की समय-समय पर आर्थिक सहायता भी करता था। लेखक कार्लाइल अकसर आर्थिक संकट में पड़ जाता था। एरास्मस ने हर बार उसकी मदद की। एरास्मस की घोड़ागाड़ी तो कार्लाइल जैसे मित्रों की सेवा में ही लगी रहती थी।

पहली बार जब चार्ल्स कार्लाइल से मिला तो स्कॉटलैंडवासी श्रीमती कार्लाइल के स्कॉट लहजे से वह परेशान हुआ और उसे कई बातें समझ में ही नहीं आईं। पर वह कार्लाइल की बातों पर ध्यान देता रहा और उसकी दिलचस्पी उनमें जगने लगी।

बाद में एरास्मस के घर पर कार्लाइल दंपती आते रहे और दोनों में वार्त्ताओं, चर्चाओं का लंबा दौर चला। इसी बीच एरास्मस ने एक रात्रिभोज आयोजित किया, जिसमें कार्लाइल, लाइल, चार्ल्स बबाज (कंप्यूटर के आविष्कारक) आदि सभी एक साथ बैठे। इस भोज में कार्लाइल ने शांति (साइलेंस) पर व्याख्यान दिया, जिसे सभी ने शांतिपूर्वक सुना। उस भोज में भाग लेनेवाले सभी लोग बातूनी थे, पर सभी ने शांति पर हुए व्याख्यान पर कार्लाइल को बधाई व धन्यवाद दिया।

अब चार्ल्स डार्विन को प्रबुद्ध लोगों के साथ उठने-बैठने, चाय पीने, भोजन करने का अवसर मिलने लगा। इतिहासविदों की एक बैठक में वह लॉर्ड स्टेनहोप के घर पर मैकाले से मिला। पर मैकाले बहुत कम बातचीत करते थे। स्टेनहोप के यहाँ हुई उस बैठक में स्टेनहोप द्वारा सुनाई गई कहानी के अलावा किसी तथ्य या तारीख के ऊपर जोरदार बहस भी आकर्षण का केंद्र बनी। उस बैठक में चार्ल्स ने देखा कि जो तथ्य या तिथि मैकाले ने बताई, उसे सच मान लिया गया और किसी ने भी उसकी जाँच करने के लिए पुस्तकालय जाने का कष्ट नहीं उठाया।

चार्ल्स उपर्युक्त घटनाओं को अपने नजरिए से देख रहा था और काफी कुछ ग्रहण भी कर रहा था। उन बैठकों में किसी भी विषय, पुस्तक आदि पर चर्चा छिड़ जाती थी; फिर वह लंबी चलती थी। धीरे-धीरे उसका मन इन चर्चाओं से ऊबने लगा।

इसी बीच चार्ल्स को लगा कि वह अपने काम और मूल उद्देश्य से भटक रहा है। उसने लंदन शहर छोड़ने का भी मन एक बार बना लिया।

डार्विन परिवार और वेजवुड परिवार में पहले मित्रता थी, जो बाद में

रिश्तेदारी में बदल गई। कालांतर में दोनों परिवारों में चर्चा चली कि क्यों न इस संबंध का नवीनीकरण किया जाए। इसके साथ ही चार्ल्स व एम्मा के विवाह की चर्चा चल पड़ी।

चार्ल्स ने इस विषय को भी एक वैज्ञानिक समस्या के रूप में लिया तथा प्रस्तावित विवाह से होनेवाले लाभ-हानि का विश्लेषण इस प्रकार किया—

लाभ	*हानि*
1. बच्चों का जन्म होगा।	समय की बरबादी होगी। जीवोत्पत्ति के सिद्धांत को विकसित करने के लिए कम समय मिलेगा।
2. जीवन भर के लिए, विशेष रूप से बुढ़ापे के लिए, एक साथी मिलेगा।	वह बीगल जैसी यात्राओं पर कम या नहीं जा पाएगा।
3. संगीत व महिला के साथ बातचीत का सुख मिलेगा।	उसे रिश्तेदारों से मिलने तथा उनकी आवभगत करने में अधिक समय देना होगा।

अंततः उसे लगा कि जीवन में केवल काम ही सबकुछ नहीं है और कोमल, नाजुक-सी पत्नी के साथ सोफा पर बैठना, आग तापना, संगीत आदि का आनंद लेना भी जरूरी है। अंततः उसने शादी करने का निर्णय ले लिया।

भावी पत्नी एम्मा का जन्म 8 मई, 1808 को हुआ था और इस प्रकार वह चार्ल्स से नौ महीने बड़ी थी। विशेष बात यह भी थी कि एम्मा और उससे दो वर्ष बड़ी बहन फैनी वेजवुड परिवार की सबसे छोटी और लाडली बच्चियाँ मानी जाती थीं। बचपन से ही दोनों को खिलौनों जैसा व्यवहार मिला था। एम्मा की तो पढ़ाई भी घर पर ही हुई थी और उसे वेजवुड परिवार के संस्कार दिए गए थे।

वेजवुड परिवार के बच्चों को डाँटा या रोका-टोका नहीं जाता था। पर साथ ही इन बच्चों को अपने माता-पिता या आयाओं के साथ बदसलूकी भी नहीं करने दी जाती थी। एम्मा ने फ्रांस व जर्मनी की यात्रा के दौरान फ्रेंच व जर्मन भाषाएँ भी कुछ-कुछ सीख लीं। उसे पियानो बजाने का भी काफी अभ्यास हो चला था। पर उसके गुणों में सबसे प्रमुख था दूसरों की देख-रेख करना, उनका खयाल रखना।

शादी की चर्चा चलने के बाद चार्ल्स ने एक अनोखे तरीके से शादी करने का निर्णय ले लिया। उसने तय किया कि वह सबसे पहले एम्मा की सहमति लेगा। वास्तव में बीगल की यात्रा के बाद वह इतना व्यस्त रहा कि जब भी वेजवुड परिवार से मिला तो एम्मा सहित अपने हमउम्रों के साथ उसकी औपचारिक बातें ही हुईं,

व्यक्तिगत बातें करने का समय ही नहीं मिला था।

इस समय तक एम्मा लगभग 30 वर्ष की लंबी, छरहरी, आकर्षक युवती हो चुकी थी। उसके भूरे-चमकदार बाल, चेहरे पर अठखेलियाँ करती दो रेशमी जुल्फें उसके सौंदर्य को और भी बढ़ा देती थीं। उसके नाक-नक्श तीखे थे।

मस्त, बिंदास एम्मा अपने रहने-सहने की अधिक परवाह नहीं करती थी। अलबत्ता उसके परिवार-जन अवश्य उसके लिए आधुनिकतम फैशन के कपड़े-जेवर आदि खरीदते थे।

सगाई के दिन भी घरवालों को चिंता थी कि अब एम्मा के कपड़ों आदि के बारे में कौन चिंता किया करेगा। एम्मा की औपचारिक सहमति के बाद जब सगाई हुई तो दोनों ही परिवार अत्यंत प्रसन्न थे। वेजवुड परिवार को इस बात का संतोष था कि उनकी बेटी एक जाने-पहचाने परिवार में ही जा रही है।

वेजवुड परिवार ने अपने अन्य बच्चों की शादियों में निश्चित रकमें उपहार के रूप में दी थीं और भविष्य में निश्चित आमदनी सुनिश्चित की थी। उसी परंपरा के अनुसार उन्होंने एम्मा को भी 5,000 पौंड का एक बांड तथा 400 पौंड वार्षिक आय का साधन सुनिश्चित किया। दांपत्य-सूत्र में बँधे युगल को वचन दिया गया कि जब तक जोसियाह जीवित रहेंगे तब तक यह रकम उन्हें मिलती रहेगी।

युवा चार्ल्स को विवाह की प्रसन्नता तो थी, पर साथ ही यह चिंता भी थी कि आनेवाले समय में एम्मा को अपनी हर शाम तनहाई में गुजारनी पड़ेगी। चार्ल्स अपने जीव-जंतुओं, वनस्पतियों, पत्थरों के नमूनों से जूझता रहेगा और घर में समय कम ही दे पाएगा। उसे इस बात का भी एहसास था कि वेजवुड परिवार में तो अकसर शाम को दावतें होती रहती थीं। वह तो इन सबके बारे में अभी सोच भी नहीं सकता है।

पर एम्मा को किसी प्रकार की कोई बेचैनी नहीं थी। वह अपने भावी पति के प्रति पूरी तरह समर्पित थी और इस बात पर प्रसन्न थी कि जिसके साथ वह रहने वाली है, उसे वह पहले से ही जानती है।

अंततः 29 जनवरी, 1839 उनके विवाह की तिथि निश्चित हो गई। विवाह से पूर्व ही चार्ल्स डार्विन को भूगर्भ-विज्ञान सोसाइटी के सचिव का दायित्व सँभालना पड़ा; हालाँकि इसके लिए उसकी कोई विशेष इच्छा नहीं थी। उसे अपनी बीगल यात्रा की रिपोर्ट भी पूरी करनी थी।

अंततः यह तय हुआ कि चार्ल्स और एम्मा शादी के बाद लंदन में ही रहेंगे। अब चार्ल्स अपने भाई एरास्मस के साथ लंदन में एक उपयुक्त मकान की तलाश

करने लगे। उस समय लंदन के मकान-मालिक अनाप-शनाप पैसा माँग रहे थे।

अंततः विवाह से पूर्व उन्हें अपने आशियाने के लिए जगह मिल ही गई। 12, अपर गावर स्ट्रीट पर स्थित मकान में एक अच्छा ड्राइंग-रूम भी था और पीछे छोटा-सा बगीचा भी। लंदन शहर में उस समय बगीचेवाला मकान कम ही मिल पाता था। विवाह से पहले ही घर में ठीक-ठाक परदे आदि लगाए गए। घर के काम-काज के लिए रसोइया, बटलर, आयाओं आदि की व्यवस्था की गई। जल्दी ही बहुत सारा सामान भी घर में आ गया, जिनमें ज्यादातर तो उसकी यात्रा के दौरान एकत्रित नमूने थे। अपना घर होने के बाद चार्ल्स को काफी तसल्ली हुई और उसने प्रसन्नतापूर्वक एम्मा को पत्र लिखा कि ज्यादातर सामान अब आ चुका है।

इसी बीच विवाह की तिथि भी आ गई। शादी के लिए कपड़ों का चयन भी वैज्ञानिक चार्ल्स के लिए एक विकट समस्या थी। पारिवारिक दर्जी चाह रहा था कि वह नीला कोट और सफेद पैंट तैयार करे। पर चार्ल्स की इच्छा थी कि वह ऐसे कपड़े पहने ताकि वह शालीन तरीके से चल-फिर सके। इसके लिए उसने कोट की डिजाइन में परिवर्तन भी कराया।

पर उसके मन में इस बात का डर भी था कि शायद उसके कपड़े उस समय के संभ्रांत परिवारों की परंपरा के नहीं हैं और आम लोगों को हास्यास्पद लगेंगे। कभी-कभी उसे यह डर भी लगता था कि कहीं एम्मा उसके भद्दे कपड़ों को देखकर शादी से इनकार न कर दे। पर एम्मा को उसके कपड़ों की विशेष चिंता नहीं थी।

कुछ भी हो, चार्ल्स एकदम विशेष लग रहा था। तीस वर्ष की आयु में भी वह छरहरे बदन का था, पर उसके कंधे सीधे थे। उसके हलके भूरे बाल हमेशा कंघी किए रहते थे।

29 जनवरी, 1839 को हुए सादे विवाह के पश्चात् चार्ल्स और एम्मा अपने मकान में रहने चले गए। उन्हें अपना घर इतना प्यारा और सुविधाजनक लगा कि उनका कहीं आने-जाने का मन ही नहीं होता था। हालाँकि इस बीच लाइल तथा अन्य रिश्तेदारों के यहाँ से रात्रिभोज के अनेक निमंत्रण आते रहे, पर चार्ल्स के लिए उन निमंत्रणों को स्वीकार करना सुखकर नहीं रहा। चार्ल्स और एम्मा इन दावतों में जाते थे, पर ये दावतें चार्ल्स को भारी पड़ने लगीं। अगले दिन जब वह सोकर उठता तो उसे जोर का सिरदर्द हो जाता था और उसकी नाक बहने लगती थी।

शादी का साल अभी बीता भी नहीं था कि गृहस्थी में उथल-पुथल मच गई। एम्मा गर्भवती हो गई और बीमार भी रहने लगी। दूसरी ओर चार्ल्स भी गंभीर

रूप से बीमार पड़ गया।

27 दिसंबर, 1839 को एम्मा ने अपनी पहली संतान विलियम एरास्मस को जन्म दिया। संयोग से यह वही दिन था जब आठ वर्ष पूर्व बीगल जहाज रवाना हुआ था। नवजात शिशु अत्यंत सुंदर व प्यारा था। चार्ल्स व एम्मा उसे प्यार से 'मिस्टर होडी-डोडी' के नाम से पुकारते थे।

पर चार्ल्स की दैनिक जिंदगी बद-से-बदतर होती जा रही थी। डॉक्टर परिवार में जनमे चार्ल्स की बीमारी का कारण कोई डॉक्टर नहीं पकड़ पा रहा था। शारीरिक लक्षणों के अभाव में चिकित्सकों को लग रहा था कि उसे कोई मनोवैज्ञानिक रोग है। शायद उसके मस्तिष्क में उसका भावी जीवोत्पत्ति सिद्धांत उमड़ रहा हो और वह इतना व्यस्त हो कि शरीर की आवश्यकताओं की पूर्ति न कर पा रहा हो।

कुल मिलाकर विवाह के पहले वर्ष में चार्ल्स का जीवन वैसी ही गुत्थी बन कर रह गया जैसी गुत्थी वह सुलझाना चाह रहा था।

□

फिर से काम पर

हालाँकि चार्ल्स अभी पूरे दिन काम करने लायक स्वस्थ नहीं हो पाया था, पर फिर भी वह काम में जुट गया। उसने 'जूलॉजी ऑफ बीगल' शीर्षक पुस्तक का काम पूरा किया। इसके साथ ही मूँगों के ऊपर लिखना आरंभ किया। इसमें उसने मूँगों की उत्पत्ति कैसे होती है, इस सिद्धांत पर प्रकाश डालना आरंभ किया। यह सिद्धांत उसकी बीगल यात्रा के अंतिम दौर में ही प्रतिपादित हुआ था।

डार्विन अपने सिद्धांतों की बहुत बारीकी से जाँच करता था और उन्हें सार्वजनिक करने में जल्दबाजी बिलकुल नहीं करता था। मूँगों की उत्पत्ति के सिद्धांत के मामले में एक संदेह बच रहा था और इसलिए डार्विन ने तय किया कि वह उसके लिए भी आवश्यक प्रयोग करेगा।

वह महीनों तक, जब भी उसके लिए शारीरिक रूप से संभव होता, नौसेना के दफ्तर में तथा ब्रिटिश अजायबघर में जाता रहा। यात्राओं के संस्मरण आदि का अध्ययन करता रहा। उसने एक बड़े नक्शे पर अपने मार्ग के मूँगे के भंडारों का अध्ययन किया और उन्हें विभिन्न रंगों से दरशाया। उसने विभिन्न ज्वालामुखियों (जो समुद्र की तली पर फूटते हैं) को भी नक्शे पर अंकित किया। उसने देखा कि जिस मार्ग पर उसने मूँगों के ढेर देखे थे, उन पर ज्वालामुखियों फटने के कोई लक्षण कभी नहीं दिखे थे। पर सुमात्रा के तट पर तथा फिलीपीन के आस-पास ये ही मिले थे।

डार्विन की मूँगों की उत्पत्ति पर आधारित पुस्तक सन् 1842 में पूरी हो चुकी थी। इस पुस्तक का सबसे बड़ा आकर्षण इसके साथ लगा रंग-बिरंगा नक्शा था। मूँगों के पर्वतनुमा समुद्र के नीचे ढेर पृथ्वी के अंदर चल रही गतिविधियों की भी झलक देते हैं। यह साफ दिखाई देता है कि पृथ्वी की ऊपरी पपड़ी के नीचे का लावा ऊपर की ओर फूटता है। दूसरी ओर कुछ इलाका समय के साथ धीरे-धीरे

नीचे धँसता चला जाता है।

डार्विन ने अपने निष्कर्ष में लिखा कि हम स्पष्ट रूप से समझ सकते हैं कि पृथ्वी की सतह पर परिवर्तन होते रहे हैं। ये परिवर्तन बहुत बड़े और व्यापक पैमाने पर होते हैं, पर होते बहुत धीरे-धीरे हैं। ये सुंदर जिलेटिन-युक्त छोटे-छोटे मूँगे इस हलचल की दास्तान सुनाते हैं।

पर जब तक यह पुस्तक प्रकाशित हुई तब तक अर्थात् सन् 1842 तक उसका मन लंदन की भीड़-भाड़ भरी व्यस्त जिंदगी से ऊब चुका था। वह अब शांत ग्रामीण जीवन की तलाश में था। लंदन में रहते हुए उसकी सामाजिक व्यस्तताएँ बहुत बढ़ जाती थीं और उसके लिए उनसे पीछा छुड़ाना कठिन हो जाता था।

अब चार्ल्स और एम्मा ने ग्रामीण इलाके में अच्छा मकान तलाशना शुरू कर दिया। वे चाहते थे कि भीड़-भाड़ से दूर रहें, पर चार्ल्स के लिए यह भी आवश्यक था कि वह अपने मित्रों, वैज्ञानिकों के संपर्क में रहे। साथ ही वैज्ञानिक बैठकों में भाग ले सके।

अंततः उन्हें 'डाउन' नामक मकान मिला। यह ग्रामीण इलाके में बना विशाल मकान था, जो कैंट नामक स्थान पर था और यह स्थान लंदन से सोलह मील दूर था। पर इस इलाके में घोड़ागाड़ी से जाने के लिए लंबे रास्ते का उपयोग करना पड़ता था, जो बाईस मील लंबा था। यह रास्ता भी कई जगहों पर सँकरा था और जानेवालों के सिर पर पेड़ों की टहनियाँ टकरा जाती थीं। कई बार डार्विन से मिलने आनेवालों ने रास्ते की दुर्दशा का रोना रोया। एक ने तो यह तक कह दिया कि डार्विन ने रहने के लिए ऐसी जगह चुनी है जहाँ पर सिर्फ खच्चर की सवारी करके ही जाया जा सकता है। डार्विन भी स्वीकार करता था कि उसने अपने काम के लिए सबसे शांत इलाका ही चुना है।

शायद यही कारण था कि चार्ल्स को इस मकान में रहते हुए ऐसा लगता था मानो वह दुनिया के अंतिम सिरे पर रह रहा हो। उसके घर के आगे ढलान शुरू हो जाती थी। जब चार्ल्स और एम्मा ने इस ग्रामीण इलाके को पहली बार सर्दियों में सन् 1842 में देखा तो उन्हें यह वीरान लगा था। पर उन्हें उम्मीद थी कि साल के किसी मौसम में यह लहलहाएगा जरूर। हो सकता है, वसंत में यह इलाका बैगनी फूलों से लबालब हो जाए।

दूसरों को यह इलाका कैसा भी लगता हो, पर चार्ल्स ने वहाँ पर अपनी दुनिया बसा ली थी। उसने मकान के चारों ओर लंबा-चौड़ा लॉन विकसित किया और मकान की दीवार के किनारे-किनारे इस तरह पेड़ लगवाए, ताकि फूल

खिड़कियों की ऊँचाई पर खिलें। पेड़ों व वनस्पतियों की कतारें इस तरह लगाई गई थीं कि पूरा नजारा घर के अंदर से भी और बाहर दूर से भी भव्य नजर आता था।

एक किनारे पर किचन-गार्डेन तैयार किया गया था, जिसे बाद में चार्ल्स ने ग्रीन-हाउस (हरा कक्ष) बना लिया था और वह उसमें तरह-तरह के प्रयोग करता था। इसके अलावा एक भाग खुला छोड़ा गया था, जो एक एकड़ में था और यहाँ से नीचे ढलान का इलाका अलग ही तरीके से दिखाई देता था। चार्ल्स डार्विन वहाँ नित्य टहलता था।

इस प्रकार चार्ल्स डार्विन ने इस अटपटे से मकान में रहने का निर्णय लिया और उसे इस मकान और जगह से इतना प्यार हो गया था कि वह शेष जीवन यहीं रहा। उसके इस मकान के प्रति लगाव को शेष दुनिया ने भी सराहा। चार्ल्स के गुजरने के पश्चात् सर वकस्टन ब्राउन ने उस मकान को खरीदा और ठीक-ठाक कराया तथा फिर उसे राष्ट्र को समर्पित कर दिया।

इस स्थान पर सन् 1929 में एक बड़ा समारोह हुआ, जिसे ब्रिटिश एसोसिएशन ने आयोजित किया। इस अवसर पर सर बकस्टन ने आस-पास की जमीन भी खरीद ली तथा चार्ल्स का एक और स्मारक बनवाया। साथ ही युवा शल्य-चिकित्सकों के लिए एक अनुसंधान केंद्र भी तैयार किया गया।

उपर्युक्त पूरी प्रक्रिया में ब्रिटिश एसोसिएशन के अध्यक्ष सर आर्थर कीथ की अहम भूमिका रही और आज यह मकान राष्ट्रीय निधि है।

□

अनुसंधान का अगला दौर

बीगल की यात्रा के दौरान चार्ल्स को जो जीवाश्म मिले थे, उसने अब उन पर अनुसंधान आरंभ कर दिया। उसने पाया कि जो सबसे बड़ी जीवाश्म हड्डी थी, वह दक्षिण अमेरिका में जमीन के नीचे मिली थी। यह किसी चींटीखोर प्राणी के सिर की हड्डी थी। पर यह प्राणी वैसा बिलकुल नहीं था जैसे कि आज के चींटीखोर होते हैं।

उसने इस तथ्य को अपनी डायरी में दर्ज किया। उसने माना कि यह किसी आधुनिक चींटीखोर प्राणी का पूर्वज रहा होगा। इसके साथ ही उसके मस्तिष्क में अनेकानेक सवाल उठते चले गए। उनमें से एक सवाल यह था कि यदि यह विलुप्त प्राणी वास्तव में किसी वर्तमान प्राणी का पूर्वज है तो निश्चय ही प्राणियों की एक प्रजाति से दूसरी प्रजाति उत्पन्न होती है। इसका यह भी अर्थ है कि दुनिया के विभिन्न प्राणियों की विभिन्न प्रजातियाँ किसी रचयिता द्वारा अलग-अलग तरीके से नहीं रची गई हैं।

सन् 1837 में कैंब्रिज में अनुसंधान करते समय जब पहले-पहल चार्ल्स के मन में यह विचार आया तो वह स्वयं दहल गया। उसने इस तथ्य का अपनी आत्मकथा में भी उल्लेख किया।

कुछ सप्ताह पश्चात् लंदन में चार्ल्स ने गलापागोज से लाए गए नमूनों पर ध्यान से अवलोकन किया तो उसके सामने एक और आश्चर्यजनक तथ्य उभरा। उसने पाया कि एक प्राणी की विभिन्न प्रजातियों में काफी समानताएँ भी हैं। उसे लगा कि एक ही कछुए को जब अलग-अलग द्वीपों में ले जाया गया होगा तो उनमें मामूली परिवर्तन जगह के अनुसार कर दिया गया होगा या हो गया होगा।

इस तरह एक और सिद्धांत उभरा कि एक ही प्रजाति अलग-अलग रूपों में विकसित हो जाती है। हालाँकि उस समय इस परिकल्पना को सिद्ध करने में अनेक

भ्रम भी थे, पर फिर भी उसने इस परिकल्पना को दर्ज करना आरंभ किया कि प्रजातियों में हेरा-फेरी या परिवर्तन होते हैं।

अब उसके मस्तिष्क में विचार कौंधा कि इसीलिए आधुनिक प्राणी कुछ हद तक विलुप्त प्राणियों जैसे थे। इस विचार के उभरते ही डार्विन ने एक नई नोट-बुक खोल ली और प्राणियों की प्रजातियों में होनेवाले परिवर्तन के संदर्भ में अपने विचारों को दर्ज करने लगा। इसके लिए उसने दक्षिण अमेरिका से प्राप्त जीवाश्मों व गलापागोज से प्राप्त प्राणियों के नमूनों का अध्ययन महीनों तक किया। उसने एक नई नोट-बुक आरंभ करके विभिन्न प्राणियों के शरीर क्रिया-विज्ञान का तुलनात्मक अध्ययन आरंभ किया। इस तरह प्राणियों के अनेक वंशानुगत गुण सामने आए। धीरे-धीरे परिवर्तनों का क्रम समझ में आने लगा। यह पता लगा कि पहले क्या हुआ होगा और उसके बाद क्या हुआ होगा। धीरे-धीरे यह भी स्पष्ट हो गया कि परिवर्तन का झुकाव किस ओर है।

पर उपर्युक्त तथ्यों को स्वीकार करने में डार्विन को काफी परेशानी हो रही थी। उसने अपने मस्तिष्क में हो रही उथल-पुथल और डर को अनेक रूपों में व्यक्त भी किया। अपनी आत्मकथा में उसने लिखा कि लाइल ने बिना सोचे-समझे व भेदभाव किए भूगर्भ-शास्त्र संबंधी विभिन्न तथ्यों को दुनिया के सामने रख दिया। इसके साथ ही उसे एक नया रास्ता भी मिल गया। उसने तत्कालीन प्राणियों व वनस्पतियों के परिवर्तनों को दर्ज करना आरंभ किया। इस क्रम में उसने प्राकृतिक प्राणियों व वनस्पतियों को भी लिया और पालतू प्राणियों व घरेलू वनस्पतियों को भी। उसे आशा थी कि इस तरह शायद उसका सिद्धांत ज्यादा स्पष्ट रूप से सामने आ सके।

उसका यह तरीका बेकन के सिद्धांत पर आधारित था। अब उसने अपने सिद्धांत को एक तरफ रख दिया और बड़े पैमाने पर नमूने लेना आरंभ कर दिया। उस समय विभिन्न प्राणियों के संकर समूह विकसित किए जा रहे थे। इस कार्य को करनेवाले अपनी पत्रिकाएँ भी निकालते थे। डार्विन ने इस तरह के ब्रीडर जर्नलों को भी पढ़ना आरंभ किया और तरह-तरह के सूचीपत्रों का अध्ययन आरंभ कर दिया।

इस तरह उसने बिना किसी पूर्वग्रह के इस विषय पर उपलब्ध समस्त साहित्य पढ़ डाला। उसने अपने चचेरे भाई विलियम डार्विन, जो कैंब्रिज में था, से भी संपर्क किया। उसकी रुचि भी प्राणियों व उनकी ब्रीडिंग में थी। चार्ल्स ने उसे भी प्रेरित किया और भरोसा दिलाया कि विभिन्न प्रजातियों व उनसे संबंधित नमूनों

की सहायता से एक दिन वह अभूतपूर्व सिद्धांत विकसित कर लेगा।

डार्विन की सलाह पर विलियम ने तमाम घरेलू चिड़ियों, जानवरों, कुत्तों, बिल्लियों, गायों आदि की नस्लों में हो रहे परिवर्तनों से संबंधित तथ्य एकत्रित करके देना शुरू कर दिया। कुछ मामलों में यह पाया गया कि नई प्रजाति उत्पन्न करने के प्रयास में प्राणियों को मृत्यु हो जाती थी। दूसरे महाद्वीप से लाए जानेवाले प्राणियों, जैसे कबूतर, बिल्लियों आदि का स्थानीय नस्लों से संसर्ग कराया जाता था, पर संतान ज्यादा नहीं जी पाती थी।

अब डार्विन ने मूल विषय से हटकर इस विषय पर अन्वेषण शुरू किया। उसने पाया कि मनुष्य सदा से उपयोगी नस्लें चाहता रहा है। इसके लिए यह प्रयास किया जाता था कि अत्यंत तेज दौड़नेवाले घोड़ा-घोड़ी का संसर्ग कराकर और अधिक तेज दौड़नेवाला घोड़ा या घोड़ी तैयार किए जाएँ।

पर तभी उसके मस्तिष्क में एक विचार आया कि प्रारंभ में तो इस प्रकार के कृत्रिम प्रयास नहीं किए जाते थे। फिर कैसे अलग-अलग प्रकार की नस्लें विकसित होती होंगी और श्रेष्ठ नस्लें ही क्यों ज्यादा हैं ? यह सवाल काफी दिनों तक उसके मस्तिष्क में घूमता रहा।

अक्तूबर 1838 में उसने थॉमस मालथस द्वारा लिखी लोकप्रिय पुस्तक पढ़ी, जो जनसंख्या पर केंद्रित थी। इसमें लेखक ने चेतावनी दी थी कि यदि मनुष्यों की जनसंख्या पृथ्वी पर निर्बाध रूप से बढ़ती रहेगी तो एक दिन पृथ्वी पर भोजन की कमी हो जाएगी। उस स्थिति को सिर्फ युद्ध, महामारियाँ या अकाल ही रोक पाएँगे। मालथस के अनुसार, प्रकृति में एक प्रकार का संघर्ष बड़ी बेदर्दी से हमेशा जारी रहता है।

डार्विन को उपर्युक्त बात तुरंत समझ में आ गई थी। उसने अपनी यात्रा के दौरान देखा था कि मजबूत लोग सैकड़ों वर्ग मील का इलाका घेरते जा रहे हैं। ऐसा दक्षिण अमेरिका में भी था और न्यूजीलैंड में भी, जहाँ अंग्रेज स्थानीय लोगों को बेदखल करके कब्जा जमाते जा रहे थे। उसने तत्काल निष्कर्ष निकाला कि जीवन व अस्तित्व-रक्षा के लिए निरंतर व कठिन संघर्ष करना पड़ता है।

इस तथ्य को चार्ल्स डार्विन ने अपनी आत्मकथा में भी दर्ज किया। उसने लिखा कि समय के साथ प्रजातियों के स्वरूप में जो अनुकूल परिवर्तन होते हैं, वे परिस्थितियों के अनुरूप होने के कारण बने रहते हैं, जबकि जो प्रतिकूल परिवर्तन होते हैं, वे परिस्थितियों के अनुरूप न होने के कारण नष्ट हो जाते हैं।

इससे यह स्पष्ट हो जाता है कि संघर्ष ही चयन का आधार है। इस संघर्ष में

जो परिस्थितियों के सबसे अधिक अनुकूल होता है वह बच जाता है और शेष विलुप्त हो जाते हैं।

यही कारण है कि आज जिन प्राणियों/प्रजातियों का अस्तित्व है, वे विजेता हैं और वे अपने पूर्वजों से या उनसे जो विलुप्त हो चुके हैं, भिन्न ही होंगे। इसके साथ ही चार्ल्स डार्विन का जीवोत्पत्ति का सिद्धांत अस्तित्व में आने लगा।

पर चार्ल्स को अंदर-ही-अंदर डर लग रहा था। उसके पास अनुसंधान के प्रमाण थे, अकाट्य तर्क थे, पर फिर भी उसे लग रहा था कि यह सिद्धांत उस समय की मान्यताओं के बिलकुल विपरीत है। वह इसका रहस्योद्घाटन करने से पूर्व हर प्रकार से जाँचना चाहता था।

जून 1842 में अर्थात् नए मकान 'डाउन' में आने से कुछ महीने पहले ही चार्ल्स ने अपने इस नए क्रांतिकारी सिद्धांत का सार, जो लगभग 35 पृष्ठ का था, तैयार किया। सन् 1844 में उसने इसे विस्तार दिया और पूरे सिद्धांत का 230 पृष्ठों में वर्णन किया।

पर उसने इसे गिने-चुने लोगों को ही दिखाया। इसे प्रकाशित करने की उसकी हिम्मत नहीं हुई। इसके कुछ कारण थे—

1. चार्ल्स डार्विन स्वभाव से ही सावधानी से कार्य करने का अभ्यस्त था।
2. उसे यह भी लग रहा था कि उसका सिद्धांत धार्मिक आस्थावाले व्यक्तियों को गहरा आघात पहुँचाएगा। उसकी पत्नी भी धार्मिक विचारों की थी।
3. चार्ल्स डार्विन ने यह भी सोचा कि शायद अभी उसके सिद्धांत में कुछ खामियाँ हैं तथा इन खामियों को दूर करने के लिए और प्रयोगों की आवश्यकता है।

□

दोहरी सावधानी

सन् 1839 में चार्ल्स डार्विन जब ट्राफलगर में टहल रहे थे तो अचानक उनकी मुलाकात उस अफसर से हो गई जो बीगल की यात्रा के दौरान उनके साथ थे। ये युवा, सुगठित शरीर वाले अधिकारी जोसेफ डाल्टन हूकर सर विलियम हूकर के बेटे थे, जो क्यू स्थित रॉयल बोटैनिकल गार्डन के निदेशक थे।

डार्विन उस मुलाकात को जल्दी ही भूल गए, पर हूकर ने उसे लंबे समय तक याद रखा। हूकर ने डार्विन की पुस्तक के प्रूफ न सिर्फ पढ़े वरन् लंबे समय तक उन्हें अपने तकिए के नीचे सहेजकर रखा और उनसे इतना प्रेरित हुआ कि उसने अपने आपको अंटार्कटिक के भावी अभियान के लिए प्रस्तुत कर दिया। यह अभियान सर जेम्स रॉस के नेतृत्व में वहाँ जा रहा था।

हूकर ने यह भी दृढ़ निश्चय कर लिया था कि वह इस युवा वैज्ञानिक के पद-चिह्नों पर चलेगा, जिनसे वह मिल रहा है। उसे डार्विन की मोहक वाणी, घनी भौहें, नाविक जैसा खुला व मिलनसार स्वभाव पसंद आए। हूकर ने डार्विन को मन-ही-मन अपना घनिष्ठ मित्र मान लिया।

सन् 1839 के उत्तरार्द्ध में हूकर एच.एम.एस. इरेबस नामक जहाज में रवाना हुआ, जिसका नेतृत्व सर जेम्स रॉस कर रहे थे। यह जहाज उसी पथ पर चला जिस पर प्रारंभ में बीगल चला था, पर बाद में यह दक्षिण ध्रुव के पास बर्फीले इलाकों की ओर बढ़ गया। इस अभियान के उद्देश्यों में से एक था, दक्षिणी चुंबकीय ध्रुव की स्थिति की पहचान करना।

हूकर, जिसकी वनस्पति-शास्त्र में बचपन से ही गहरी रुचि थी, इस यात्रा में एक विशेषज्ञ वनस्पति-शास्त्री के रूप में गया था। इस तीन वर्ष की यात्रा में उसका ज्ञान व अनुभव बेतहाशा बढ़ गए थे। इस यात्रा के दूसरे चरण में वापस आते समय इरेबस ने एक रात के लिए उस स्थान पर लंगर डाला जहाँ बीगल रुका था।

हूकर ने डार्विन के संस्मरणों के संदर्भ में उन जगहों व बिंदुओं पर नजर डाली।

उसे लगा कि चार्ल्स डार्विन ने जैसा वर्णन किया है, तथ्य भी वैसे ही हैं। यात्रा के दौरान हूकर ने डार्विन को अपने अध्ययन के आधार पर अनेक पत्र भी लिखे, जिन्हें डार्विन ने पूरी गंभीरता से पढ़ा।

यात्रा की समाप्ति पर चार्ल्स डार्विन ने न सिर्फ हूकर को बधाई दी वरन् जश्न मनाने के लिए लंदन में अपने भाई एरास्मस के घर पर नाश्ते के लिए आमंत्रित भी किया।

दोनों वैज्ञानिकों के बीच प्रेम व विश्वास बढ़ते चले गए। हूकर बाद में डार्विन के ग्रामीण मकान 'डाउन' में भी गए और उन्होंने डार्विन के फ्यूजियो तथा गलापागोज से लाए संग्रह पर नई दृष्टि से अध्ययन करने हेतु अपनी सेवाएँ प्रस्तुत कीं।

डार्विन को तो मानो मनचाही मुराद मिल गई। दोनों का अध्ययन व वार्त्तालाप आरंभ हो गया। विशेष बात यह थी कि अब तक डार्विन ने अध्ययन के बाद जो निष्कर्ष निकाले थे, हूकर के विचार भी बिलकुल वैसे ही थे। विभिन्न द्वीपों से प्राप्त वनस्पतियों का अंतर और उनके कारण स्पष्ट होते चले गए।

इसके साथ ही चार्ल्स डार्विन एवं हूकर जीवन भर के लिए मित्र बन गए और एक-दूसरे को न सिर्फ सलाह देने लगे वरन् उनके कामों में सहायता भी देने लगे; विभिन्न मंचों पर एक-दूसरे का समर्थन भी करने लगे। दोनों में एक मौलिक अंतर भी था। डार्विन के पास अपने विषय में कोई शैक्षिक योग्यता नहीं थी, इसलिए उन्हें विषय का विशेषज्ञ नहीं माना जाता था; पर हूकर पूर्णतः विशेषज्ञ थे। दोनों के विचार एक जैसे थे और उनके निष्कर्ष भी एक जैसे निकलने लगे। कई मामलों में वे एक-दूसरे के पूरक हो गए।

जनवरी 1844 में चार्ल्स डार्विन ने हूकर को अपने जीवोत्पत्ति के सिद्धांत का सार बताया। उन्होंने विभिन्न जीवाश्मों, वनस्पतियों, प्राणियों से संबंधित अपना अध्ययन सामने रखा। उन्होंने यह भी बताया कि उपर्युक्त परिणामों के आधार पर स्पष्ट है कि विकास की प्रक्रिया प्रारंभ से चल रही है और आगे भी चलेगी।

इसके साथ ही डार्विन ने अपने सिद्धांत का सार तथा उसके बाद 230 पृष्ठों में विस्तार की प्रतिलिपियाँ तैयार कीं और एक प्रतिलिपि हूकर के पास भेजी। हूकर ने उसे गंभीरता से पढ़ा और अपने विचार दो खंडों में व्यक्त किए। ये खंड थे—

1. पालतू जीवों में और प्राकृतिक (जंगली) जीवों में अंतर क्यों होता है।
2. एक ही मूल के प्राणियों के वंशों में समय के साथ परिवर्तन क्यों होता है?

हूकर ने इनके पक्ष एवं विपक्ष में तर्क प्रस्तुत किए। इसी बीच डार्विन के अन्य काम भी चलते रहे। उन्होंने अपनी पुस्तक 'डार्विन जरनल' को और सुधारा। उसका नया संस्करण सन् 1845 में बाजार में आ गया। बीच-बीच में काफी बीमार रहने के बाद भी चार्ल्स डार्विन ने भूगर्भ-शास्त्र संबंधी अपनी तीन पुस्तकों— 'कोरल रीफ', 'वल्कानिक आईलैंड्स' और 'जूलॉजिकल ऑब्जर्वेशंस ऑन साउथ अमेरिका' पर लगभग साढ़े चार वर्षों तक काम किया।

अंततः डार्विन की पुस्तकें एक के बाद एक प्रकाशित होती चली गईं। सन् 1846 में दक्षिण अमेरिका के अवलोकनों से संबंधित पुस्तक जब आई तो डार्विन बुरी तरह थक चुके थे। अत्यधिक परिश्रम के कारण वह बहुत बीमार हो गए थे।

पर चार्ल्स को इस बात की तसल्ली थी कि पाँच वर्ष की बीगल यात्रा में उसने जो कुछ भी एकत्रित किया था, उसका अध्ययन भी हो चुका है और उसे दर्ज भी किया जा चुका है। उनका जरनल, जंतु-विज्ञान संबंधी व भूगर्भ-विज्ञान संबंधी पुस्तकें लोगों के हाथों में पहुँच चुकी थीं और अमर हो गई थीं।

पर फिर भी चार्ल्स को संतुष्टि नहीं मिल पा रही थी। उनके द्वारा लाए गए नमूनों में से एक अभी भी प्रश्न बना हुआ था। उन्होंने एक नमूने की पहचान करने के लिए सैकड़ों नमूनों का कई बार अध्ययन किया था।

हूकर से डार्विन की मित्रता इतनी प्रगाढ़ हो चुकी थी कि अब वे अपनी हर परेशानी और उपलब्धि उनको बताते थे। वे रोज सवेरे डिसेक्शन टेबल (जिस पर रखकर प्राणियों की चीर-फाड़ की जाती है) पर बैठ जाते थे और एक-एक प्राणी के शरीर की चीर-फाड़ करके उसका बारीकी से अध्ययन किया करते। इसके लिए वे माइक्रोस्कोप का भी प्रयोग करते थे, जो उनके पास ही रहता था।

कमजोर शरीर के कारण चीर-फाड़ करना और फिर माइक्रोस्कोप द्वारा अवलोकन करना कठिन कार्य था, पर वे आठ वर्षों तक लगातार इस काम को करते रहे। इस क्रम में उन्होंने हर प्राणी का बड़ी बारीकी से अध्ययन किया। उस समय विभिन्न प्रजातियों को जो नाम दिए गए थे, वे सार्थक नहीं थे। डार्विन ने लगातार अध्ययन के बाद गुणों के आधार पर उन्हें वर्गीकृत किया।

यह काम इतना नीरस व उबाऊ था कि कई बार तो कई सप्ताह काम करने के पश्चात् मात्र एक निष्कर्ष निकल पाता था और एक वंश की ही पहचान हो पाती थी; दूसरी ओर कई बार साबित होने पर भी-कभी अचानक किसी नए परिणाम के कारण पुराना निष्कर्ष निरस्त करना पड़ता था और नए सिरे से अध्ययन आरंभ हो जाता था।

इस अध्ययन में एक विशेष बात यह थी कि चार्ल्स डार्विन के पास पहले से शरीर-रचना-शास्त्र, भूगर्भ-शास्त्र आदि की उपाधि नहीं थी। उन्होंने जो कुछ सीखा था वह बीगल यात्रा के दौरान ही सीखा था। इस कारण जो भी वर्गीकरण हो रहा था वह निष्पक्ष भाव से हो रहा था और इस कारण उसमें एकदम नयापन था।

उनके इस अध्ययन के आधार पर वर्तमान प्रजातियों के वर्णन पर आधारित दो पुस्तकें और विलुप्त प्राणियों पर आधारित दो लघु पुस्तकें तैयार हो चुकी थीं। इनमें वर्णित तथ्यों की जाँच हूकर भी कर चुके थे।

□

शांत घर : अनोखी जीवन शैली

कार्य के दौरान चार्ल्स डार्विन ने अपने घर का स्वरूप व वातावरण अद्‌भुत बना लिया था। यही कारण था कि जब चार्ल्स के बच्चे किसी अन्य घर में जाते और देखते कि माइक्रोस्कोप आदि नहीं है तो चौंकते थे और पूछते थे कि ये अंकल करते क्या हैं ?

उनका घर 'डाउन' शांत व व्यवस्थित घर था। वहाँ हर चीज व्यवस्थित रहती थी। चार्ल्स का स्वास्थ्य कुछ दिन ठीक रहता था और कुछ दिनों के लिए खराब हो जाता था। पर घर में हमेशा शांति बनी रहती थी। कभी भी अफरा-तफरी नहीं रहती थी।

डाउन में आने से पूर्व ही एम्मा माँ बन चुकी थी। जब डार्विन दंपती इस नए ग्रामीण मकान में आए थे तो पहला होडी-डोडी अर्थात् बेटा विलियम तीन वर्ष का था और बेटी एन एक वर्ष की थी। एन की बाद में दस वर्ष की आयु में मृत्यु हो गई थी।

शेष संतानों का जन्म इस नए मकान में ही हुआ। सन् 1843 में हेनरी एट्टा, 1845 में जॉर्ज, 1847 में एलिजाबेथ, 1848 में फ्रांसिस, 1850 में लियोनार्ड और 1851 में होरेस का जन्म हुआ। डार्विन की दो अन्य संतानों का बचपन में ही निधन हो गया था।

नैसर्गिक सौंदर्य का धनी मकान 'डाउन' सूर्य की रश्मियों व प्रसन्नता दोनों से जगमगाता था। चार्ल्स की बेटी हेनरी एट्टा पर बचपन से ही इस घर का प्रभाव पड़ा और बड़े होने पर यह प्रभाव उसकी लेखनी से निःसृत हुआ। उसने गरमियों के दिनों में कुएँ से पानी निकालने के दौरान घिरनियों से निकलती मधुर आवाज से लेकर उस पानी से सींचे जानेवाले पौधों, उनमें उगनेवाले लिली आदि फूलों का विस्तृत वर्णन किया। आस-पास के बगीचों में पेड़ों की कतारें लगी थीं, जिनमें

दर्जनों मधुमक्खी के छत्ते थे और यह बच्ची उन छत्तों के आस-पास मँडराती असंख्य मक्खियों को निहारा करती थी। वह देखती कि उसके पिता चार्ल्स घास पर लेटे रहते थे और उसके शेष भाई-बहन आस-पास खेलते-कूदते थे। उसकी माता आकर्षक वस्त्र पहने बैठी रहती और बच्चों की गतिविधियों पर नजर रखती।

पत्नी एम्मा चार्ल्स के प्रति पूरी तरह समर्पित थी। उसने अपनी दिनचर्या ऐसी बना रखी थी कि चार्ल्स के पास जब खाली समय होता तो एम्मा उस समय उनका पूरा साथ देती थी। जब चार्ल्स बीमार पड़ते तो वह उन्हें एक पल के लिए भी अकेला नहीं छोड़ती थी। वह घंटों चार्ल्स के बगल में बैठी रहती थी। चार्ल्स को अकसर भयंकर सिरदर्द उठता था। ऐसे में एम्मा तरह-तरह के उपाय करती थी, ताकि उनकी तबीयत और न बिगड़े तथा ज्यादा-से-ज्यादा राहत मिले। समय के साथ चार्ल्स का एम्मा के प्रति प्रेम प्रगाढ़ होता चला गया और पति-पत्नी के बीच कभी मन-मुटाव नहीं होता था।

दिनचर्या

डार्विन रोज सुबह जल्दी उठ जाते थे। वे नाश्ते से पूर्व टहलने के लिए जाते थे। अकसर उनकी कोई-न-कोई संतान सैर के दौरान उनके साथ होती थी। उन्हें याद था कि उनके महान् पिता सर्दियों में प्रातःकाल के लाल सूर्य से अत्यंत प्रभावित होते थे और उसके सौंदर्य को सम्मान के साथ निहारा करते थे। कई बार इस प्रातःकालीन भ्रमण में उनकी मुठभेड़ लोमड़ियों से भी हुई, जो उनके घर के आस-पास चक्कर काटा करती थीं।

नाश्ते के तत्काल बाद लगभग पौने आठ बजे से वे अपने अध्ययन कार्य में जुट जाते थे। उनके दिन का डेढ़ घंटे का समय (प्रातः आठ बजे से साढ़े नौ बजे तक) उनके लिए अति उपयोगी होता था।

साढ़े नौ बजे के बाद वे अपने ड्राइंग-रूम में आ जाते थे, जहाँ पर वे अपनी रोजाना की डाक देखते थे। कई बार एम्मा उन्हें पारिवारिक पत्र पढ़कर सुनाती थीं। समय मिलने पर किसी उपन्यास का अंश भी सुना देती थीं।

साढ़े दस बजे वे फिर अपने काम पर आ जाते थे। वे दोपहर तक काम करते रहते थे। कई बार उनका कोई बच्चा बीमार होता था और वह यह वचन देता था कि वह शोर नहीं मचाएगा और चुपचाप सोफे पर लेटा रहेगा तो उसे उनके पास आने दिया जाता था। कई बार कई बच्चे एक साथ कागज का टुकड़ा माँगने या चिपकाने के लिए टेप आदि माँगने आ जाते थे; पर आमतौर पर काम करते समय चार्ल्स

डार्विन को शांत वातावरण उपलब्ध रहता था।

दोपहर तक चार्ल्स डार्विन को लगता था कि उन्होंने काफी काम कर लिया है और फिर वे दोपहर के भ्रमण पर निकल जाते थे। टहलते समय उनकी पालतू लोमड़ी भी साथ होती थी। रास्ते में वे अपने ग्रीन-हाउस को निहारा करते थे। प्रयोग हेतु लगाए गए पौधों का वे बड़ी बारीकी से निरीक्षण करते थे।

एक बार वे घर के पास की घास एकत्रित कर रहे थे। उनके पास बच्चे खेल रहे थे और वे भी खेल छोड़कर घास एकत्रित करने लगे। उनमें से एक ने नए प्रकार की घास चुनकर दी। उस घास को किसी अन्य ने या खुद चार्ल्स ने कभी नहीं देखा था। डार्विन अत्यंत प्रसन्न हुए। उन्होंने रात्रि के भोजन के समय प्लेट में उस घास को रखा और उस बच्चे की प्रशंसा की।

दोपहर को टहलने के बाद भोजन होता था। भोजन के बाद चार्ल्स अपने ड्राइंग-रूम में चले जाते थे, जहाँ वे अखबार पढ़ते थे। उनका यही समय गैर-वैज्ञानिक कार्य के लिए माना जाता था। इससे उन्हें अब तक काम की थकावट व तनाव से राहत मिलती थी। इसके बाद वे बड़ी कुरसी पर बैठ जाते थे। वे उस कुरसी को आवश्यकता पड़ने पर आग के नजदीक भी ले आते थे। उस कुरसी में लिखने के लिए बोर्ड भी लगा था, जिसे बाहर खींचकर वे लिखना आरंभ कर देते थे। डार्विन नियम से पत्राचार करते थे और उनके कई पत्र लंबे-लंबे होते थे। कई बार वे आए हुए पत्र के पीछे अपने परिवार के किसी सदस्य को उत्तर लिखा देते थे।

कई बार जब वे अपना पत्र पूरा कर लेते थे तो पत्नी एम्मा को उसे जोर-जोर से पढ़ने को कहते थे। पत्र सुनते-सुनते वे कई बार सो भी जाते थे, पर एम्मा सुनाना जारी रखती थीं, क्योंकि ज्यों ही वे रुकती थीं त्यों ही चार्ल्स की नींद खुल जाती थी।

शाम साढ़े चार से साढ़े पाँच बजे तक वे फिर से काम में जुट जाते थे। रात्रि के भोजन के बाद वे अपनी पत्नी एम्मा के साथ बैकगैमन खेल का एक दाँव अवश्य खेलते थे। इस खेल का परिणाम (स्कोर) अवश्य दर्ज होता था और दोनों ही खिलाड़ी एक-दूसरे से आगे रहने का प्रयास करते थे।

चार्ल्स डार्विन की तबीयत अकसर खराब रहती थी; पर जब भी वह कामचलाऊ होती थी, वे स्वयं कोई-न-कोई पुस्तक पढ़ते थे। यदि तबीयत खराब होती थी तो एम्मा उन्हें जोर-जोर से पढ़कर सुनाया करती थी। कभी-कभी वह उन्हें पियानो बजाकर भी सुनाया करती थी।

दस बजे वे अपने शयन-कक्ष में चले जाते थे; पर वे जल्दी सो नहीं पाते थे। अकसर वे बिस्तर पर घंटों बैठे रहते थे और किसी वैज्ञानिक समस्या पर चिंतन

करते रहते थे

कभी-कभी डार्विन परिवार के रिश्तेदार उनसे मिलने के लिए आ जाते थे। हूकर, लाइल जैसे वैज्ञानिक मित्र भी उनसे मिलने आते थे। बीमारी के दौरान उनके उपचार के लिए उन्हें किसी नदी या सरोवर में भी ले जाया जाता था और जल-स्नान से उन्हें लाभ होता था। दो-चार बार वे समुद्र तट पर भी भ्रमण, पिकनिक आदि पर गए। इस प्रकार के अवसर कम ही आए जब वे अपने निवास-स्थान 'डाउन' से दूर कहीं गए हों।

उनका कोचवान उपर्युक्त अवसरों पर उन्हें बग्घी में बैठाकर निकटतम रेलवे स्टेशन तक ले जाता था। वहाँ से वे आगे जाते थे। वे वैज्ञानिक समितियों में ज्यादा-से-ज्यादा सहभागिता करना चाहते थे, पर कर नहीं पाते थे। जब भी वे किसी वैज्ञानिक सभा में जाते तो नए सदस्यों को नहीं पहचान पाते थे और पुरानों को जब देखते तो ऐसा लगता मानो वे और बूढ़े हो गए हों।

45 वर्ष की आयु में वे पूरे गंजे हो गए थे। सिर्फ उनकी खोपड़ी के किनारे पर ही बाल थे, पर वे काफी घने थे। लोग उन्हें गाँव का भद्र पुरुष मानते थे। सचमुच उन्हें ग्रामीण जीवन से बहुत प्रेम था और जब भी वे बाहर से अपने घर लौटते थे तो काफी प्रसन्नता और राहत अनुभव करते थे।

उनका बर्नाकल (एक प्रकार के छोटे प्राणियों का समूह) के विश्लेषण का कार्य सन् 1854 की गरमियों में पूरा हो गया था। इसमें पूरे आठ वर्ष लग गए थे। इन प्राणियों के वर्णन पर आधारित पुस्तक के दो खंड तैयार हो चुके थे। इसके साथ ही इन प्राणियों के दस हजार नमूने घर से बाहर निकाले गए। अपने कार्य की प्रगति का वर्णन करते हुए चार्ल्स ने हूकर को लिखा था कि अब वे प्रजातियों पर दर्ज अपने पुराने नोट्स देखेंगे।

इस प्रकार यह कहा जा सकता है कि डाउन स्थित चार्ल्स का जीवन मस्त व शाही प्रकृति का था। उसमें न तो कोई भागमभाग थी और न ही औपचारिकता। यही कारण था कि बिना किसी औपचारिक विश्वविद्यालयी शिक्षा के उन्होंने पूर्वग्रह से ग्रस्त हुए बिना लगातार नए सिरे से, नई सोच के सहारे काम किया। उनके मित्र व प्रशंसक स्वयं परिणाम निकालते थे।

इस अनोखे जीवन को उनके परिवारजन भी लगातार याद करते रहते थे। बाद के काल में चार्ल्स की पोती ग्वेन डार्विन रेवरेट अपने संस्मरण में बताती थी कि उसे अब भी ऐसा लगता है कि उस मकान 'डाउन' का जीवन सचमुच कितना खुशहाल था। वह याद करती थी कि वहाँ पर माता-पिता और संतानों के बीच

संबंध सचमुच घनिष्ठ और आत्मीय था। उसके चाचाओं (डार्विन के पाँच बेटे थे) में इस मकान का प्रभाव दीर्घकाल तक रहा। बाद के काल में भी डार्विन के परिवार के सदस्य आम जीवन से हटकर जीवन बिताते रहे।

अपने जीवन काल में भी डार्विन को महसूस होने लगा था कि उनका जीवन सचमुच अनोखा है और एक बार उन्होंने इसका उल्लेख हूकर को लिखे अपने पत्र में किया भी था। उन्होंने लिखा था कि सभी लोग उनसे कहते थे कि उनका जीवन खिले हुए फूल की तरह सुंदर है। उन्होंने यह भी लिखा कि शायद यह अतिशयोक्ति है, क्योंकि तुमने ऐसा कभी नहीं कहा।

□

नए सिद्धांत का अचानक खुलासा

सितंबर 1854 से चार्ल्स ने पत्र-व्यवहार तेज कर दिया, हालाँकि साथ में अन्य अनुसंधान कार्य भी चल रहा था। उन्होंने अध्ययन भी तेज कर दिया था और अब वे एक साथ एक दर्जन वैज्ञानिक समस्याओं पर चिंतन कर रहे थे। अपने कार्य की योजना के बारे में उल्लेख करते हुए चार्ल्स ने हूकर को पत्र लिखा कि अब तक जीवोत्पत्ति के सिद्धांत के बारे में उनके जो विचार उभरे हैं, उनको एक कामचलाऊ पुस्तक के रूप में प्रकाशित कर दिया जाना चाहिए।

पर हूकर व लाइल दोनों ने उन्हें जल्दी प्रकाशन करने से रोका। उन्होंने सलाह दी कि उन्हें पूरी पुस्तक ही प्रकाशित करनी चाहिए, जिसमें इन विचारों का भी समावेश हो। उनकी यह राय थी कि पुस्तक तैयार करने का कार्य तेजी से होना चाहिए।

सन् 1857 में डार्विन ने अपने अध्ययन और विचारों को दर्ज करने के लिए नोट-बुक खोलने का जो सिलसिला प्रारंभ किया था, यह उसकी बीसवीं वर्षगाँठ थी। अब भी उनकी नोट-बुकों में अथाह सामग्री और आँकड़े थे, जो विभिन्न विषयों—जीव-विज्ञान, भूगर्भ-विज्ञान, वनस्पति-शास्त्र सहित विज्ञान के अन्य आधा दर्जन उपविषयों से संबंधित थे।

बीसवीं वर्षगाँठ के अवसर पर जो समारोह हुआ, उसमें मित्रों, वैज्ञानिकों से प्रेरणा पाकर डार्विन ने पुस्तक-लेखन का कार्य प्रारंभ किया; पर वह तेज नहीं हो सका, क्योंकि सत्यापन के लिए बीच-बीच में जाँच की आवश्यकता पड़ रही थी।

सन् 1858 आरंभ हो गया था और अभी मात्र ग्यारह अध्याय ही तैयार हो पाए थे। कार्य की व्यापकता और प्रगति को देखकर चार्ल्स ने अपने मित्रों को बताया कि यह विषय अत्यंत लंबा है और इसे पूरा करने में अभी उसे दो वर्ष तो लग ही जाएँगे। उनके मन में और भी शंकाएँ उठ रही थीं और कभी-कभी यह भी लगता

लिखकर भेज दिया है, अत: अब यदि वे अपना सिद्धांत सामने रखेंगे तो कोई कह सकता है कि यह इसी की नकल है।

खीझे हुए डार्विन ने यह भी कह दिया कि यदि किसी ने ऐसा कहा तो वे अपनी अब तक की तैयार पुस्तक जला देंगे। डार्विन की मनोदशा को भाँपकर लाइल और हूकर तत्काल काररवाई में जुट गए। हूकर ने कहा कि वे उसे सन् 1844 का खाका व आसा ग्रे को लिखे पत्र की प्रति भेज दें। डार्विन ने ऐसा ही किया।

पर बाधाओं ने डार्विन का पीछा नहीं छोड़ा था। उन्हीं दिनों पूरे गाँव में स्कारलेट बुखार फैल गया और 'डाउन' भी उसकी चपेट में आ गया। 28 जून को डार्विन की सबसे छोटी संतान, जो मात्र अठारह माह की थी और विकलांगता से पीड़ित थी, इस बुखार में चल बसी।

यही नहीं, हेनरी एट्टा तथा देख-रेख करनेवाली दो आयाएँ भी बीमार पड़ गईं और उनमें भी इस रोग के लक्षण दिखाई देने लगे। परिवार के अन्य बच्चों को सुरक्षा हेतु अन्य स्थानों पर भेज दिया गया। वह समय सचमुच भयावह था।

पर इन सबके बावजूद लाइल और हूकर ने तैयारी कर ली कि डार्विन के सिद्धांत व वालेस के काम का एक साथ प्रस्तुतीकरण किया जाए। उन्होंने लिनेन सोसाइटी के समक्ष ऐसा करने का निर्णय लिया। इसके अलावा उन्होंने यह भी तय किया कि अपने सिद्धांत के साथ वालेस का काम भी प्रकाशित करा दिया जाए। उन्होंने अपना संस्मरण विस्तार से तैयार किया, जिसमें वर्णित था कि उन्होंने सन् 1844 में इस सिद्धांत को प्रतिपादित कर लिया था।

1 जुलाई को लिनेन सोसाइटी की बैठक आरंभ हुई। चार्ल्स के साथ लाइल और हूकर भी उपस्थित थे। उन्होंने सोसाइटी के उपस्थित फेलो सदस्यों से आग्रह किया कि वे इस अभूतपूर्व विषय को ध्यान से सुनें, क्योंकि इसके प्रभाव दीर्घगामी होंगे।

सचमुच डार्विन और वालेस के कामों की प्रस्तुति पूरे विश्व को झकझोरने वाली थी। प्रारंभ में सभी सदस्य अपनी उत्तेजना को रोककर दिल थामे बैठे रहे और किसी तरह सुनते रहे, पर ज्यों ही वक्तव्य पूरा हुआ तो एकदम शांति छा गई। किसी की भी चर्चा करने की हिम्मत नहीं हुई।

हूकर ने अगले दिन डार्विन को पत्र में लिखा कि शायद विषय इतना नया था कि पुराने विचारों के लोगों के लिए इस पर बहस करने के लिए अपने आपको तर्कों तथा तथ्यों से लैस करना संभव नहीं था।

संयोगवश उपर्युक्त बैठक एक अन्य वैज्ञानिक जॉर्ज बॉथम के शोध-पत्र पर

था कि वे इस अंतहीन विषय पर पुस्तक को प्रेस में पहुँचा भी पाएँगे या नहीं।

18 जून, 1858 के दिन चार्ल्स ने अपनी डाक देखी। उसमें मलाया में रहे अंग्रेज प्रकृति-विज्ञानी का एक लेख था, जिसके साथ चार्ल्स का पत्र-व्यव चल रहा था।

उस लेख में वर्णित था कि प्राणियों की मूल प्रजाति से परिवर्तन की प्र लगातार चलती ही रहती है। जब डार्विन ने वह लेख पढ़ा तो दंग रह गए। उ अब तक विकसित सिद्धांत का सार उस लेख में था। चार्ल्स ने सन् 1844 में खाका तैयार किया था, वह पूरा-का-पूरा उस लेख में समाया हुआ था। उ अपनी पुस्तक के जो अठारह अध्याय तैयार किए थे, उनके शीर्षक इस ले उल्लेखित थे।

कैसा संयोग था! सैकड़ों-हजारों वर्षों से दुनिया अपनी रफ्तार से च जा रही थी। सभी लोग उसे विविध तरीकों से देख व निहार रहे थे। किसी के में इस तर्कसंगत विकास की बात नहीं आई और आई तो दो लोगों के मन में साथ आई और वह भी उन दो लोगों के मन में, जो दुनिया के अलग-अलग पर बैठे थे।

डार्विन इस संयोग से इतना स्तब्ध थे कि उन्होंने तुरंत लाइल को पत्र कि अब तक हुई देर उन्हें कहीं का नहीं छोड़ेगी। यदि वालेस का सिद्धांत प्रक हो गया तो मेरे सिद्धांत की मौलिकता धरी-की-धरी रह जाएगी। यही नहीं, वृहद् ग्रंथ भी अपना मूल्य खो बैठेगा। अभी तक जो मेहनत उन्होंने इस सिद्ध विकसित करने में की है, वह बेकार हो जाएगी।

वालेस ने अपने सिद्धांत के प्रकाशन का कोई उल्लेख नहीं किया डार्विन ने उनको पत्र में लिखा कि वह शीघ्र ही इस लेख को एक-दो पत्रिव भेज दे। साथ ही लाइल को लिखे पत्र में डार्विन ने आशा व्यक्त की कि व इस सिद्धांत का जो खाका खींचा है, वह स्वीकार्य होगा। जो आपकी राय हो ही मैं अपनी राय मानकर वालेस को लिख दूँगा।

अब तक के घटनाक्रम से हूकर को भी अवगत कराया गया। डार्वि अपने दोनों मित्रों लाइल और हूकर से सलाह की अपेक्षा कर रहे थे। सन् बना उनका खाका अप्रकाशित पड़ा था। हाल ही में उन्होंने एक अमेरिकी शास्त्री आसा ग्रे को एक पत्र लिखा था, जिसमें अपने सिद्धांत के कुछ बिं वर्णन था, वह भी प्रकाशन के लिए नहीं भेजा गया था।

डार्विन को लग रहा था कि चूँकि वालेस ने अब अपना सिद्ध

चर्चा करने के लिए बुलाई गई थी; पर नए काम की अद्‌भुत प्रस्तुति के चक्कर में अवाक् रह गए बॉथम ने अपना शोध-पत्र वापस ले लिया। उसके काम का सारा आधार ही उलट-पुलट हो गया।

समिति के सदस्य भी बेचैन हो गए। उन्हें लगने लगा कि विश्व के विज्ञान की अब तक की नींव सरक चुकी है। अब तो हर विषय के बारे में नए सिरे से सोचना पड़ेगा। उधर डार्विन काफी संतुष्ट थे। उन्हें लगा कि वालेस के काम के साथ उनके काम की प्रस्तुति जोरदार रही। उन्होंने तय किया कि वालेस के लेख के साथ वे अपना काम परिशिष्ट के रूप में लगा देंगे।

उधर घरेलू मोरचे पर भी सुख-शांति थी। आरंभ में लग रहा था कि हेनरी एट्टा व दोनों आयाएँ स्कारलेट बुखार की चपेट में हैं, पर बाद में पता लगा कि सिर्फ एक आया ही चपेट में है और उसकी स्थिति में भी सुधार आ रहा था। शेष सभी बच्चे भी सुरक्षित थे।

डार्विन को अब विश्राम की बहुत आवश्यकता थी। वे एक शांत स्थल पर पहुँचे, जहाँ पर उन्होंने अब तक के स्वीकृत सिद्धांत का सार तैयार करना प्रारंभ कर दिया। यह एक लेख के रूप में था और योजना थी कि यह लगभग 30 पृष्ठ का लेख लिनेन सोसाइटी की पत्रिका में प्रकाशित हो जाएगा।

पर जब लिखना आरंभ किया तो लेख बढ़ता चला गया। यह पुस्तक के आकार का होने लगा। लाइल के कहने पर प्रकाशक मरे ने इसे बिना देखे ही पुस्तक के रूप में प्रकाशित करना स्वीकार कर लिया।

डार्विन लिखते चले गए। बीच-बीच में उन्हें कई बार भयंकर सिरदर्द हुआ। उनका पेट भी खराब हुआ, पर वे रुके नहीं। तेरह महीनों के अथक परिश्रम के पश्चात् पांडुलिपि तैयार हो गई।

चार्ल्स डार्विन ने इसका शीर्षक तय किया—'एन एब्स्ट्रेक्ट ऑफ एन एसे ऑन ऑरिजिन ऑफ स्पेसीज ऐंड वेराइटीज थ्रू नेचुरल सेलेक्शन'। पर प्रकाशक मरे को लगा कि यह शीर्षक बहुत लंबा है और चल नहीं पाएगा।

लेखक और प्रकाशक के बीच तर्क-वितर्क प्रारंभ हुआ और इस चक्कर में मरे, जो स्वयं भूगर्भ-शास्त्री था, ने पूरी पांडुलिपि पढ़ डाली। इसके साथ ही वह बुरी तरह डर गया और उसने डार्विन को मनाना आरंभ किया कि वह इस विषय को त्याग दे और कबूतरों पर अब तक के अवलोकनों पर पुस्तक तैयार कर दे। उसने यह भी विकल्प दिया कि इस पुस्तक के साथ वह अपने सामान्य विचारों का संक्षिप्त रूप भी जोड़ दे, जो प्रकाशित हो जाएगा।

मरे ने बहुत समझाया कि लोग कबूतरों में काफी दिलचस्पी रखते हैं और वह खूब बिकेगी, पर डार्विन नहीं माने। उन्होंने शीर्षक तो छोटा कर दिया, पर विषय नहीं बदला। क्यों बदलते ? आखिर सारा जीवन उसमें लगा चुके थे।

आखिर प्रकाशक को हार माननी पड़ी। प्रकाशन का कार्य आरंभ हुआ। डार्विन का हाजमा बिगड़ता रहा, पर वे प्रूफ पढ़ते रहे। वे इतने कमजोर हो चुके थे कि उनकी शक्ति बच्चों जैसी होती गई, परंतु पुस्तक का रूप निखरता गया।

आखिर दुनिया की महानतम व अधिकतम प्रभावशाली पुस्तक तैयार हो ही गई। 24 नवंबर, 1859 को 'ऑरिजिन ऑफ स्पेसीज' शीर्षक से वह प्रकाशित हो गई। पहले संस्करण में 1250 प्रतियाँ छपी थीं और वे पहले ही दिन सारी-की-सारी बिक गईं। प्रकाशक ने दूसरे संस्करण के रूप में 3,000 प्रतियों का आदेश तत्काल प्रेस को दे दिया।

□

घोर विरोध आरंभ

पाठकों के हाथों में पुस्तक पहुँचते ही उथल-पुथल प्रारंभ हो गई। अभी तक लोगों का मानना था कि ईश्वर ने प्राणियों को जिस रूप में बनाया था वही रूप चल रहा है। जो कुछ हुआ, सब ईश्वर ने किया। अपने आप या परिस्थितिवश कुछ नहीं हुआ।

'क्वार्टरली रिव्यू' शीर्षक पत्रिका ने डार्विन के सिद्धांत की आलोचना करते हुए लिखा कि यह सिद्धांत ईश्वर की महानता व पूर्णता को खंडित करता है। उन्होंने आरोप लगाए कि डार्विन ने ऊटपटाँग तथ्य एकत्रित करके कल्पना व संभावना का एक ढाँचा खड़ा कर दिया है। इस तरह तो आज जो फल हैं, कल वे भी विकसित होकर प्राणी और फिर मानव बन जाएँगे।

एथेनियम ने इस सिद्धांत पर प्रहार किया कि मानव के पूर्वज बंदर थे। ज्यादातर वैज्ञानिक डार्विन का विरोध कर रहे थे। वे यह मानने को तैयार ही नहीं थे कि सारे प्राणी (मानव सहित) एक मूल से विकसित हुए हैं।

पर 'टाइम्स' पत्रिका अपवाद साबित हुई। उसने निष्पक्ष भाव से एक बड़ा लेख लिखा, जिसमें लिखा कि प्रकृति-विज्ञानियों ने बीस वर्ष से जो शोध किया है, उसका परिणाम यह है कि प्रकृति में समय और परिस्थितियों के अनुसार परिवर्तन होते हैं। इन परिवर्तनों को देखा और समझा जा सकता है।

मजे की बात यह थी कि 'टाइम्स' में छपे इस एकमात्र निष्पक्ष लेख में लेखक का नाम नहीं छपा था। डार्विन को शक था कि थॉमस हक्सले ने यह लेख लिखा होगा, क्योंकि उनके पास ही इस श्रेणी का ज्ञान व लेखन-शैली है।

डार्विन का शक सही निकला। प्रतिभावान् जीव-विज्ञानी हक्सले आरंभ से जीवन में छाई भारी विविधता के बारे में अब तक की मान्यताओं से असंतुष्ट थे। इस नए सिद्धांत के बारे में पढ़कर और जानकर उन्हें लगा कि अब तक के

चमत्कारी सिद्धांत कपोल-कल्पना हैं और इसके सामने कहीं नहीं ठहरते हैं। उन्हें यह सिद्धांत अँधेरे में प्रकाश की तेज किरण लगा।

हक्सले ने डार्विन को एक प्रेरक पत्र भी लिखा, जिसमें उन्होंने कहा कि आपने चिंतनशील लोगों को अनुगृहीत किया है। साथ में आगाह करते हुए सांत्वना भी दी कि भौंकनेवाले कुत्तों से ज्यादा न डरें, क्योंकि आपके अनेक मित्र साथ भी देंगे। आप विरोध का मुकाबला करने की ठान लें।

जून 1860 के अंत में ऑक्सफोर्ड में ब्रिटिश एसोसिएशन फॉर दि एडवांसमेंट ऑफ साइंस की बैठक आयोजित हुई। 28 जून को बृहस्पतिवार के दिन डार्विन के सिद्धांत पर तीव्रतम प्रहार करनेवाले दो शोध-पत्र उसमें प्रस्तुत किए गए।

आरंभ में हक्सले ने इसमें धैर्य रखा और बहस नहीं होने दी, पर ज्यों ही दूसरे वक्ता सर रिचर्ड ओवन ने घोषणा की कि गोरिल्ला के मस्तिष्क और मनुष्य के मस्तिष्क में उतना ही अंतर है जितना कि उच्चतम और निम्न प्राणी के मस्तिष्क में होता है, तो हक्सले ने इसे काट दिया। उन्होंने ओवन को चुनौती दे डाली कि वे इस वक्तव्य को निरस्त करने के लिए शीघ्र ही और पर्याप्त प्रमाण प्रस्तुत करेंगे।

शुक्रवार को इस विषय पर शांति रही, पर शनिवार को न्यूयॉर्क विश्वविद्यालय के अध्यक्ष जॉन ड्रेपर ने जब यूरोप के बौद्धिक विकास पर बोलना आरंभ किया तो ऑक्सफोर्ड के बिशप सामुवेल विल्बर फोर्स भी आ गए और चर्च तथा विज्ञान के बीच तनाव की स्थिति उत्पन्न हो गई।

आगे बैठक जब आरंभ हुई तो कक्ष में भारी भीड़ उमड़ पड़ी और आयोजकों को बड़ा सभाकक्ष लेना पड़ा। उस बड़े कक्ष में लगभग सात सौ स्त्री-पुरुषों की भीड़ ठसाठस भरी हुई थी और ज्यादातर महिलाएँ पश्चिमी किनारे पर खिड़की के पास जमी हुई थीं।

ड्रैपर के व्याख्यान की समाप्ति पर सभा की अध्यक्षता कर रहे हेंसलो को घोषणा करनी पड़ी कि उन्हीं लोगों को अपनी बात रखने की अनुमति दी जाएगी जो वैध वैज्ञानिक तर्क प्रस्तुत कर पाएँगे। पर लोगों की उत्तेजना के बीच यह निर्देश अनसुना रह गया।

एक आदमी भागकर ब्लैक-बोर्ड पर पहुँचा और उसने दो बिंदु बना दिए। एक को मनुष्य बताया और दूसरे को बंदर। तभी अचानक स्नातक स्तर के छात्रों का झुंड बंदर-बंदर चिल्लाने लगा। उस व्यक्ति को ब्लैक-बोर्ड से हटाया गया।

हेंसलो ने अपना निर्देश पुनः दोहराया तो इस बार भीड़ ने बिशप को बोलने का अवसर देने की माँग की। बिशप न सिर्फ धर्माचार्य थे वरन् गणित के प्रोफेसर भी

थे। उनसे उम्मीद थी कि वे डार्विन का डटकर मुकाबला करेंगे।

बिशप ने आधे घंटे का व्याख्यान दिया और डार्विन को उनके सिद्धांत के लिए बुरी तरह लताड़ा। उन्होंने हक्सले को भी लपेटा, जो उनके पास ही बैठे थे और धिक्कारते हुए सुनाया कि क्या तुम्हारे दादा या उनके दादा वनमानुष थे?

बिशप को भारी समर्थन मिला। महिलाओं ने सफेद रूमाल उड़ाकर बिशप का समर्थन किया। हेंसलो को बार-बार व्यवस्था बनाए रखने का निर्देश देना पड़ा। पहले चक्र में बिशप निश्चित रूप से भारी पड़ गए।

पर हक्सले कहाँ पीछे रहने वाले थे। उन्होंने अपने उत्तर में कहा कि ईश्वर ने उन्हें वैज्ञानिक बनाया है और वे इसके लिए उसके आभारी हैं। उन्होंने इस बात पर दुःख व्यक्त किया कि बिशप अज्ञानी हैं। अमेरिकी वक्ता विल्बर फोर्स के तर्कों की धज्जियाँ उड़ाते हुए उन्होंने यह भी कहा कि वनमानुष को अपना पूर्वज मानते हुए उन्हें कोई शर्म महसूस नहीं हो रही है। वनमानुष तो भोला होता है। वह बिशप से तो बेहतर ही होता है, जो बिना जानकारियों व तथ्यों के एक वैज्ञानिक विषय पर कुतर्क कर रहे हैं।

पर लगा कि भीड़ को हक्सले का कटाक्ष समझ में नहीं आया। काफी शोरगुल होने लगा। कुल मिलाकर लोगों को यह लगा कि धर्माचार्य का अपमान हो रहा है और वे पैर पटक-पटककर इसका विरोध करने लगे।

इस भयानक दृश्य को देखकर एक महिला लेडी ब्रूस्टर बेहोश हो गई। एडमिरल फिट्जरॉय, जो बीगल जहाज के कप्तान भी रहे थे, ने हवा में बाइबिल लहराई। तरह-तरह के नारे लगने लगे। लोग आपसी बहस में उलझ गए। हूकर ने कहा कि उसका खून खौल रहा है।

इस घटना का ब्योरा लिखते हुए 'मैकमिलन' पत्रिका में एक अनाम लेखक ने कहा कि उन्होंने ऐसी घृणा फैलानेवाली बैठक कभी नहीं देखी। उनका यह भी मानना था कि जो लोग डार्विन का पक्ष ले रहे थे, उनके खिलाफ घृणा तेजी से बढ़ रही थी। उस सभा के साथ ही विज्ञान व धर्म के बीच तकरार एक नए सिरे से आरंभ हो गई।

□

महान् जीवोत्पत्ति सिद्धांत

अब लोग यह जानने का प्रयास करने लगे कि आखिर यह जीवोत्पत्ति सिद्धांत है क्या ? वास्तव में चार्ल्स डार्विन ने जो पुस्तक तैयार की थी उसमें विभिन्न प्रजातियों के बारे में तथ्य मात्र दिए गए थे और कोई स्पष्ट निष्कर्ष भी नहीं निकाला गया था। धर्म पर प्रहार करने की तो कल्पना भी नहीं की गई थी। वह पुस्तक विचारों से पूर्ण, वैज्ञानिक तथा संयमित थी।

पर इसके बाद में जो विचार उभरे और इसके दीर्घगामी परिणामों के बारे में जो कल्पनाएँ की गईं, वे अति विस्फोटक थीं। अब तक की मान्यताओं से प्रेरित लोग डार्विन को विद्रोही मानते हुए घृणा का पात्र बना रहे थे। हालाँकि कुछ लोग ऐसे भी थे जो डार्विन के इस सिद्धांत से प्रेरित हो रहे थे।

डार्विन का सिद्धांत निम्न तथ्यों पर आधारित था—

1. प्राणियों की संख्या ज्यामितीय क्रम में बढ़ती है। यदि प्राणी के एक जोड़े को स्वतंत्र छोड़ दिया जाए तो वह इतनी संतानें और फिर उनकी संतानें उत्पन्न करता रहेगा कि पूरी पृथ्वी उन्हीं से अर्थात् उस प्रजाति से भर जाएगी।
2. पर पृथ्वी पर खाद्य पदार्थ तथा अन्य अनिवार्य आवश्यकताएँ उस अनुपात में नहीं बढ़ पाती हैं। वास्तव में एक स्थिति ऐसी आती है जब भोजन व अन्य अनिवार्य चीजें कम पड़ने लगती हैं। पृथ्वी के संसाधन जन्म ले सकनेवाले प्राणियों की तुलना में अत्यल्प हैं।
3. अत: एक स्थिति ऐसी आती है जब संसाधनों के लिए प्राणियों को आपस में पहले प्रतिस्पर्धा और फिर संघर्ष करना पड़ता है। यह संघर्ष जीवन-मरण का होता है। जो इसमें सशक्त होता है वह बचता है और शेष मारे जाते हैं।

4. जो प्राणी अपने आपको परिस्थितियों के अनुकूल बना लेते हैं और चतुर शिकारी होते हैं या सबसे मजबूत योद्धा होते हैं या अपने शत्रुओं को चकमा देकर भाग जाते हैं, छिप जाते हैं—वे ही बच पाते हैं और शेष नष्ट हो जाते हैं।

चार्ल्स ने इसे प्राकृतिक वरण (नेचुरल सेलेक्शन) की संज्ञा दी और कहा—जो श्रेष्ठतम होगा, उसी का अस्तित्व बच पाएगा। इस सिद्धांत के पीछे तथ्य भी थे और तर्क भी। सभी जानते थे कि प्रजनन की रफ़्तार तेज होती है। यदि यह निर्बाध रूप से जारी रहेगी तो पृथ्वी छोटी पड़ जाएगी। यहाँ तक कि जिन प्राणियों की प्रजनन दर धीमी होती है वे भी कुछ वर्ष या दशक में दुगुने हो जाते हैं।

इससे पहले लीनियस ने बताया था कि हर पौधे से यदि वर्ष में दो बीज भी उत्पन्न हों और हर बीज से पौधा जन्म ले तो पूरी पृथ्वी पर उसी पौधे की कतारें लगी दिखेंगी। हाथी, जिसकी प्रजनन दर धीमी होती है, को यदि उसे निर्बाध छोड़ दिया जाए तो साढ़े सात सौ वर्षों में पृथ्वी पर हाथी-ही-हाथी दिखेंगे।

डार्विन ने केवल सैद्धांतिक गणनाएँ ही प्रस्तुत नहीं कीं, उन्होंने अमेरिका की भूमि से खोदकर निकाला गया घोड़े का दाँत निकाला और दिखाया कि एक समय में अमेरिका की धरती से घोड़ा विलुप्त हो चुका था। यह दोबारा तब आया जब यूरोपीय प्रवासी इसे अपने साथ लाए थे। इतना ही नहीं, अर्जेंटीना में भी ऐसा ही देखने को मिला। चरनेवाले पालतू जानवर उस समय दोबारा आए जब यूरोपीय प्रवासी उन्हें वहाँ अपने साथ लेकर पहुँचे।

यही नहीं, सुरक्षित वातावरण में अमेरिका में घोड़ों की संख्या शून्य से लाखों हो गई। यही स्थिति नई रोपी गई वनस्पतियों की हुई थी, जबकि उनकी जन्म दर बढ़ाने के लिए कोई विशेष उपाय नहीं किए गए थे। केवल उनके विनाश को हतोत्साहित किया गया था।

पर साथ ही यह भी था कि पृथ्वी पर उपर्युक्त सिद्धांत के जरिए एक अद्‍भुत संतुलन बना रहता है। किसी भी प्रजाति, चाहे वह मनुष्य हो या पौधा, सरीसृप हो या कीड़ा-मकोड़ा—उसका आधिपत्य नहीं हो पाता है। प्रकृति में तेजी से प्रजनन भी होता है और एक सतत युद्ध भी जारी रहता है।

डार्विन के अनुसार पृथ्वी में अनेक घटनाएँ लगातार चलती रहती हैं। कुछ चीजों की प्रचुरता हो जाती है तो कुछ का भारी अभाव। कुछ विलुप्त ही हो जाती हैं तो कुछ परिवर्तित हो जाती हैं। इस सुंदर व चौंधियानेवाली प्रकृति में लगातार निर्मम संहार भी होता रहता है। सुंदर गीत सुनानेवाली चिड़ियाँ कीड़े-मकोड़ों को

खाकर या बीज को पचाकर निरंतर जीवन नष्ट करती रहती हैं। उनके अंडों या बच्चों को दूसरे शिकारी प्राणी 'जैसे साँप आदि' खा जाते हैं।

उन्होंने अपने सिद्धांत को आम आदमी के गले उतारने के लिए अनेक उदाहरण दिए। उन्होंने कहा कि यह संघर्ष अनेक रूपों में देखा व समझा जा सकता है। रेगिस्तान के किनारे खड़ा पेड़ अपने आपको लगातार सूखने से बचाता है। इसी तरह एक पौधे से एक हजार बीज निकलते हैं, पर उनमें से एक ही वृक्ष को जन्म दे पाता है। इस क्रम में बीजों को अनेक प्रकार से संघर्ष करना पड़ता है। कुछ को जमीन नहीं मिल पाती है, क्योंकि आस-पास के पौधे जमीन को घेरे रहते हैं। कुछ एक ही डाल में उगते हैं, पर कुछ को चिड़ियाँ खा जाती हैं।

उन्होंने अपने बगीचे में अनेक प्रयोग भी किए। एक बार वसंत के मौसम में उन्होंने तीन फीट लंबे और दो फीट चौड़े भूमि के टुकड़े पर स्वयं खुदाई की और उसे साफ भी किया। इसके बाद उन्होंने देखा कि उस जमीन में 357 कोंपलें उगी थीं। वे नित्य उस जमीन का अवलोकन करते थे। उन्होंने पाया कि उनमें से 295 कोंपलें नष्ट हो गईं। उनमें से ज्यादातर कीड़ों द्वारा नष्ट हुई थीं। उन्होंने परिणाम निकाला कि उन अनचाहे जंगली खर-पतवारों को भी अस्तित्व के लिए संघर्ष करना पड़ा और इस क्रम में उनमें से 83 प्रतिशत अपना अस्तित्व खो बैठे।

डार्विन ने पंद्रह प्रकार के बीज बोए। उस स्थान पर अन्य पौधे भी थे। उन बीजों से जो पौधे निकले उन्हें आस-पास के पेड़-पौधों से अपने अस्तित्व हेतु संघर्ष करना पड़ा। हालाँकि सभी बीजों से पौधे निकले, पर आस-पास के पेड़-पौधों से संघर्ष में उनमें से एक भी बीज उत्पन्न करने की स्थिति में नहीं आ पाया।

डार्विन ने उपर्युक्त प्रकार के प्रयोग अपने 'डाउन' मकान के अलावा अन्य स्थानों पर भी कराए। पास में स्थित स्थान सरे में उन्होंने एक मैदान को चारों तरफ से घिरवाया, ताकि उसमें जानवर प्रवेश न कर सकें। इसके बाद उन्होंने देखा कि वहाँ पर तरह-तरह की वनस्पतियाँ उगने लगीं। उन्होंने अनेक जगहों पर देखा कि बड़े पेड़ों के आस-पास दूसरे पौधे उगते तो हैं, पर जल्दी ही नष्ट हो जाते हैं।

डार्विन ने लिखा कि हर पौधे को अपना अस्तित्व बचाना होता है। एक वर्ग गज के क्षेत्र में ही उसके अनेक प्रकार के और तमाम शत्रु होते हैं। यही कारण है कि अनेक वनस्पतियाँ और प्राणी विलुप्त हो जाते हैं।

उन्होंने मक्खियों पर भी अनुसंधान किया। उन्होंने पाया कि मक्खियों को चूहे नुकसान पहुँचाते हैं। चूहों को बिल्लियाँ खा जाती हैं। इस तरह मक्खियों की संख्या चूहों पर और चूहों की संख्या बिल्लियों पर निर्भर करती है।

डार्विन ने यह भी स्पष्ट किया संघर्ष के अंदर भी संघर्ष चलता रहता है। एक ही क्षेत्र में रह रहे एक ही प्रजाति के प्राणियों में यह संघर्ष अति गंभीर होता है। ये लोग एक ही प्रकार के भोजन को खाते हैं और एक ही प्रकार के खतरे का हर समय सामना करते हैं। उन्होंने उदाहरण दिए कि कुछ जगहों पर एक प्रकार की झाड़ी दूसरे प्रकार की झाड़ी को नष्ट कर देती है। उन्होंने रूस का उदाहरण दिया और कहा कि जब अन्य एशियाई देशों से कॉकरोच आए तो उन्होंने स्थानीय कॉकरोचों को भगा दिया। ऑस्ट्रेलिया में जब यूरोपीय लोग अपने यहाँ की मधु-मक्खियाँ ले गए तो उन मधुमक्खियों ने स्थानीय मधुमक्खियों को भगा दिया।

उन्होंने कारण ढूँढ़ने का भी प्रयास किया कि आखिर कैसे एक प्रजाति दूसरी पर हावी हो जाती है? क्यों एक जीत जाती है और दूसरी हारकर नष्ट हो जाती है या भाग जाती है? उन्होंने कहा कि हर प्राणी को खाने के लिए भोजन और रहने के लिए स्थान चाहिए। उन्हें उन प्राणियों से बचाव के लिए जगह चाहिए जो उन्हें मारना चाहते हैं और उन प्राणियों का इलाका चाहिए जहाँ उनके शिकार प्राणी या वनस्पति उपलब्ध होते हैं। इस प्रकार कब्जेदार और कब्जा करनेवाले तथा आक्रमणकारी और बचाव करनेवाले के बीच संघर्ष चलता है।

उन्होंने स्पष्ट किया कि हर प्राणी एक समय में अपनी तेजी से वृद्धि करता है और एक समय में उसका तेजी से विनाश होता है।

डारविन ने यह भी साबित किया कि हर प्राणी उसी प्रकार एक-दूसरे से भिन्न है जिस प्रकार मनुष्य एक-दूसरे से भिन्न होते हैं। उन्होंने इसका कारण जानने की कोशिश की और तरह-तरह के प्रयोग आरंभ किए।

□

प्रयोगों का सिलसिला जारी

जिस समय चार्ल्स डार्विन प्रयोग करके यह जानना चाह रहे थे कि प्राणियों में विविधता क्यों और कैसे होती है, उसी समय ऑस्ट्रिया के एक पादरी अबोर ग्रेगेर मेंडल अपने बगीचे में मटर उगाकर तरह-तरह के प्रयोग कर रहे थे। उन्होंने मटर की वर्णसंकर जातियाँ उत्पन्न कीं, जिससे भविष्य में जीन की परिकल्पना विकसित हुई और आनुवंशिकी का सिद्धांत प्रतिपादित हुआ। इस तरह एक नया विषय ही आरंभ हो गया।

मेंडल द्वारा किया गया कार्य सन् 1866 में प्रकाशित हुआ और उससे छह वर्ष पूर्व ही डार्विन की पुस्तक 'ऑरिजिन ऑफ स्पेसीज' लोगों के हाथों में आ चुकी थी। उन्हीं दिनों डार्विन भी वंशानुगत गुणों का अध्ययन करने में जुटे हुए थे। उन्होंने भी हरे और पीले रंग की मटर मिलाकर बोई और परिणाम के रूप में पीली मटर प्राप्त की। उसके बाद उन्होंने विपरीत प्रयोग किए और हरे रंग की मटर प्राप्त की। लेकिन गणित में डार्विन की कोई रुचि नहीं थी। उन्हें परिणामों का कोई विशेष महत्त्व समझ में नहीं आया तथा उन्होंने यह अनुसंधान कार्य छोड़ दिया। उधर मेंडल का अनुसंधान भी लोकप्रिय नहीं हो पाया और कागजों एवं फाइलों में ही दबा रहा। बाद में सन् 1900 में तीन अलग-अलग वैज्ञानिकों ने इसे स्वतंत्र रूप से प्रतिपादित किया और तब यह लोकप्रिय हुआ।

पर डार्विन अपने सिद्धांत को सशक्त बनाने के क्रम में आगे बढ़ते गए। उन्होंने कहा कि अगर सभी प्राणी एक जैसे होंगे तो उनमें से किसका अस्तित्व बचेगा और किसका मिटेगा—यह मात्र संयोग पर निर्भर करेगा। पर ऐसा नहीं होता, कुछ प्राणी अत्यंत सशक्त होते हैं और कुछ अत्यंत चपल; कुछ अत्यंत कठोर होते हैं—जैसे कछुआ और कुछ अत्यंत धूर्त—जैसे लोमड़ी।

डार्विन ने आगे अपने अध्ययन में पाया कि पत्ता खानेवाले कीड़े हरे वर्ण के

होते हैं और छाल खानेवाले भूरे। बर्फीले इलाकों के कुछ प्राणी बर्फ जैसे सफेद रंग के होते हैं। उन सभी प्राणियों के बचने की संभावना काफी ज्यादा होती है। उनकी संतानें भी इन गुणों का लाभ उठाती हैं। इसी तरह की स्थिति पौधों में भी देखी जाती है। जिनके गुण सर्वाधिक अनुकूल होते हैं वे सबसे मजबूत होते हैं और उराके अस्तित्व के बचने की संभावना सबसे अधिक होती है।

यह क्रम पीढ़ी-दर-पीढ़ी और युगों-युगों तक चलता रहा और इस क्रम में बचे प्राणियों ने अपने आपको सुंदरतापूर्वक और सफलतापूर्वक प्रकृति के अनुकूल ढाल लिया। इस क्रम में उन्होंने मधुमक्खियों और फूलों का उदाहरण दिया, जो अपनी वंश-वृद्धि के लिए एक-दूसरे पर निर्भर हैं और अपने आपको एक-दूसरे के अनुकूल ढालते रहे हैं।

उन्होंने पक्षियों के पंखों की विविधता को प्रदर्शित करके प्रमाणित किया कि ये उनके लिए अनुकूल बने हैं और यह अनुकूलता समय के साथ विकसित हुई है। इस प्रकार के गुण छोटे-छोटे घोंघों से लेकर बीजों, पक्षियों की चोंचों, फरों आदि में विकसित हुई।

अपने सिद्धांत के सत्यापन के लिए डार्विन विभिन्न बगीचों, ऑर्किड आदि का अवलोकन करते रहे। समय के साथ उन्हें विश्वास होता गया कि वर्णसंकर जातियों के गुण बेहतर होते हैं और उनके अस्तित्व की रक्षा की संभावना अधिकतम होती है। ऑर्किडों के अध्ययन के पश्चात् उन्होंने 'द फर्टिलाइजेशन ऑफ ऑर्किड्स' शीर्षक पुस्तक लिख डाली, जो सन् 1862 में प्रकाशित हुई।

उपर्युक्त पुस्तक देखकर लोग चार्ल्स डार्विन का लोहा मानने लगे। वह पुस्तक अत्यंत स्पष्ट व सटीक तथ्यों से परिपूर्ण थी। उसमें वर्णित प्रेक्षण परिणाम तथा निकाले गए निष्कर्ष लंबे समय तक माने जाते रहे और आधुनिक विज्ञान की सुविधाओं से युक्त विशेषज्ञ भी उसे चुनौती नहीं दे पाए।

प्रयोगों के क्रम को अन्य लोगों का सहयोग भी मिला। मेडागास्कर में रहने वाले एक व्यक्ति ने एक बड़ा और अति सुंदर फूल डार्विन को भेजा। यह षट्कोणीय फूल तारों जैसा चमकीला था और इसका रंग बर्फ जैसा सफेद था। इसकी नेक्टार नली साढ़े ग्यारह इंच लंबी थी और केवल अंत के डेढ़ इंच में नेक्टार भरा होता था।

डार्विन ने माना कि ऐसा कोई कीड़ा अवश्य होता होगा जिसका डंक (प्रोब) इतना लंबा होता होगा। जब यह बात कीट-विज्ञानियों ने सुनी तो उन्होंने चार्ल्स का उपहास किया। उन्होंने कहा कि ऐसा कोई कीड़ा होता ही नहीं है।

पर डार्विन धैर्यपूर्वक अनुसंधान करते रहे। उन्होंने इस ऑर्किड को अनेक

प्रकार से काटा और जाँचा। उन्होंने पक्का निष्कर्ष निकाला कि इस फूल का अस्तित्व इसीलिए बचा है, क्योंकि ऐसा कीड़ा जिसका डंक (प्रोब) साढ़े दस इंच लंबा है, इसके प्रजनन में सहायक भूमिका निभाता है।

आखिर ऐसा कीड़ा उन्हें कुछ समय बाद मिल ही गया। उसका डंक कुंडली जैसा था और उस फूल पर बैठकर वह पूरा साढ़े दस इंच लंबा हो जाता था। इस तरह उस अद्भुत फूल 'स्टार ऑफ बैथलहम' की गुत्थी सुलझी।

इसी तरह का अन्वेषण बकेट-ऑर्किड के मामले में हुआ। इसका निचला भाग बालटी के आकार का होता है। मधुमक्खियाँ इस फूल के पराग से आकर्षित होकर इसके रसपान के लिए आपस में प्रतिस्पर्धा करती हैं। इस क्रम में धक्का-मुक्की करते हुए वे इसकी बालटी में गिर जाती हैं और इसमें मौजूद तरल से उनके पंख गीले हो जाते हैं। अब पंखों के गीलेपन के कारण वे उड़ने में असमर्थ होती हैं और अपने नन्हे पैरों के सहारे घिसटकर बाहर आने का प्रयास करती हैं। इस बालटी के तीन किनारे फिसलन भरे होते हैं, पर एक किनारा सीढ़ी जैसा होता है और उसके सहारे वे बाहर आने का प्रयास करती हैं। कई बार वे दोबारा गिर जाती हैं; पर इस क्रम में उसी फूल का या किसी अन्य फूल का पराग-षेचन कर देती हैं और उनके शरीर में चिपका पराग उचित स्थान पर पहुँच जाता है।

डार्विन ने ऑर्किड पर अनेक प्रयोग किए। उनके परिणामों से वे प्रभावित भी हुए और उनका 'प्राकृतिक वरण सिद्धांत' और सशक्त होता चला गया। उन्होंने देखा कि हर प्राणी अपने आपको प्राकृतिक आवश्यकताओं के अनुरूप ढालता जाता है।

समय के साथ डार्विन के सिद्धांत की स्वीकार्यता बढ़ती चली गई और साथ में लोग उसके सत्यापन के लिए और नए उदाहरण ढूँढ़ने लगे। पर इस क्रम में प्रश्न भी उठने लगे। अनेक लोग सवाल करने लगे कि कुछ प्राणियों में अल्प अंतर होता है, जबकि कुछ में खासा अंतर होता है। इतने ज्यादा अंतर का क्या कारण हो सकता है?

ऐसा हर प्रश्न डार्विन के लिए अनुसंधान का अलग विषय होता था और वे संबंधित विषय पर गहन अध्ययन में जुट जाते थे। उन्होंने पाया कि घरेलू पालतू जानवरों में काफी अंतर होता है। उन्होंने पाया कि प्रारंभ में अरब लोग तीव्र गति के चपल घोड़े पसंद करते थे, पर उत्तरी यूरोप के लोग मजबूत और भारी-भरकम घोड़े पसंद करते थे।

आरंभ में घोड़ों के बीच अंतर कम था। पर दोनों ही वर्गों ने अपनी इच्छा के

गुणों को बढ़ाने के लिए वर्णसंकर जातियाँ उत्पन्न कीं, परिणामस्वरूप इनसे अंतर और भी बढ़ता चला गया। जो घोड़े न ज्यादा तेज थे और न ज्यादा मजबूत, उन्हें वर्णसंकर जातियाँ उत्पन्न करने में प्रयोग नहीं किया गया। इस तरह इनकी संख्या घटती चली गई। समय के साथ एक ओर तेज, चपल, इकहरे बदन के अरबी घोड़े छा गए और दूसरी ओर भारी-भरकम मजबूत यूरोपीय घोड़े। लोगों को विश्वास ही नहीं होता था कि ये एक ही मूल से उत्पन्न हुए हैं।

इस तरह डार्विन का अन्वेषण आगे बढ़ता रहा। एक बार उनके मन में सवाल उठा कि अलग होने का अर्थात् डाइवर्जेंस का कारण क्या है? वे इस बारे में लगातार सोचते रहे। कई साल बाद जब वे एक बार घोड़ागाड़ी से यात्रा कर रहे थे तो उन्हें इसका उत्तर मिला।

उन्होंने निष्कर्ष निकाला कि एक ही प्रजाति के जीवों की शारीरिक रचना, गठन और स्वभाव में काफी परिवर्तन हो सकता है, यदि वे बिलकुल अलग परिस्थितियों में रहने लगते हैं। जब प्राणियों की संख्या बढ़ी तो उन्होंने नए वातावरण में नए ठिकानों में रहना आरंभ किया। उनमें उसके अनुसार परिवर्तन होते गए और यह अंतर बढ़ता चला गया।

इस संबंध में एक अन्य प्रश्न यह उठा कि विभिन्न महादेशों के बीच समुद्र हैं। अत: जो प्राणी एक जैसे हैं, क्या वे एक स्थान पर विकसित हुए? और यदि हुए तो वे दूसरे भागों में किस प्रकार पहुँचे? इससे पहले धार्मिक मान्यताओं के आधार पर माना जाता था कि ईश्वर ने अपनी इच्छानुसार संसार के विभिन्न भागों में प्राणियों की रचना की थी।

इस सवाल ने डार्विन को बुरी तरह उलझा दिया। उन्होंने इस उलझन के बारे में अपने चचेरे भाई विलियम डार्विन फॉक्स को भी पत्र लिखा। मूल प्रश्न यह था कि प्राणियों का उत्पत्ति-केंद्र एक था या अनेक। यदि एक था तो ये अन्य भागों में कैसे फैले?

उस समय भूगर्भ-शास्त्री महाद्वीपों के सरकने के सिद्धांत पर काम कर रहे थे। सन् 1850 और 1860 के दशकों में अनेक अग्रणी भूगर्भ-शास्त्रियों ने दुनिया के सामने अपने सिद्धांत रखे और कहा कि विभिन्न स्थल-प्रदेशों की स्थिति समय के साथ बदली है। संभवत: इसी के जरिए प्राणी भी एक स्थल-प्रदेश से दूसरे स्थल-प्रदेश में पहुँच गए हैं।

पर डार्विन को उन सिद्धांतों पर हँसी भी आती थी और रोष भी होता था। उन्होंने कहा कि ये भूगर्भ-शास्त्री तो दुनिया के बड़े-बड़े महाद्वीपों को इस तरह

उलट-पुलट रहे हैं जैसे रसोइया कड़ाही में पकौड़ों को तलते समय उलटता-पलटता है।

डार्विन का मानना था कि स्थल महाद्वीपों का टूटना, अलग होना जीवों के अस्तित्व में आने से पहले ही हो चुका होगा और बाद में हुए परिवर्तन मामूली तथा बहुत धीमी गति से हुए होंगे।

उन्होंने गलापागोज में देखा था कि छोटे-छोटे द्वीप हैं और उनके बीच कोई पुल या पुल जैसा स्थल नहीं है। फिर न उड़ने और न तैरनेवाले सरीसृप जीव, कीड़े, पौधे आदि एक द्वीप से दूसरे द्वीप कैसे पहुँचे होंगे? एक विचार आया कि क्या बीज समुद्री जल में तैरकर पहुँचे? हूकर ने अपनी वनस्पति-विज्ञान की प्रयोगशाला में प्रारंभिक जाँच करके बताया कि बीज यदि इतने लंबे समय तक नमकीन पानी में तैरेगा तो वह अंकुरण लायक नहीं रह पाएगा; पर डार्विन को विश्वास नहीं हुआ।

उपर्युक्त तथ्य को गलत साबित करने के लिए गाजर, मूली, प्याज आदि के बीजों को नमकीन-समुद्री पानी से भरी बोतलों में रखा गया। कुछ बीजों को बर्फ के पानी में रखा गया और वे एक सप्ताह में सड़ गए। उनमें से नए पौधों की कोंपलों के स्थान पर बदबू आने लगी।

पर जब उन्हें जमीन पर बोया गया तो उनसे कोंपलें निकलने लगीं। डार्विन की खुशी का ठिकाना न था। अब उन्होंने इन बीजों को चौदह दिनों तक समुद्री पानी में रखा और फिर परिणाम देखा। बीज की पेड़ में बदलने की क्षमता पर प्रभाव नहीं पड़ा।

डार्विन प्रयोग करने में लगे रहे। इक्कीस दिन, फिर अट्ठाईस दिन का प्रयोग हुआ। परिणाम इस प्रकार आए—

दिन	***कुल बीज***	***बीज जिनसे अंकुर फूटे***
21	100	सभी के सभी
28	87	64
137	100	कुछ बीज

समुद्री जलधारा औसतन 1 मील प्रति घंटे की रफ्तार से बहती है और इस प्रकार एक सप्ताह में बीज 168 मील दूर पहुँच सकते हैं। खाड़ी की जलधारा तो 50-60 मील प्रति घंटा की रफ्तार से बहती है। इस तरह तो बीज इस अवधि में कहीं-से-कहीं पहुँच जाएँगे।

पर हूकर को आशंका थी कि बीज तैरेंगे नहीं, नीचे डूब जाएँगे। डार्विन ने फिर से प्रयोग आरंभ किए। कुछ बीज एक टैंक में डाले गए और देखा कि वे सब

तली में बैठ गए। डार्विन को झटका लगा। सिद्धांत जो आगे बढ़ता नजर आ रहा था, अब डूबने सा लगा।

पर फिर कुछ फलों के बीज डाले गए और देखा गया कि वे तैर रहे हैं। इसके बाद कुछ सूखी टहनियाँ, जिनमें फल और बीज लगे थे, समुद्री जल में डाली गईं। वे तैर रही थीं।

अब डार्विन ने फिर नए सिरे से सोचना आरंभ किया। उन्होंने जूलॉजिकल सोसाइटी में स्थित मछलियों को बीज खिलाए। उस समय वे उस टैंक पर लगातार नजर रखे हुए थे। उनकी कल्पना थी कि मछली बीज को निगल लेगी और इस तरह बाद में वह किसी तट पर पहुँच जाएगा और उगेगा।

उनका प्रयोग अंततः सफल रहा। मछलियों ने समुद्री घास के बीज खाए और बाद में उन बीजों से घास के अंकुर फूटे।

इसके साथ ही प्राणियों एवं वनस्पतियों के संसार में फैलने का सिद्धांत नए सिरे से उभरने लगा। यह माना जाने लगा कि ये सब अनेक प्रकार से फैले होंगे। यदि पेड़ की कोई टहनी या पूरा-का-पूरा पेड़ जड़ समेत उखड़कर समुद्री जल में बहता है तो उस जड़ में मिट्टी भी होती है। यह मिट्टी जड़ को सुरक्षित रखती है और बाद में यह पेड़ किसी दूसरे किनारे पर जाकर फिर से खड़ा हो सकता है। इस क्रम में पेड़ लंबी समुद्री यात्रा भी कर लेता है। डार्विन ने स्वयं इस तरह के पचास वर्ष पुराने ओक के तीन पेड़ दोबारा खड़े किए और वे जीवित हो गए।

एक और माध्यम निकला। डार्विन ने देखा कि चिड़ियाँ बड़े-बड़े सागर पार कर जाती हैं। साथ ही फल खाते समय बीज भी खा जाती हैं। डार्विन ने यह साबित करने के लिए कि उनका पाचन-तंत्र बीज को हानि नहीं पहुँचाता है, जूलॉजिकल सोसाइटी की प्रयोगशाला में प्रयोग किए। उन्होंने वहाँ की प्रयोगशाला में उपलब्ध बाज पक्षियों को बीज खिलाए। बारह से बीस घंटों के पश्चात् उनकी बीट से बीज वापस मिल गए। जब उन बीजों को जमीन में रोपा गया तो अंकुर फूटने लगे। डार्विन ने हूकर को लिखा कि इन बीजों ने भले आदमियों की तरह व्यवहार किया है।

वनस्पतियों के फैलने के कारण सामने आने का सिलसिला जारी रहा। यह भी सामने आया कि पक्षी के पैरों में मिट्टी लगी होती है। इस मिट्टी में भी नन्हे-नन्हे बीज हो सकते हैं। इस तरह भी बीज दूर-दराज के इलाकों में पहुँच सकते हैं।

डार्विन के एक मित्र ने एक चिड़िया की टाँग भेजी, जिसकी मिट्टी में 9 दाने थे। इनमें फूल का एक बीज भी था, जिसे जब डार्विन के बगीचे में लगाया गया

तो वह न सिर्फ उगा वरन् उसमें बाद में फूल भी खिले। यह प्रयोग फिर दोहराया गया और एक पक्षी के पैर में लगी मिट्टी को निकालकर तीन वर्ष तक सुरक्षित रखा गया। बाद में उसे जब उगाया गया तो उससे 82 पौधों के अंकुर फूटे।

इस प्रकार पौधों के फैलने का सिद्धांत तो विकसित हो गया, लेकिन फिर सवाल उठा कि मीठे पानी में रहनेवाले मोलस्क (सीपी) कैसे दुनिया भर में फैले होंगे। मीठे पानी के स्रोत झील-तालाब आदि तो एक-दूसरे से हजारों मील दूर हैं और बीच में पहले स्थल इलाके हैं और फिर अथाह माने जानेवाले समुद्र।

ये प्राणी समुद्री जल की सतह पर तैरते हुए दूसरे स्थान पर नहीं पहुँच सकते हैं, क्योंकि खारे जल में ये तत्काल मर जाते हैं। फिर ये किसी चिड़िया या मछली द्वारा ले जाए गए होंगे, यह भी नहीं माना जा सकता, क्योंकि ये तो उनके शरीर में जाते ही हजम हो जाते हैं।

पिछली बार की तरह डार्विन ने इस बार भी हूकर को पत्र लिखा और उनसे इस पर राय माँगी। तभी उन्हें स्वयं एक घटना देखने को मिली। एक बतख पोखरे से बाहर आई तो उसके पैरों में कुछ चिपका हुआ था। उन्होंने उस बतख को पकड़वाया और उसके पैरों की जाँच की। इसमें उन्हें मीठे पानी की सीपियों के शिशु (ओवा) मिले। हर पैर पर 30 से 40 तक ओवा थे, जो हाल ही में जनमे थे और बतख के पैरों पर चढ़ गए थे। ये नन्हे प्राणी पानी से बाहर 20 से 24 घंटे तक जीवित रह पाते हैं। इतनी देर में बतख छह-सात सौ मील दूर किसी अन्य मीठे जलाशय तक उड़कर पहुँच जाती है।

इस प्रकार ये नन्हे प्राणी एक द्वीप के जलाशय से दूसरे स्थल इलाके के जलाशयों में पहुँचे होंगे। डार्विन को उनकी राह पता चल गई।

अब डार्विन के मस्तिष्क में नए-नए प्रश्न उठने लगे। उन्हें पहुँचने के साधनों, मार्ग का तो ज्ञान होने लगा, पर कुछ द्वीपों पर तो कुछ प्राणी ढूँढ़े नहीं मिलते हैं। उन्हें याद था कि उन्हें समुद्री द्वीपों पर मेढक नहीं मिलते थे। इसके अलावा द्वीपों पर स्तानपायी जीव भी नहीं मिले।

डार्विन का मानना था कि अन्य चर-अचर प्राणी वहाँ इसलिए पहुँच पाए, क्योंकि उनके बीज या अंडे दूरस्थ महाद्वीपों से सागर की लहरों पर डूबते-उतराते पहुँच गए। उनमें से कुछ उखड़े हुए पेड़ के तने के सहारे तो कुछ सूखी टहनियों के सहारे पहुँचे। कुछ प्राणियों, जैसे पक्षियों, के पैरों से चिपटकर पहुँच गए।

परंतु केवल वे ही पहुँच पाए जो इस महायात्रा के दौरान बच गए। उन द्वीपों पर आने के पश्चात् वे सामान्य जीवन जीने लगे। इस तरह डार्विन के सिद्धांत का

एक और सत्यापन प्रयोगों व परिणामों के जरिए हुआ।

डार्विन अपनी पुस्तक 'ऑरिजिन' लिखते समय अब तक एकत्रित सामग्री के नमूनों का एक अल्पांश ही उपयोग कर पाए थे। उनकी शेष सामग्री अलमारियों में ही बंद थी, पर उनमें बाकायदा लेबल लगे हुए थे। अपने इस अकूत सामान को देखकर वे उपहास करते थे कि मैं अजीबोगरीब तथ्यों का करोड़पति हूँ।

पर उन्हें यह चिंता भी सता रही थी कि उन्होंने अनेक बातें अपनी पुस्तक में लिख तो दी हैं, पर उनका व्यापक प्रायोगिक प्रमाण उपलब्ध नहीं हो पाया है।

ऑर्किडों पर पुस्तक प्रकाशित होने के पश्चात् उन्होंने घरेलू प्राणियों व पौधों में दिखनेवाली विविधताओं का अध्ययन आरंभ कर दिया।

□

संवेदनशील की (सं) वेदनाएँ

नई पुस्तक के लेखन के दौरान उनका स्वास्थ्य बुरी तरह बिगड़ता चला गया। पढ़ने से उनका सिर बुरी तरह दुखने लगता था। सन् 1864 की उनकी डायरी में दर्ज है कि जनवरी, फरवरी और मार्च में वे लगातार बीमार रहे।

सन् 1860 से 1870 के दशक में बेटी हेनरी एट्टा भी लगातार बीमार रही। पूरा परिवार एक बार फिर स्काटलेट बुखार की चपेट में आ गया। इसके अलावा अन्य छोटी-मोटी बीमारियाँ भी लगी रहीं।

इसी बीच हक्सले दंपती का एक बच्चा गुजर गया। उदारमना एम्मा श्रीमती हक्सले को उनके तीन बच्चों व आया समेत अपने मकान 'डाउन' में ले आईं।

ग्वान रेवरेट ने 'डाउन' की हालात देखकर टिप्पणी की कि वहाँ लोग बीमार रहते हुए भी खुश तथा औरों से अलग महसूस करते हैं। इसका एक कारण यह था कि डार्विन हमेशा बीमार रहते थे और उनके बच्चे उन्हें बहुत प्यार करते थे। कई बार वे अपने पिता की जान-बूझकर नकल भी करते थे, क्योंकि उनकी माता उन पर दया भी करती थीं और देखभाल भी, जो अधिक आनंददायक होती थी।

चार्ल्स डार्विन का ज्येष्ठ पुत्र विलियम सन् 1858 में पढ़ने के लिए कैंब्रिज भेजा गया। उसके प्रवेश तथा रहने-खाने के इंतजाम में काफी पैसा खर्च हुआ, पर विलियम को संतुष्टि नहीं हुई। उसे शिकायत थी कि वहाँ के कमरों में अनावश्यक शोरगुल होता है। उसने इच्छा व्यक्त की कि वह उन कमरों में जाकर रहेगा, जिनमें उसके पिता अपने छात्र-जीवन में रहा करते थे।

पत्र के जरिए पुत्र की इच्छा जानकर उदार पिता ने इसकी अनुमति दे दी। साथ ही आशा व्यक्त की कि वह अपने आपको ऊर्जावान् व उद्यमी बनाए रखेगा। उसके भावी जीवन की सफलता इन्हीं पर निर्भर करेगी। राय देते समय उन्होंने यह भी लिखा कि उसके परिवार की यह परंपरा रही है कि बड़े छोटों को उपदेश देते हैं।

पर कुल मिलाकर चार्ल्स अपने पिता के विपरीत अपने बच्चों के प्रति नरम रहे। उन्होंने अपने बच्चों से कभी डाँट-डपट भी नहीं की और दबाव भी नहीं डाला। केवल एक बार उन्होंने विलियम पर गुस्सा दिखाया था, जब उसने जमैका के एक गवर्नर पर अभद्र टिप्पणी की थी। उस गवर्नर ने नीग्रो विद्रोहियों को दबाने के लिए क्रूरता का सहारा लिया था।

चार्ल्स ने गुस्से में अपने बेटे से कहा था कि ऐसा कहने से पहले उसे साउथेंपटन में जाकर देख आना चाहिए कि वास्तव में क्या हुआ था। पर चार्ल्स के गुस्से को उतरते देर नहीं लगी थी; परंतु वे रात भर सो नहीं पाए थे। उन्हें अपने गुस्से पर इतना पछतावा था कि अगले ही दिन प्रातः सात बजे अपने बेटे के बिस्तर पर पहुँच गए।

उन दिनों नौकरों को बुरी तरह डाँटने-फटकारने का रिवाज था। पर चार्ल्स छोटे-से-छोटे काम के लिए नौकरों से केवल निवेदन किया करते। जब वे कहते—"क्या आप यह करने की कृपा करेंगे" तो नौकर गद्‌गद हो जाते थे।

वे केवल अपने इर्द-गिर्द के लोगों के प्रति ही कृपालु नहीं थे। कोई भी व्यक्ति, जो डार्विन को पत्र लिखता था, उत्तर अवश्य पाता था। धीरे-धीरे पत्राचार बढ़ता चला गया। एक स्थिति ऐसी आई जब उन्होंने पत्र का प्रारूप तैयार करवाया, ताकि उत्तर देने में समय कम लगे, पर उसका उपयोग नहीं हो पाया।

लोग उनके पास अपनी पांडुलिपियाँ टिप्पणी के लिए भेजते थे। वे बड़ी विनम्रता से टिप्पणी करते थे और सलाह देते थे कि यदि शोध-पत्र सरल भाषा में लिखा जाए तो अधिक प्रभावी होगा। वे शब्दों के उचित चयन की भी सलाह देते थे।

वे किसी भी असहाय व्यक्ति पर होनेवाले अत्याचार को बरदाश्त नहीं कर पाते थे। उस समय प्रचलित गुलामी की प्रथा से वे आजीवन घृणा करते रहे। इस कारण उनका बीगल-यात्रा के दौरान कप्तान फिट्‌जरॉय से भी कई बार विवाद हुआ था। ब्राजील में एक बार कप्तान फिट्‌जरॉय एक जमींदार के इलाके में गए थे। उस जमींदार के पास अनेक गुलाम थे। जमींदार का कहना था कि वह अपने गुलामों के साथ बहुत उदारता के साथ पेश आता था।

जब फिट्‌जरॉय उस जमींदार के यहाँ मेहमान बने तो उसने अनेक गुलामों को कप्तान के सम्मुख पेश किया और पूछा कि क्या वे आजाद होकर अपने वतन जाना चाहते हैं? सभी ने एक सुर में इनकार कर दिया।

जब कप्तान ने डार्विन के सामने इस घटना को सुनाया और उस जमींदार की

प्रशंसा की तो यह बात डार्विन के गले नहीं उतरी। उनका मानना था कि गुलामों ने मजबूरी में कहा होगा। अपने मालिक के सामने वे और क्या कह सकते थे।

इस पर फिट्जरॉय को बहुत गुस्सा आया। उन्होंने डार्विन से वहाँ से चले जाने को कहा। डार्विन अपने कमरे में गए और सामान बाँधने लगे। पर तब तक कप्तान की समझ में बात आ गई थी और क्रोध भी शांत हो गया था। कुछ घंटों बाद ही कप्तान ने जहाज के एक अधिकारी के जरिए माफी माँगी और साथ-साथ खाना खाने का न्यौता भेजा।

डार्विन को अपने देश के ही नहीं, दुनिया भर के गुलामों की चिंता थी। सन् 1860 के दशक में अमेरिका में गृहयुद्ध चला और उसमें अश्वेतों व गुलामों पर घोर अत्याचार हुए। डार्विन इस संबंध में समाचार भी हासिल करते रहे और साहित्य भी पढ़ते रहे। उन्हें इंग्लैंड की राजनीतिक घटनाओं से अधिक अमेरिका के गुलामों के साथ घट रही दुर्घटनाओं की चिंता थी। इन कारणों से वे कई रात सो नहीं पाए।

जब अमेरिका में गुलामी-प्रथा के खिलाफ संघर्ष में बड़ी संख्या में जानें जाने लगीं तो अनेक लोगों ने तरह-तरह की टिप्पणियाँ कीं। पर चार्ल्स का मानना था कि चाहे जो भी कीमत चुकानी पड़े, इस गुलामी की प्रथा को तो मिटाना ही होगा। हूकर को लिखे पत्र में उन्होंने इसे विश्व की सबसे निंदनीय प्रथा बताया। उन्होंने अमेरिका में अश्वेतों की पक्षकार आसाग्रे को अनेक पत्र लिखे और इस विषय पर अपनी सहानुभूति व समर्थन व्यक्त किया।

सन् 1860 के दशक के मध्य में चार्ल्स का स्वास्थ्य थोड़ा सुधरा। इस दौरान उन्होंने रॉयल सोसाइटी के अधिवेशन में भी भाग लिया। यहाँ पर उन्हें अपने अनेक पुराने मित्रों से मिलने का अवसर मिला। उनमें से अनेक लोगों से वे बरसों बाद मिले थे और वे लोग चार्ल्स को पहचान भी नहीं पाए थे।

वे मित्र भी क्या करते। इस दौरान चार्ल्स डार्विन पूरी तरह गंजे हो चुके थे। उन्होंने पूरी दाढ़ी भी बढ़ा ली थी। पुराने लोगों के लिए उन्हें पहचानना लगभग असंभव था। सोसाइटी के अध्यक्ष ने डार्विन और अन्य दो मेहमानों को प्रिंस ऑफ वेल्स (राजकुमार) से मिलवाया। पर मुलाकात के दौरान प्रिंस जो भी फुसफुसाए, चार्ल्स उसे ग्रहण नहीं कर पाए। पत्नी एम्मा पास में ही थीं। उन्होंने देखा कि चार्ल्स ने झुककर अभिवादन किया और किनारे होकर खड़े हो गए।

□

काम का अगला दौर

सन् 1868 की गरमियों में डार्विन ने 6 सप्ताह के लिए आइल ऑफ वाइट में मकान लिया। वहाँ का उनका पड़ोसी टेनीसन डार्विन परिवार से मिलने आया। प्रारंभ में तो डार्विन परिवार अपने उस नामी पड़ोसी से प्रभावित नहीं हुआ, पर धीरे-धीरे दोनों परिवार आपस में घुलने-मिलने लगे। हालाँकि दोनों को एक-दूसरे के विषय अटपटे लगते थे।

वहीं पर उनकी जान-पहचान लॉगफैलो व उनके रिश्तेदार टॉम एपल्टन से हुई। दोनों ने डार्विन का ध्यान संसार के अन्य विषयों की ओर आकृष्ट करने का प्रयास किया। वे लोग उन्हें बगीचे में ले जाकर लालटेन की रोशनी में तरह-तरह की कहानियाँ सुनाया करते थे।

30 जनवरी, 1868 तक पालतू पशुओं व वनस्पतियों पर लिखी जा रही पुस्तक के दो खंड प्रकाशित हो चुके थे। पर चार्ल्स अपने काम से संतुष्ट नहीं थे। उन्हें लग रहा था कि चार वर्षों में उन्होंने जो परिश्रम किया, उसका परिणाम 20 प्रतिशत भी नहीं है। पता नहीं पूरा काम कब तक होगा और कैसे होगा।

पर उसी समय प्रकाशक मरे का संदेश आया कि इन खंडों की 1500 प्रतियाँ मात्र एक सप्ताह में बिक गई हैं और एक प्रतिष्ठित पत्रिका में इसकी उत्कृष्ट समीक्षा छपी है, जिसमें काम की प्रशंसा की गई है। यह सब प्रशंसा पाकर डार्विन को कुछ तसल्ली हुई और उन्होंने मन में उमड़े संतोष को हूकर को लिखे पत्र में उड़ेल दिया।

प्रजातियों पर काम करते समय डार्विन के मन में अकसर सवाल उठते थे कि आखिर ये घरेलू जानवर घोड़े, कुत्ते, बिल्ली व कबूतर मनुष्य की प्रिय खाद्य वस्तुएँ, जैसे—अनाज के दाने, फूल, फल आदि कैसे विकसित हुए होंगे? इनके पूर्वज कैसे होंगे और ये उनसे कितने भिन्न और कैसे भिन्न हुए होंगे?

डार्विन के समक्ष उपर्युक्त प्रश्न एक बड़ी चुनौती था और उन्होंने इसके लिए बड़े पैमाने पर काम आरंभ कर दिया। उन्होंने इतिहास के पन्ने पलटना आरंभ किया। प्राचीन साहित्य व काल का अध्ययन आरंभ किया। उस समय जो लोग वर्णसंकर जातियाँ (ब्रीडिंग) उत्पन्न कर रहे थे, उनके परिणाम देखे गए। शरीर-शास्त्र की दृष्टि से प्राणियों का तुलनात्मक अध्ययन आरंभ किया।

उन्होंने स्वयं भी तरह-तरह के प्रयोग आरंभ किए, ताकि वर्तमान प्रजातियों से उनके पूर्वजों का अनुमान लगाया जा सके। यह वास्तव में बहुत मेहनत का काम था और अभी तक किसी ने भी इस ओर कोशिश नहीं की थी।

परिणाम सामने आने लगे। उन्होंने पाया कि कुत्ता पहले भेड़िए जैसा था। इसी तरह घोड़ा पहले जंगली जानवर जैसा था। इसी तरह उन्होंने गेहूँ तथा एक-दो चिड़ियों के पूर्वजों का खाका दुनिया के सामने रख दिया।

पर कबूतरों के मामले में उन्होंने गहन अनुसंधान किया और दुनिया के सामने चौंकानेवाले परिणाम प्रस्तुत किए। इसका एक कारण यह था कि कबूतरों से संबंधित उनके प्रयोग व परिणाम विश्वसनीय ज्यादा रहे। उनका मानना था कि आज के 150 प्रकार के कबूतर एक ही नीले रंग के पर्वतीय कबूतर की संतान हैं।

पर ये कबूतर आपस में भी एक-दूसरे से अलग-अलग दिखाई देते हैं और ये अपने पूर्वज कबूतर से भी भिन्न हैं। अंततः डार्विन ने स्वीकार किया कि संभवतः कबूतर वह पहला प्राणी है जिसे मनुष्य ने पालतू बनाया होगा। यह काम कम-से-कम पाँच हजार वर्ष पूर्व हुआ होगा।

अपने अध्ययन और विश्लेषण से डार्विन इस निष्कर्ष पर पहुँचे कि सन् 1600 के आस-पास कबूतरों के स्वरूप में काफी बदलाव आया। यह परिवर्तन सुदूर भारत में किए गए प्रयोगों से सामने आया।

उस समय भारत में मुगल बादशाह अकबर का शासन था। अकबर ने अपने दरबार के आस-पास के इलाकों में लगभग बीस हजार कबूतर पाल रखे थे और उनकी नस्ल सुधारने के लिए उनका संसर्ग उन दुर्लभ प्रजातियों के कबूतरों से कराया था जो फारस व तूरान के बादशाहों ने उपहारस्वरूप भेजे थे।

इस प्रकार उन कबूतरों के पैरों की लंबाई, पूँछ के पंखों की संख्या, चोंच के स्वरूप आदि में परिवर्तन आया। डार्विन ने यह भी निष्कर्ष निकाला कि सत्रहवीं शताब्दी के बाद कबूतरों में भिन्नता इतनी तेजी से या इतनी ज्यादा नहीं बढ़ी।

उपर्युक्त सभी प्रयोग करने के लिए डार्विन ने अपने परिसर में ही एक घने पेड़ के नीचे पक्षी-गृह बनाया था। बाद में वे दो अन्य कबूतर-प्रेमी सोसाइटियों के

सदस्य भी बन गए। अपने अध्ययनों से उन्होंने अलग नस्ल उत्पन्न करने के दौरान परिवर्तनों का पूरा खाका तैयार कर लिया था।

डार्विन द्वारा कबूतरों पर किए गए प्रयोग लगातार चर्चा का विषय बने रहे। जब भी वे किसी बड़ी दावत या समारोह में जाते तो खाना खाते समय या उसके आगे-पीछे उनके कबूतर संबंधी अनुसंधान पर कभी गहन चर्चा हो जाती थी तो कभी मजाक बनाया जाता था।

ऐसे अवसरों पर डार्विन संयम से काम लेते। कभी-कभार वे टिप्पणी करते थे उनकी टिप्पणियाँ सारगर्भित होती थीं। एक बार उन्होंने कह दिया कि यदि कुलीन वर्ग को यह पता होता कि कबूतरों पर अनुसंधान में कितना आनंद और शांति मिलती है तो हर कुलीन व्यक्ति अपने घर में एक पक्षी-गृह बनवा लेता।

उन्होंने अपने पुत्र विलियम को कबूतर पालने की सलाह दी। उन्होंने बताया कि इससे घर व उसके आस-पास कीड़े-मकोड़ों की समस्या नहीं रहेगी। डार्विन ने कबूतरों, अन्य घरेलू प्राणियों, फूलों, फलों की उत्पत्ति, विकास से संबंधित जो अनुसंधान किए, उनमें इस बात के अकाट्य प्रमाण विकसित हुए कि इन सब घरेलू प्राणियों व वनस्पतियों का विकास मनुष्य ने ही किया है।

पर यह अनुसंधान अपने में पूर्ण नहीं था, क्योंकि इनके प्राचीन स्वरूप व आधुनिक स्वरूप के बीच की कड़ियाँ लुप्त हो चुकी हैं। पर यह सब मानव के ही काल में संपन्न हुआ।

अब तक डार्विन के जीवोत्पत्ति सिद्धांत पर जो लोग संदेह करते थे, उनसे डार्विन ने पूछना आरंभ कर दिया, "इसी तरह अन्य प्राणियों में भी परिवर्तन हुए थे। यदि बीच की कड़ियाँ उपलब्ध नहीं हैं तो इसका अर्थ यह कदापि नहीं है कि परिवर्तन नहीं हुआ।"

□

मानवीय विकास कैसे हुआ

अब तक बहुत सारे प्राणियों के विकास से संबंधित अवधारणाओं पर रोशनी पड़ चुकी थी। पर मानव के विकास के संबंध में स्पष्ट प्रमाण प्रस्तुत करना अभी शेष था।

इस संबंध में जिज्ञासा सन् 1837 में ही उठ चुकी थी और उन्होंने प्रजातियों से संबंधित पहली नोट-बुक में उसे दर्ज भी कर लिया था। उन्हें यह भी याद था कि उनके दादा ने भी कल्पना के आधार पर कहा था कि सभी प्राणी, जिनमें मनुष्य भी शामिल है, एक ही तंतु अर्थात् फिलामेंट से उत्पन्न हुए हैं। अब तक प्रयोगों से भी यह सिद्ध होता है कि जब अन्य प्राणियों का क्रमबद्ध विकास हुआ तो मनुष्य का भी हुआ होगा।

जब डार्विन 'ऑरिजिन' पर कार्य कर रहे थे तो वालेस ने सलाह दी थी कि पहले मनुष्य पर चर्चा कर ली जाए; पर डार्विन ने इसे नकारते हुए कहा कि यह विषय तमाम पूर्वग्रहों से ग्रस्त है।

मन-ही-मन वे मान रहे थे कि एक प्रकृति-विज्ञानी के लिए यह एक दिलचस्प और सबसे बड़ा विषय है। साथ ही उन्हें यह भी लग रहा था कि यदि इस विषय पर पूर्ण व पर्याप्त प्रमाण न हों तो इसे लोगों के सामने लाना न केवल निरर्थक वरन् घातक भी सिद्ध होगा। 'ऑरिजिन' की रचना के दौरान उन्होंने इस विषय को लगभग छोड़ ही दिया।

पर उनकी अंतरात्मा की आवाज उन्हें सत्य को छुपाने से रोक रही थी। उन्हें लग रहा था कि किसी सम्माननीय व्यक्ति को यह कहने का अवसर नहीं दिया जाना चाहिए कि वे इससे भाग रहे हैं। इस कारण उन्होंने अपनी रचना में इस विषय पर एक छोटी सी टिप्पणी जोड़ दी थी।

पर यह टिप्पणी ही तहलका मचा देने के लिए पर्याप्त थी। आलोचकों ने

कहा कि यह मानना कि मनुष्य के पूर्वज बंदर थे, एक प्रकार का पागलपन है। डार्विन के कॉलेज के समय के भूगर्भ-शास्त्र के प्रोफेसर सेजविक ने उन्हें बड़े रोष व अफसोस के साथ पत्र लिखा और इस बात की आशंका व्यक्त की कि यह अटपटा सिद्धांत मानवता की अवधारणा के लिए ही घातक होगा और मनुष्य को ऐतिहासिक पतन की ओर ले जाएगा।

पत्र के अंत में उन्होंने लिखा—'बंदर का पुत्र व तुम्हारा पुराना मित्र।' प्रोफेसर इस बात से कितना आहत हो चुके थे, इसका अंदाजा लग सकता है। यह लगभग वैसा ही था जैसा कि बिशप ने हक्सले पर प्रहार करते हुए 'वनमानुष की संतान' कहा था।

डार्विन ने इस आरोप को पूरे सम्मान व धैर्य के साथ झेला। उन्होंने प्रत्यारोप भी लगाने की चेष्टा नहीं की। लगाते भी कैसे? वास्तव में प्राध्यापक सेजविक ने अपनी असहमति व्यक्त करके अपने शिष्य को एक प्रकार से आदर ही दिया था। सिर्फ उन्हें इस बात का दुःख था कि आखिर मनुष्य को अभी तक अत्यंत सम्मान के साथ सबसे भिन्न माना जाता था।

संभवत: सेजविक के पत्र ने डार्विन को एक दिशा दे दी। उन्हें लगने लगा कि सत्य तो तभी निखरेगा जब वह चारों ओर से तमाम प्रहार झेलते हुए ऊपर उठेगा। 'ऑरिजिन' के प्रकाशन के कुछ वर्षों बाद डार्विन ने तय किया कि मनुष्य की उत्पत्ति के सिद्धांत की सार्वजनिक प्रस्तुति से पूर्व वे इस विषय पर किसी वैज्ञानिक से लंबी चर्चा करेंगे, जो उनकी ही विचारधारा का हो।

उन्हें लगा कि लाइल इस काम के लिए सबसे उपयुक्त होंगे। पर सन् 1863 में जब लाइल की पुस्तक 'एंटीकिटी ऑफ मैन' आई तो उसमें जीवोत्पत्ति की बात बड़े दबे शब्दों में स्वीकार की गई थी। उन्होंने लिखा था कि प्राणियों में परिवर्तन प्राकृतिक 'वरण सिद्धांत' के अनुसार हुआ होगा, इस बात की प्रबल संभावना है।

डार्विन को घोर निराशा हुई। लाइल उनके पुराने मित्र व प्रेरक रहे थे। बातचीत व पत्र-व्यवहार में वे अत्यंत निर्भीक मालूम पड़ते थे। अपनी इस निराशा को डार्विन ने हूकर को लिखे पत्र में व्यक्त भी कर दिया। उधर लाइल ने भी बाद में अपनी गलती मानते हुए स्पष्टीकरण दिया कि वे इस बात का तमाशा नहीं बनाना चाहते थे कि मनुष्य पहले एक जंगली जीव था। बाद में उन्होंने अपनी पुस्तक के संशोधन संस्करण में डार्विन के सिद्धांत को हू-बहू स्वीकार कर लिया।

अब कोशिश यह हुई कि वालेस को मनुष्यों पर पुस्तक लिखने के लिए राजी किया जाए। वालेस डार्विन से अनेक बातों से प्रभावित थे, जैसे—

1. डार्विन ने वालेस के सिद्धांत को पूरा सम्मान दिया।
2. वे चाहते तो वालेस के पत्र को दबा लेते और सिर्फ अपना सिद्धांत प्रकाशित करते।

दोनों एक-दूसरे से अनुगृहीत थे। डार्विन ने वालेस को लिखे एक पत्र में कहा था कि हम दोनों ने एक ही सिद्धांत लगभग एक ही साथ सार्वजनिक किया। पर मुझे आपसे कभी ईर्ष्या नहीं रही है। मैं आपको अपना प्रतिद्वंद्वी भी नहीं मानता।

वालेस ने पहले मनुष्य के संबंध में एक संक्षिप्त लेख तैयार किया था। उन्होंने उसे डार्विन को भेजा। डार्विन ने उसमें कुछ संशोधन करके वापस भेजा और कहा कि यह जितना आपका है उतना ही मेरा भी है। उन्होंने यह भी सुझाव दिया कि यदि इस उत्कृष्ट लेख पर आधारित पुस्तक तैयार करने में दिलचस्पी हो तो प्रारंभ करें। यदि चाहें तो उसके लिए बाद में तैयार किए हुए कुछ नोट वे भेज सकते हैं और वालेस यदि उनका मूल्य समझें तो अपने कार्य में उन्हें जोड़ लें।

वालेस ने तुरंत कहा कि वे नोट भेज दें। पर उन्होंने आशंका भी व्यक्त की कि वे इस कार्य को कर भी पाएँगे या नहीं। अब डार्विन को लगा कि उन्हें यह कार्य स्वयं ही करना पड़ेगा। उधर सन् 1860 का दशक अलग विचारों से पूर्ण था। सन् 1869 में जेनेवा में एक कार्यशाला में अध्यक्षीय भाषण देते हुए प्रख्यात प्रकृति-विज्ञानी कार्ल वोग्ट ने घोषणा की थी कि अब यूरोप में कोई भी यह मानने को तैयार नहीं होगा कि प्राणियों का निर्माण अलग-अलग हुआ। अब ज्यादातर युवा प्रकृति-विज्ञानी खुलकर कहने लगे थे कि सभी प्राणी किसी एक प्राणी के ही विकसित एवं परिवर्तित रूप हैं।

पर जो पुराने और सम्मानित लोग थे वे अभी भी उसी पुरानी अवधारणा पर अड़े हुए थे। अब डार्विन ने अपनी बात को पत्रों द्वारा कहना आरंभ कर दिया। उन्होंने अपने पुराने नोट्स का गट्ठर निकाला और देखना आरंभ किया कि उन्होंने अपनी पुस्तक 'ऑरिजिन' में और अन्य कामों में जो निष्कर्ष निकाले थे उसमें से कितने मानव संबंधी थे। उस समय तक डार्विन ने जो काम किए थे वे किसी एक खास प्राणी से संबंधित नहीं थे। उन्हें लगा कि अगर इस तरह अन्वेषण किया जाए तो वह अधिक दिलचस्प होगा।

उधर फरवरी 1867 में डार्विन ने 'प्राणी व वनस्पति' शीर्षक पांडुलिपि प्रकाशक के पास भेज दी। प्रूफ आने में समय लगा और इस दौरान उनके पास खाली समय भी था तथा मानव-उत्पत्ति सिद्धांत को उजागर करने की आतुरता भी थी। उन्होंने काम आरंभ कर दिया।

डार्विन की पहली परिकल्पना थी कि मनुष्य पहले किसी निम्न प्राणी के रूप में था। यदि ऐसा था तो उसके पूर्वजों के लक्षण तलाशने चाहिए। क्या ये लक्षण प्रत्यक्ष व पर्याप्त हैं?

अब डार्विन ने मनुष्य के शरीर की संरचना की तुलना अन्य प्राणियों, जैसे बंदर, सील व दूसरे स्तनपायी प्राणियों से करनी शुरू की। कुछ समानताएँ मिलीं, पर वे पूर्ण व स्पष्ट नहीं थीं। एक तथ्य जानदार था और वह यह कि मनुष्य अनेक बीमारियाँ, जैसे हाइड्रोफोबिया पशुओं से प्राप्त करता है और फिर यह आगे अन्य मनुष्यों में फैलती है। इससे ऊतकों व रक्त में समानता उभरती है।

एक और समानता डार्विन ने देखी कि इन सभी के जख्म एक जैसी प्रक्रिया से भरते हैं। इसी तरह प्रजनन व्यवहार में भी समानता देखने को मिलती है और पहले नर-मादा के मध्य प्रेम उभरता है और फिर दोनों के बीच शारीरिक संसर्ग होता है। नर-मादा मिलकर नवजात शिशु की देखभाल करते हैं।

धीरे-धीरे समानता के प्रमाण बढ़ते चले गए, पर इनमें काफी विचित्रता भी देखने को मिली। डार्विन ने यह साबित किया कि मनुष्य का भ्रूण मात्र एक बटा एक सौ पच्चीस इंच व्यासवाला होता है और यह अन्य प्राणियों के समतुल्य ही होता है। इतना ही नहीं, भ्रूण अपने विकास के दौर में अनेक स्वरूप लेता है और इसमें गरदन पर गिल (गलफड़ा) जैसा छेद भी उत्पन्न होता है और एक पूँछ भी होती है।

जन्म के पश्चात् भी मनुष्य के शरीर में अपने पुरखों के अवशेष बने रहते हैं। उसके शरीर में अनेक मांसपेशियाँ (रुडीमेंटरी) रह जाती हैं, जिनका अब कोई उपयोग शेष नहीं रह गया है, पर ये सभी उसके पूर्वजों के लिए अति उपयोगी थीं। इसी तरह उसकी अपेंडिक्स तथा ज्ञान-दंत भी पूर्वजों के ही अवशेष हैं।

अब डार्विन को तीन महत्त्वपूर्ण तथ्य मिल गए थे और ये शरीर के विभिन्न पहलुओं, जैसे भ्रूणावस्था, सामान्य शरीर-रचना आदि से संबंधित थे। पर इन पुख्ता प्रमाणों के साथ डार्विन के मन में एक बात भी कचोट रही थी। अभी तक विभिन्न मानव सभ्यताओं में यह माना जाता रहा है कि मनुष्य दैवी प्रक्रिया से उत्पन्न अर्थात् डेमी गॉड (आधा ईश्वर) है और डार्विन के सिद्धांत के अनुसार इसका विकास बंदरों (डीमर) से हुआ है।

आखिर लोग इस घोर पतन को कैसे स्वीकार कर पाएँगे? इसका उत्तर तलाशते हुए उनके मन में प्रश्न उठा और वह यह था कि मनुष्य में भी तो भारी परिवर्तन देखने को मिलते हैं। इन परिवर्तनों का भी कोई कारण अभी तक स्पष्ट नहीं हो पाया है।

तभी एक विचार उभरा कि यदि किसी चीज का उपयोग हो और न हो तो उसके स्वरूप में परिवर्तन देखने को मिलता है। उदाहरण के लिए, मानव शरीर में दो गुरदे होते हैं। यदि एक बीमारी के कारण खराब हो जाए तो दूसरे पर दबाव पड़ता है और उसका आकार बढ़ जाता है। वह दोनों गुरदों के बराबर काम करने लगता है। गुफाओं में रहनेवाले दूर तक नहीं देख पाते हैं, जबकि खुले में रहनेवाले दूर तक देख लेते हैं।

ये सभी परिवर्तन आनुवंशिक रूप ले लेते हैं, यदि पीढ़ी-दर-पीढ़ी लोगों का व्यवहार और जीवन-शैली वैसी ही रहें। हो सकता है, अनेक पीढ़ियों बाद पता ही न चले कि ऐसा क्यों हो रहा है।

बहुत बाद में जाकर आनुवंशिकी का सिद्धांत सामने आया और तब मनुष्यों में परिवर्तनों की व्याख्या संभव हुई; पर डार्विन ने दुनिया को एक विचार तो दे ही दिया था। वे बिना रुके आगे बढ़ते चले गए। उन्होंने यह भी प्रमाणित किया कि अन्य प्राणियों की तरह मनुष्य की प्रवृत्ति भी विस्तार की है। उसे भी अन्य प्राणियों की ही तरह अस्तित्व-रक्षा के लिए संघर्ष करना पड़ता है। जो अपने आपको दुनिया के अनुकूल बना लेते हैं, वे पूरा जीवन जीते हैं और उनके बाद उनके उत्तराधिकारी सुख भोगते हैं।

डार्विन ने अन्य प्राणियों की ही तरह मनुष्यों में भी प्राकृतिक वरण के सिद्धांत को आजमाया और साबित करने का प्रयास किया कि शायद किन्हीं कारणों से, जैसे भोजन, वातावरण में परिवर्तन के कारण ये बंदर पेड़ से उतरकर जमीन पर रहने लगे होंगे। जमीन पर चलने के लिए इनके दो पैर ही पर्याप्त थे और इस तरह उनके हाथ स्वतंत्र हो गए। इनका उपयोग ये औजार, उपकरणों, हथियार आदि के निर्माण व प्रयोग में करने लगे। इससे उन्हें शत्रुओं से बचाव व शिकार करने आदि में आसानी होने लगी होगी। जो बंदर दो पैरों की सहायता से ज्यादा अच्छा चलने लगे और सीधे खड़े होने लगे, वे अपने आपको प्रकृति के ज्यादा अनुकूल बनाते गए और उनका अस्तित्व बचा रहा तथा शेष या तो नष्ट हो गए या बंदरों की ही भाँति पेड़ पर रहते रहे।

जब मनुष्य ने दो पैरों पर चलना और सीधा खड़ा होना आरंभ किया तो उसके शरीर में इस आवश्यकता को पूरा करने के लिए अनुकूल परिवर्तन होने लगे। उसकी विभिन्न हड्डियाँ, जैसे पेल्विस, रीढ़ की हड्डी आदि नया स्वरूप लेने लगीं। उसके सिर की स्थिति भी बदली। इस तरह मनुष्य का आधुनिक स्वरूप तैयार होता गया।

इस अवधारणा को प्रमाणित करने में डार्विन के समक्ष एक भी वैज्ञानिक समस्या नहीं थी। मनुष्य के शारीरिक विकास से यह स्पष्ट है कि वह कभी बंदर या वनमानुष रहा होगा।

पर आलोचक कहाँ हार माननेवाले थे। विशेष रूप से मनुष्य की मानसिक शक्ति अन्य प्राणियों, विशेष रूप से जंगली जानवरों, की तुलना में बहुत ज्यादा है। डार्विन ने इस आपत्ति को भी गंभीरता से लिया और अन्वेषण का सिलसिला आरंभ हुआ।

आरंभ में उन्होंने तत्काल मान लिया कि मानसिक शक्ति में अंतर है और बहुत ज्यादा है। सबसे निम्न जंगली जानवर और वनमानुष में बहुत ज्यादा अंतर है। पर साथ ही एक जंगली मनुष्य, जो तीन-चार से अधिक नहीं गिन सकता है और न्यूटन एवं शेक्सपियर जैसे व्यक्ति के मानसिक स्तर में भी भारी अंतर है।

डार्विन ने दोनों अंतरों में कितना अंतर है—यह आकलन किया। इस संबंध में निम्न तथ्य उभरकर आए—

1. सबसे निम्न जानवर व मनुष्य दोनों ही अनेक स्थितियों को समझ सकते हैं, जैसे—
   - प्रसन्नता,
   - दर्द,
   - शोक।
2. वे उपर्युक्त को मनुष्य की भाँति व्यक्त भी कर सकते हैं। उनके व्यक्त करने का तरीका भी काफी हद तक एक जैसा ही होता है।
3. उपर्युक्त घटनाओं के प्रभाव भी विभिन्न प्राणियों पर एक जैसे ही पड़ते हैं, जैसे भय की स्थिति में—
   - मांसपेशियाँ अस्थिर हो जाती हैं,
   - दिल की धड़कन तेज हो जाती है,
   - रोंगटे खड़े हो जाते हैं।

यह सब केवल मनुष्यों में ही नहीं, सब प्राणियों में हो जाता है।

अपनी इन धारणाओं को स्पष्ट करने के लिए डार्विन ने निम्न प्रयोग किया—

चिड़ियाघरवालों से अनुमति लेकर वे टोकरी में नकली साँप बंद करके बंदरों के बाड़े में गए। बंदरों को साँप की भनक तुरंत लग गई। वे शीघ्र ही नकली साँप की टोकरी के इर्द-गिर्द जमा हो गए। उन्होंने जोर से चिल्लाना भी शुरू कर दिया।

धीरे–धीरे डार्विन ने उन्हें टोकरी में बंद मृत मछली, मृत चूहा और मृत केकड़ा दिखाया। आरंभ में बंदर थोड़ा सहमे, पर धीरे–धीरे सामान्य हो गए। जब वे जिंदा साँप टोकरी में डालकर अंदर ले गए तो बंदरों की प्रतिक्रिया बिलकुल अलग किस्म की थी। इस बार एक बंदर आया और उसने उस टोकरी को पहले की तरह खोल दिया, पर वह डर के मारे छिटककर दूर खड़ा हो गया। इसके बाद एक–एक बंदर सिर उठाकर आया और उस डरावने जीव को देखकर एक आवाज–सी निकालकर आगे बढ़ता गया। यह व्यवहार लगभग मनुष्यों जैसा था।

डार्विन ने निष्कर्ष निकाला कि मनुष्य एवं उच्च श्रेणी के प्राणियों जैसे बंदर, वनमानुष आदि में समझने, भाँपने, आशंका व्यक्त करने, संवेदना अनुभव करने आदि के गुण एक जैसे ही होते हैं।

पर मुख्य अंतर तो रह ही गया। मनुष्य के अलावा पशु–पक्षी सजा–सजाकर वाक्य बोलने की क्षमता नहीं रखते हैं। डार्विन ने इस दिशा में भी अन्वेषण किया। उन्होंने पाया कि ज्यादातर पशु अपनी बात का अर्थ अपनी बोली या ध्वनि द्वारा व्यक्त कर देते हैं।

उन्होंने कुत्तों के मालिकों से बात करके पाया कि वे लोग अपने कुत्तों की आवाज को सुनकर यह भाँप लेते हैं कि वह जिज्ञासा व्यक्त कर रहा है या निराशा। वे आश्चर्य, डर आदि भी अपनी बोली द्वारा व्यक्त कर लेते हैं। उनकी मादा जब अपने शिशु के प्रति प्यार जताती है तो वह ध्वनि भी अलग ही होती है।

लेकिन डार्विन का अन्वेषण जारी रहा। उन्होंने पाया कि कुत्ते मनुष्य की बहुत सी बातें या निर्देश समझ जाते हैं और उसके अनुरूप कार्य भी कर लेते हैं। तोता, मैना आदि न सिर्फ शब्दों का उच्चारण कर लेते हैं वरन् शब्दों को जोड़कर वाक्य भी बना लेते हैं।

इस संबंध में उन्होंने बीगल के अपने सहयात्री सर सलीवान से भी बात की, जो अब ब्रिटिश नौसेना के एडमिरल बन चुके थे। उन्होंने बताया कि उनके पिता के पास एक तोता था, जो प्रतिदिन प्रातः नाश्ते के समय 'गुड–मॉर्निंग' और रात्रि को भोजन के बाद 'गुड–नाइट' बोलता था। वह इसमें कभी हेर–फेर नहीं करता था।

डार्विन ने अब निष्कर्ष निकाला कि निम्न श्रेणी के प्राणी मनुष्य से इसलिए कमतर कहे जा सकते हैं, क्योंकि वे विविधतापूर्ण विचार ध्वनि के जरिए व्यक्त नहीं कर पाते हैं। इसका कारण उनकी सीमित मानसिक शक्ति है। उन्होंने यह भी निष्कर्ष निकाला कि नैतिकता की समझ और अंतरात्मा की आवाज जैसे गुण मनुष्य में इसलिए बढ़ते चले गए, क्योंकि उसका मानसिक विकास होता चला गया। यदि

हम नवजात शिशु के विकास को ध्यान से देखें तो पाएँगे कि विशिष्ट मानवीय गुण इसमें समय के साथ विकसित होते हैं।

संयोगवश उन्हीं दिनों एक ड्यूक द्वारा लिखी पुस्तक सन् 1869 में छपकर आई, जिसमें यह वर्णित था कि ईश्वर ने तो मनुष्य को सभ्य प्राणी बनाया था, पर संसार में आने के बाद उसका पतन होता गया और वह एक बर्बर प्राणी बन गया।

डार्विन ने इस अवधारणा का खंडन अपनी पुस्तक 'पतन' (डिसेंट) में किया। उन्होंने कहा कि मनुष्य भी पहले जानवरों की तरह जंगली था, पर धीरे-धीरे उसमें नैतिकता और धर्म-ईमान जैसे गुण विकसित हुए।

अपनी बात पर जोर देते हुए डार्विन ने अपनी पुस्तक में लिखा कि उनके सिद्धांत से मनुष्य जाति को अपमानित होने की आवश्यकता नहीं है। उन्होंने कहा कि मनुष्य को गर्व होना चाहिए कि आज वह जीवों एवं अन्य अजैविक पदार्थों में अंतर समझ सकता है और उसके अनुसार व्यवहार कर सकता है।

मनुष्य की उत्पत्ति व विकास पर अनुसंधान का कार्य वर्षों तक चला। इस बीच तरह-तरह के प्रश्न उठते रहे। एक प्रश्न यह भी था कि विभिन्न मूल के मनुष्यों, जैसे आर्य, नीग्रो, मंगोल आदि में काफी अंतर है और 'प्राकृतिक वरण' का सिद्धांत इसकी पूरी तरह व्याख्या नहीं कर पाता है।

पर प्राकृतिक वरण का सिद्धांत तो अनेक बातों की व्याख्या नहीं कर पाता है। नर-मयूर देखने में अत्यंत आकर्षक होता है। उसके पंख बहुत लंबे होते हैं। पर ये गुण उसके जीवन की संभावना में बाधक भी होते हैं। इस कारण ये गुण अभी तक समाप्त हो जाने चाहिए थे, पर ऐसा नहीं हुआ। इसका एक कारण यह भी है कि जीवन में भोजन, संभोग व अन्य कार्य भी महत्त्वपूर्ण होते हैं। अपने बड़े शरीर, सौंदर्य, शक्ति, रंग आदि का उपयोग मनुष्य अनेक कार्यों के लिए करता रहता है।

जिन नर-प्राणियों के पास उपर्युक्त वर्णित अतिरिक्त गुण होते हैं, वे मादा को आकर्षित करने के लिए इनका प्रयोग करते हैं। इस तरह ये उत्कृष्ट गुण इनकी संतानों में भी आते जाते हैं। जिनके पास ये गुण नहीं होते हैं या कम होते हैं, उनकी वंश-वृद्धि की संभावना अपेक्षाकृत कम होती है। डार्विन ने इस सिद्धांत को सेक्सुअल सेलेक्शन या 'यौन संबंधी वरण' का नाम दिया।

अब तक डार्विन इस संबंध में अनेक तथ्य व प्रमाण एकत्रित कर चुके थे और उनके आधार पर उन्होंने प्रमाणित किया कि यदि उच्चतर श्रेणी के नर-पशु किसी मादा के साथ जब संसर्ग करते हैं तो उनके उत्कृष्ट गुण संतानों में भी आ जाते हैं। मोर जैसे प्राणियों का भी ऐसा ही हाल हुआ और सुंदरतम मोरों की संख्या बढ़ती

चली गई। यही नहीं, समय के साथ उनकी सुंदरता में भी वृद्धि हुई।

डार्विन ने प्राकृतिक-वरण व यौन संबंधी वरण के बीच अंतर स्पष्ट किया। उन्होंने बताया कि 'प्राकृतिक वरण' के अंतर्गत नर-मादा दोनों को कठोर जीवन से जूझना पड़ता है। शक्तिशाली प्राणी बच जाते हैं और शेष नष्ट हो जाते हैं। दूसरी ओर, यौन संबंधी वरण के मामले में एक ही लिंग (नर या मादा) आपस में प्रतिस्पर्धा करते हैं और जो शक्तिशाली सिद्ध होते हैं वे आगे वंश-वृद्धि का अवसर पाते हैं तथा शेष नष्ट हो जाते हैं।

डार्विन की पुस्तक के तमाम विषयों में यह विषय अत्यंत रोचक सिद्ध हुआ। उन्होंने यौन संबंधी वरण के आधार पर विभिन्न मूलों (रेस) के निर्माण की व्याख्या की। 'डिसेंट' (पतन) शीर्षक पुस्तक के इस भाग में इस विषय से संबंधित छह छोटे अध्याय थे। बाद में इसका विस्तार हुआ और चौदह बड़े अध्याय तैयार हुए।

इनमें यौन के आधार पर अंतर, प्यार करने के तरीके आदि का वर्णन किया गया। विभिन्न प्राणियों, जैसे घोंघों, कीड़ों, मछलियों, चिड़ियों, सरीसृप, स्तनपायी जीवों आदि के यौन संबंधी व्यवहारों पर गहन चर्चा की गई।

इस प्रकार डार्विन की दूसरी महानतम पुस्तक 'द डिसेंट ऑफ मैन एंड सेलेक्शन इन रिलेशन टु सेक्स' तैयार हुई। यह अत्यंत श्रमसाध्य कार्य था। उसे पूरा करते-करते चार्ल्स बुरी तरह थककर बीमार पड़ गए। ऊपर से उन्हें यह डर भी लग रहा था कि विभिन्न मूलों के लोग अपने बारे में टिप्पणियों से चिढ़ेंगे और तरह-तरह के सवाल-जवाब करेंगे। इस कारण उन्होंने विभिन्न मूलों के भविष्य के बारे में आशंकाओं व आशाओं में चर्चा नहीं की। उन्होंने केवल अब तक उभरे सत्य तक अपने आपको सीमित रखा। यह भी कह दिया कि यह उन प्रमाणों पर आधारित है जो मैंने अपनी अधिकतम क्षमता के आधार पर एकत्रित किए हैं।

उपर्युक्त काम में उन्हें तीन वर्ष लगे। बीच-बीच में अनेक बाधाएँ भी आईं। उन्हें अकसर सिरदर्द व नाक बहने की समस्या रहती थी। बीच-बीच में वे इतना थक जाते थे कि उन्हें लगता था कि उनका काम अधूरा ही रहेगा और यह पांडुलिपि कभी प्रकाशक के पास जा भी पाएगी या नहीं।

24 फरवरी, 1871 को 'डिसेंट' कृति छपकर पाठकों के हाथ में आई। इसका पहला संस्करण 2100 प्रतियों का था, जो हाथोहाथ बिक गया। प्रकाशक ने तत्काल 5,000 प्रतियाँ छापने का आदेश दिया। डार्विन को तत्काल 1470 पौंड रॉयल्टी मिल गई। उन्हें लगा कि यह बड़ी रकम है।

पर नई रचना 'डिसेंट' ने उनका विरोध भी बढ़ा दिया। जहाँ अनेक अखबारों व पत्रिकाओं जैसे 'एडिनबर्ग रिव्यू' ने इसे लाजवाब बताया, वहीं 'द टाइम्स' ने नए सिद्धांतों को निरस्त कर दिया।

वह समय भी अलग तरह का ही था। पेरिस में साम्यवादियों का दखल बढ़ रहा था। यह नई विचारधारा इंग्लैंड में भी पाँव पसार रही थी। ऑक्सफोर्ड तथा कैंब्रिज में इस पर गहन चर्चा हो रही थी। ब्रिटिश संसद् दबाव में आकर स्वतंत्र प्राथमिक विद्यालय खोलने की अनुमति दे रही थी और ट्रेड यूनियनों से संबंधित कानून चर्चा में था।

उन्हीं दिनों जॉन स्टुअर्ट मिल जैसे विचारक व लेखक महिलाओं के अधिकारों के लिए मुखर हो रहे थे। महिलाओं के स्कूलों में सुधार हो रहे थे और विवाहिता महिलाओं को अपनी संपत्ति एवं धन पर नियंत्रण का अधिकार मिल रहा था।

ऐसे में अनेक लोगों को डार्विन का नया सिद्धांत और नई पुस्तक अटपटे लगे, पर पुस्तक बिक खूब रही थी। डार्विन भी अपने ऊपर हो रहे आलोचनात्मक प्रहारों से स्वयं को असहज महसूस कर रहे थे।

एक जर्मन संवाददाता के सामने उन्होंने स्वीकार भी किया कि वे खूब खरी-खोटी सुन रहे हैं। भगवान् जाने इसमें कितने गुण-अवगुण हैं, पर उन्होंने तो अपनी क्षमता का भरपूर उपयोग कर दिया है।

□

सबकुछ बदल गया

'डिसेंट ऑफ मैन' अर्थात् 'मनुष्य के पतन की गाथा' से चारों ओर उथल-पुथल मची थी। एक ओर डार्विन को भारी समर्थन मिल रहा था तो दूसरी ओर घोर विरोध। विज्ञानकर्मी उसे नई दृष्टि से देख रहे थे और प्रकृति-विज्ञानी इसे नया और अद्‌भुत सिद्धांत मान रहे थे। समर्थन बढ़ता देख विरोधी लोग विरोध हेतु नया आधार ढूँढ़ने में लगे थे।

परंतु विरोधी छँटते चले गए। बहुत थोड़े लोग ही दृढ़ता के साथ कह पा रहे थे कि सृष्टि की रचना के पहले भी मनुष्य व अन्य चर-अचर प्राणी वैसे ही थे जैसे कि आज हैं। पर साथ ही अनेक वैज्ञानिक डार्विन के सिद्धांत में संशोधन सुझा रहे थे। कुछ प्रकृति-विज्ञानी तो नया संशोधित जीवोत्पत्ति सिद्धांत प्रस्तुत कर रहे थे। उनके अनुसार कुछ प्राणियों की रचना प्रारंभ में स्वतंत्र रूप से की गई होगी और शेष, जिनमें ज्यादातर आधुनिक प्राणी शामिल हैं, उन्हीं से उत्पन्न हुए हैं। पर उनकी बातों में मजबूती नहीं थी।

डार्विन को लग रहा था कि उनके जीवन का ज्यादातर काम निपट चुका है, पर वे सक्रिय थे। सन् 1871-72 में उन्होंने अपनी रचना 'ऑरिजिन' के छठे लोकप्रिय संस्करण का प्रारूप तैयार किया। इसमें उन्होंने उन लोगों के लिए कुछ प्रश्न भी जोड़े जो उनके जीवोत्पत्ति सिद्धांत को नहीं मान रहे थे। ये प्रश्न इस प्रकार थे—

1. क्या आप वास्तव में ऐसा मानते हैं कि सृष्टि के आरंभ में ऐसे मौलिक परमाणु थे जिन्होंने एकाएक जिंदा ऊतकों का रूप धारण कर लिया?
2. क्या आप मानते हैं कि सृष्टि-सृजन के समय एक व्यक्ति उत्पन्न हुआ था या अनेक?
3. जगत् में जो असंख्य किस्म के चराचर प्राणी हैं वे किसी बीज से या किसी अंडे से उत्पन्न हुए थे या पूर्ण सामान्य रूप में?

स्तनपायी जीवों के मामले में इन जीवों ने माता के गर्भ के अंदर किस प्रकार पौष्टिक आहार प्राप्त किया होगा?

उपर्युक्त प्रश्नों व उनसे संबंधित वक्तव्यों के लिए डार्विन की बुरी तरह भर्त्सना की गई। इनके कारण अनेक प्रकृति-विज्ञानी जो समर्थन कर रहे थे, वे या तो चुप्पी लगा गए या गोल-मोल बातें करने लगे।

पर धीरे-धीरे स्थिति सामान्य होती गई। लोग अब विश्व को और अपने आपको नए नजरिए से देखने लगे। डार्विन को लगा कि विजय हो गई है। उनके द्वारा उजागर सत्य धीरे-धीरे उनका आत्मविश्वास बढ़ाता रहा और यह उनके पत्रों व रचनाओं में झलकने लगा।

अब उन्हें यह भी लगने लगा कि जो ज्ञान उन्होंने अर्जित किया है वह सुरक्षित हो चुका है और अब वे आराम से रह सकते हैं। उन्होंने अपने मित्रों से भी कहना आरंभ कर दिया कि अब वे किसी मौलिक सिद्धांत के प्रतिपादन में नहीं लगेंगे। जीवोत्पत्ति के सिद्धांत ने उन्हें बुरी तरह थका दिया था।

वे यह भी मानते थे कि अनेक लोग अंतिम दिनों में नए मौलिक काम में जुट पड़ते हैं। उस समय उनकी बौद्धिक क्षमता भी क्षीण होने लगती है और समय भी साथ नहीं देता है।

उनकी अपनी शारीरिक स्थिति भी बदल चुकी थी। मात्र तिरसठ वर्ष की आयु में उनके बाल और लंबी दाढ़ी सफेद हो चुकी थी। यही नहीं, उनकी घनी भौहें भी सफेद हो चुकी थीं, जिनसे उनका चेहरा वृद्ध जैसा लगने लगा था। उनके कंधे लचक गए थे और वे छड़ी के सहारे चलते थे।

पर इन सबके बावजूद उनके जीवन के ये अंतिम दस वर्ष हर दृष्टि से उत्कृष्ट रहे। ज्यों ही उनके सिर से काम का बोझ हटा, उनका स्वास्थ्य चमकने लगा। अब वे ज्यादा घंटे काम करने लगे। वे ज्यादा लोगों से मिलने-जुलने लगे। अब उन्होंने अधिक संख्या में यात्रा करना शुरू कर दिया।

सन् 1870 के दशक में उनके यहाँ ज्यादा-से-ज्यादा अतिथि आने लगे। दूरस्थ ग्रामीण मकान डाउन में छात्रों, विदेशी मेहमानों का ताँता लगा रहता। ये जाने-माने लोग अपनी-अपनी जिज्ञासाएँ लेकर आते थे और तृप्त होकर लौटते थे। एक ही सप्ताह में तीन नामचीन जर्मन विद्वान् आए। अनेक विद्वान् उनसे निरंतर पत्र-व्यवहार करते थे।

चार्ल्स का सिद्धांत जर्मनी में भी लोकप्रिय हो रहा था। वे अकसर जर्मनी जाते थे और उनका बड़ा स्वागत-सत्कार होता था। पर इस क्रम में उनकी पत्नी

एम्मा जर्मनों की टूटी-फूटी अंग्रेजी से परेशान रहती थी। एक बार चार्ल्स बाहर गए हुए थे, तभी दो जाने-माने जर्मन प्रोफेसर उनके घर पर आ गए। एम्मा को उनकी बातें शोर जैसी लगीं और वे जर्मनों से खीज गईं।

सन् 1871 में उनकी बेटी हेनरी एट्टा का विवाह एक बैरिस्टर रिचर्ड लिच फील्ड से हुआ। लिचफील्ड कामकाजी लोगों के लिए खुले कॉलेज के संस्थापकों में से एक थे। यह अवसर भावुक पिता के लिए अनोखा था। उनकी बेटी, जो हमेशा उनके पास रहती थी, अब पराए घर जा रही थी।

शादी के बाद जब वह हनीमून के लिए यूरोप रवाना हुई तो पिता ने अपने मन में उमड़ रही भावनाओं को पत्र के रूप में उड़ेलते हुए लिखा कि तुम सब बच्चों ने अब तक मुझे तमाम प्रसन्नताएँ दी हैं, इसलिए तुम लोग भविष्य में तमाम प्रसन्नताएँ पाने के अधिकारी हो। पर साथ में एक सत्य यह भी है कि अब तुम्हारी शादी हो चुकी है और तुम दूर रहोगी, इसका दुःख मुझे सालता रहेगा।

उन्होंने अपनी बेटी को सलाह दी कि वह अपनी माँ को अपना आदर्श बनाए और उनकी तरह पत्नी की भूमिका निभाए। यदि तुम ऐसा करोगी तो आनेवाले सालों में लिचफील्ड तुम्हें न सिर्फ प्यार करेगा वरन् तुम्हारी उसी तरह पूजा करेगा जैसे मैं तुम्हारी माँ की पूजा करता हूँ।

लिचफील्ड गरमियों में एक चाय पार्टी आयोजित किया करते थे। इसमें कॉलेज के वे छात्र गीत गाते थे, जिन्हें लिचफील्ड पढ़ाया करते थे। शादी के बाद से ही गरमियों में डार्विन परिवार अपने मकान 'डाउन' में यह आयोजन किया करता था। इन पार्टियों का विवरण हेनरी एट्टा ने अपनी पुस्तक में दिया, जो इस परिवार के 100 पत्रों का संकलन थी। उसके अनुसार यह निमंत्रण अत्यंत मूल्यवान् हुआ करता था। इसमें 60-70 लोग भाग लेते थे, जिनका स्वागत चार्ल्स और एम्मा स्वयं किया करते थे। लॉन में चाय का आयोजन होता था और डार्विन दंपती घूम-घूमकर सभी की देखभाल करते थे तथा गीतों का भी आनंद लेते थे।

चार्ल्स और एम्मा अपनी बेटी-दामाद से मिलने भी जाते थे और उनके घर में उन्हें बड़ा सुकून मिलता था। 4, ब्रायनस्टोन स्ट्रीट, लंदन स्थित इस मकान में वे अपनी अलग दिनचर्या चलाते थे।

लंदन में ही चार्ल्स अपने भाई एरास्मस के घर क्वीन एन स्ट्रीट पर भी जाते थे और वहाँ पर उनका बेटा जॉर्ज उनके लिए दावतों का आयोजन किया करता था। जॉर्ज उन्हें तरह-तरह के चुटकुले भी सुनाया करता था। वह एक पल के लिए भी उन्हें शांति से नहीं बैठने देता था। अपने पारिवारिक जीवन से चार्ल्स अत्यंत संतुष्ट

थे। इस बात का उल्लेख उन्होंने हक्सले को लिखे अपने पत्रों में भी किया।

बाद में सभी के कहने पर उन्होंने एक महीने के लिए लंदन में मकान भी लिया। वहाँ रहते हुए उन्होंने पाया कि उनके मित्र हक्सले काम के दबाव से टूटते जा रहे हैं। साथ ही एक मुकदमे के कारण खासे परेशान हैं।

श्रीमती लाइल ने चार्ल्स को सुझाव दिया कि यदि उनके कुछ मित्र मिलकर उन्हें उपहारस्वरूप कुछ राशि दे दें तो वे इस स्थिति से उबर सकते हैं।

डार्विन को यह विचार अच्छा लगा। उन्होंने तत्काल अपने खास मित्रों की सहायता से 2100 पौंड एकत्रित किए। पर इस रकम को किस प्रकार दिया जाए, इस पर काफी मशक्कत करनी पड़ी। उन्हें डर था कि स्वाभिमानी हक्सले कहीं इस बात पर नाराज न हो जाएँ। गहरे मंथन के पश्चात् चार्ल्स ने सधे शब्दों में हक्सले को पत्र लिखा। उनकी खुशी का तब पारावार न था जब उन्हें पता चला कि हक्सले ने भेंट स्वीकार कर ली। इसी तरह की प्रसन्नता चार्ल्स को तब हुई थी जब उन्होंने प्रकृति-विज्ञानी वालेस को पेंशन दिलाने के अभियान में सहभागिता की थी।

□

प्रयोगों का अनवरत सिलसिला

चार्ल्स डार्विन को सबसे अधिक आनंद अपने प्रयोगों में ही आता था। इस बात को उन्होंने अपनी आत्मकथा में भी लिखा है। सन् 1872 में उन्होंने प्रयोगों का एक नया सिलसिला आरंभ किया। उन्होंने मनुष्यों व पशुओं में भावनाओं का प्रभाव कैसे और कितना होता है, यह जानने के लिए प्रयोग आरंभ किए। उनका इरादा कीड़ा खानेवाले पौधों की गतिविधियों और सूक्ष्म कीटों (वर्म) के अध्ययन का भी था।

उपर्युक्त सभी प्रयोग न सिर्फ अपनी दृष्टि व लक्ष्य के हिसाब से सफल रहे वरन् उन्होंने डार्विन के जीवोत्पत्ति सिद्धांत को भी सशक्त किया। अपनी रचना 'डिसेंट ऑफ मैन' में उन्होंने यह बताया था कि मनुष्यों व निम्न प्राणियों में केवल डिग्री का अंतर है, कोई मौलिक अंतर नहीं है।

उन्होंने प्रयोगों द्वारा यह साबित किया कि निम्न श्रेणी के प्राणी भी वैसे ही भावनाओं का अनुभव करते हैं जैसे कि मनुष्य करते हैं। उन्होंने इस विषय पर अपनी पुस्तक भी आरंभ कर दी, जिसका शीर्षक था—'दि एक्सप्रेशन ऑफ दि इमोशंस इन मैन ऐंड एनीमल्स'।

अपने प्रयोगों के परिणामों के लिए वे लोक-विचारों पर निर्भर नहीं रहते थे वरन् स्वयं निरीक्षण किया करते थे। उन्होंने अपने मकान 'डाउन' में ही तमाम प्राणियों व उनके बच्चों का अवलोकन आरंभ किया।

उन्होंने अपने आस-पास के प्राणियों का भी बारीकी से अवलोकन किया। उनके एक मित्र एक बड़े पागलखाने के प्रभारी थे। उन्होंने अपने यहाँ डार्विन को अध्ययन की अनुमति दे दी।

डार्विन ने अपनी आवश्यकतानुसार प्रमाण जल्दी ही एकत्रित कर लिये। इस बारे में उनकी दिलचस्पी तब और गहरी हो गई जब उन्होंने किसी का वक्तव्य सुना,

जिसके अनुसार चेहरे पर विशेष मांसपेशियाँ होती हैं, जो विभिन्न भावनात्मक स्थितियों को दरशाती हैं।

आरंभ में चार्ल्स को एक पाठ्य पुस्तक में दर्ज उपर्युक्त कथन पर विश्वास नहीं हुआ। उन्हें याद था कि सन् 1839 में जब उनका पुत्र विलियम जनमा था तो उन्होंने उसके चेहरे का बारीकी से अध्ययन किया था और वह विभिन्न भावनाओं को चेहरे द्वारा व्यक्त कर लेता था। उसके चेहरे की स्थिति अलग किस्म की थी, पर बाद में वह अप्रसन्नता की मामूली स्थिति को भी अपने चेहरे द्वारा व्यक्त कर लेता था।

अब डार्विन ने अन्य लोगों के चेहरों को भाँपना भी आरंभ कर दिया। एक बार उन्होंने रेल के डिब्बे में बैठी एक वृद्ध महिला को ध्यान से देखा। देखते ही लगा कि वह निराशा के भँवर में गोते लगा रही है।

डार्विन ने ज्यों ही उसके दुःख का कारण पूछा, उसकी आँखें भर आईं। संभवतः उस महिला की इच्छा अपना दुःख सार्वजनिक करने की नहीं थी, पर उसके चेहरे की मांसपेशियों ने स्वतः ही ऐसा कर दिया।

चेहरे की मांसपेशियाँ प्रारंभ से ही चित्रकारों, मूर्तिकारों, लेखकों आदि के लिए जिज्ञासा की वस्तुएँ रही हैं। वे मांसपेशियों की स्थिति समझने, दरशाने का कार्य प्राचीनकाल से बखूबी करते रहे हैं। डार्विन ने यूनानी मूर्तिकारों की प्राचीन मूर्तियाँ ध्यान से देखीं। पर उन्होंने पाया कि उन्होंने अपनी कला के सौंदर्य को बनाए रखने के लिए सत्य को छिपा दिया। यह कार्य उन्होंने संभवतः जान-बूझकर ही किया होगा।

अब उन्होंने जानवरों के चेहरे के भावों को पढ़ना आरंभ किया। उन्होंने अपने कुत्ते बॉब का सर्वप्रथम अध्ययन किया। उन्होंने पाया कि उनका कुत्ता तब सबसे अधिक प्रसन्न होता था जब वह अपने मालिक के साथ चलता था। उस समय उसका सिर व पूँछ दोनों ऊपर होते थे। पर ज्यों ही डार्विन उसे छोड़कर अपने ग्रीन-हाउस की ओर मुड़ते थे, बॉब के सिर व पूँछ दोनों नीचे हो जाते थे। उसके चेहरे से लगने लगता था कि वह निराश हो चुका है और फिर उन्हें उस पर दया आने लगती थी।

यह बात पूरे परिवार को मालूम थी। डार्विन मनुष्य तो क्या, किसी भी जीव को दुःखी नहीं करना चाहते थे, पर अपने अध्ययन के लिए उन्हें यह प्रयोग कई बार दोहराना पड़ा। उन्हें विश्वास हो गया कि मनुष्यों की ही तरह पशु भी अपने चेहरे पर दुःख, निराशा, प्रसन्नता, क्रोध, आक्रामकता के भाव दरशा लेते हैं।

डार्विन ने अनेक प्रयोग किए। उन्होंने पाया कि जब मनुष्य आश्चर्यचकित होता है तो यह उसकी आँखों से झलकने लगता है। उसका मुँह खुला रह जाता है और भौंहें तन जाती हैं। इसी तरह जब वह विद्रोही मुद्रा में होता है तो उसका सिर और शरीर सीधा तन जाता है। उसकी मुट्ठियाँ कस जाती हैं। कई बार जब हँसी लंबी हो जाती है तो आँखों में आँसू भर आते हैं।

प्रयोग के दौरान 16 प्रकार के प्रश्न उभरे। जब उत्तर सामने आए तो उनसे निम्न तथ्य सामने आए—

1. दुःख, प्रसन्नता, क्रोध व अन्य भावनाएँ सभी मनुष्यों की एक जैसी होती हैं। चाहे वे कहीं भी रहते हैं और कितने ही कम या ज्यादा सभ्य हों।
2. आँसू, मुसकान, क्रोध का ज्वार सभी मनुष्यों में एक जैसे भाव उत्पन्न करता है।

इस प्रकार डार्विन ने एक और तथ्य उजागर किया कि सभी लोग एक ही मूल माता-पिता की संतानें हैं और बाद में मूल (रेस) बने। अपनी इस बात को उन्होंने 'एक्सप्रेशन ऑफ इमोशंस' में दर्ज किया और यह पुस्तक सन् 1872 में प्रकाशित हुई। ज्यों ही यह पुस्तक बाजार में आई, इसकी 5,267 प्रतियाँ हाथोहाथ बिक गईं।

डार्विन एक पुस्तक के प्रूफ को स्वीकृति देने से पूर्व ही अगले प्रयोग आरंभ कर देते थे। 22 अगस्त, 1872 को उन्होंने अगले प्रयोगों का सिलसिला आरंभ कर दिया। उन्होंने मांसाहारी पौधों का अध्ययन शुरू कर दिया। इस विषय में उनकी पुरानी रुचि थी। सन् 1860 में जब वे अपनी रचना 'ऑरिजिन' से उपजी उथल-पुथल के बाद हार्टफील्ड में विश्राम कर रहे थे तो उन्होंने ससेक्स के पास ग्रामीण इलाकों का दौरा किया। उन्होंने वहाँ पर अनेक ऐसे पौधे देखे जो कीड़ों को अपने आप में लपेट लेते थे और उन्हें हजम कर जाते थे।

चार्ल्स ने इन पौधों को बड़े गौर से देखना आरंभ किया। उन्होंने पाया कि इन पौधों में कीड़ों को फँसाने का एक सशक्त तंत्र होता है। इसकी एक-एक पत्ती ही तेरह-तेरह कीड़ों को फँसाकर हजम कर जाती है। ज्यों-ज्यों चार्ल्स का इस बारे में अध्ययन बढ़ा, उनकी दिलचस्पी भी बढ़ती चली गई।

जब वे अपने मकान 'डाउन' में वापस आए तो अपने साथ अनेक ऐसे पौधे भी ले आए। समय के साथ उन्होंने इसका रहस्य भी खोज निकाला। उन्होंने पाया कि उनकी पत्तियों की नोक पर संवेदनशील ग्रंथियाँ होती हैं। उनके जरिए एक

अद्‌भुत स्राव निकलने लगता है और यह स्राव सूर्य की रोशनी में ओस के मोती की तरह चमकता रहता है। पर जब कोई कीड़ा उसकी पत्ती के संपर्क में आता है तो पत्तियाँ चौकन्नी हो जाती हैं और उसी तरह मुड़ने लग जाती हैं जैसे कि हाथ की उँगलियाँ मुड़कर मुट्‌ठी बना लेती हैं।

डार्विन ने इस गतिविधि को विशालक शीशे से बारीकी से देखा और पाया कि यह कार्य मात्र 10 सेकंड से कम समय में संपन्न हो जाता है। इस दौरान वह बदनसीब कीड़ा, जो फूल के सौंदर्य और सुगंध के आकर्षण में आया था, इसकी चपेट में आ जाता है। वह स्राव उसके अंगों को उसी प्रकार गलाने लगता है जैसे कि सांद्र अम्ल मानव अंगों को।

ऐसे ही एक पौधे का नाम रखा गया—सन-ड्यू अर्थात् 'सूर्य ओस'। उसका वानस्पतिक नाम था ड्रोसेरा। यह अपने अंदर गए कीड़े के लिए एक अस्थायी उदर (पेट) का कार्य करता है। अपने आहार को वह एक स्वादिष्ट सूप का रूप दे देता है और चट कर जाता है। यह फूल एक जानवर की भाँति कीड़े सटकता रहता है।

इसे अपना आहार पचाने में एक से लेकर सात दिन तक लगते हैं और फिर यह अगले कीड़े के भक्षण के लिए तैयार हो जाता है। इसके अनुसंधान में डार्विन को इतना आनंद आया कि वे अन्य प्राणियों को भूल ही गए।

उनकी पत्नी एम्मा भी इस दौरान आश्चर्यचकित थीं। श्रीमती लाइल को लिखे पत्र में उन्होंने चुटकी ली कि इस गरमी में चार्ल्स पूरी तरह ड्रोसेरा के पीछे पड़े हैं और अन्य जानवरों को भूल गए हैं। ऐसा लगता है कि वे अपने अनुसंधान के बाद इस सुंदर फूल को भी जानवर ही घोषित कर देंगे।

एम्मा कभी अपने पति के काम की गहराई में नहीं जाती थीं। मांसाहारी पौधों से संबंधित अनुसंधान में चार्ल्स ने कुल पंद्रह वर्ष लगाए, अंततः उन्हें अन्य मांसाहारी जानवरों के समतुल्य साबित कर दिया।

उन्होंने अपने एक प्रयोग के दौरान परिकल्पना की कि यह फूल नाइट्रोजन युक्त पदार्थ चाहता है। उन्होंने ड्रोसेरा की पंखुड़ी के पास भुने हुए मांस का एक अत्यंत छोटा टुकड़ा रखा। उसकी पत्तियों ने वैसा ही व्यवहार किया और उसे गटक गईं। अब यह प्रयोग बार-बार दोहराया गया। अंडे का सफेद भाग तथा अन्य नाइट्रोजन युक्त पदार्थ एक-एक करके इसके पास लाए गए और फूल ने हर बार वैसा ही व्यवहार किया।

अब डार्विन ने अलग कोण से प्रयोग आरंभ किया। उन्होंने मांस के टुकड़ों

को छोटे-से-छोटा करना आरंभ किया। उनका उद्देश्य था कि कितना छोटा टुकड़ा इस अद्भुत फूल को सक्रिय कर सकता है। उन्होंने महिलाओं के बाल की नोक के बराबर अर्थात् लगभग 1/125 इंच लंबा बाल का टुकड़ा, जिसका भार मात्र .000822 मिलीग्राम था, इस फूल के निकट रखा; पर फूल उससे भी संवेदनशील हो गया और उसी विधि से उसे गटक गया।

डार्विन ने उस तरह यह साबित करने की चेष्टा की कि उस फूल की संवेदनशीलता मनुष्य से अधिक है, क्योंकि जब उन्होंने अपनी जीभ पर उससे दुगुना लगभग 1/50 इंच लंबा बाल का टुकड़ा रखा तो उन्हें कोई अनुभूति नहीं हुई।

डार्विन इस फूल से दिनोदिन अधिक प्रभावित होते जा रहे थे। उन्होंने उसे प्रकृति का सबसे उल्लेखनीय तथ्य बताया। उन्होंने ड्रोसेरा की पाचन क्षमता का भी आकलन किया और पाया कि जिस तरह इसकी पँखुड़ियाँ अति संवेदनशील हैं, उसी प्रकार उसका पाचन-तंत्र भी जोरदार है। यह फूल भुने हुए मांस का एक टुकड़ा 48 घंटे में लगभग हजम कर जाता है। जब उन्होंने इस अवधि के पश्चात् शेष बचे पदार्थ की माइक्रोस्कोप से जाँच की तो पाया कि मांस की मांसपेशियों का एक महीन टुकड़ा मात्र बच गया है।

उन्होंने आस-पास के तरल पदार्थ को ध्यान से देखा तो पाया कि उसमें गहरे रंग के कुछ बिंदु हैं। उन्होंने मनुष्य के पाचन-तंत्र का अध्ययन किया और पाया कि उदर में मौजूद पाचक-रस पहले मांस को घुलाते हैं और उसके बाद हजम करने की प्रक्रिया आरंभ होती है, जिनमें वे गहरे बिंदु भी साफ हो जाते हैं। इस प्रकार डार्विन ने नए सिरे से साबित कर दिया कि यह पौधा भी मांस को वैसे ही हजम करता है जैसे अन्य जानवर करते हैं। उन्होंने यह भी पाया कि प्राणियों के उदर में जो पेप्सिन व हाइड्रोक्लोरिक अम्ल मौजूद रहते हैं उनमें और ड्रोसेरा के स्राव में काफी समानता है।

अपनी बात को समाप्त करते हुए उन्होंने फिर अपने मूल बिंदु पर बल दिया कि जीवन का प्रारंभ एक ही बिंदु से हुआ है। उनकी पुस्तक 'इंसेक्टीवोरस प्लांट' जुलाई 1875 में प्रकाशित हुई। इस पुस्तक में लोगों की दिलचस्पी बहुत ज्यादा थी। इस बात का उल्लेख उन्होंने अपनी आत्मकथा में भी किया और कहा कि इस अनुसंधान से उन्हें पर्याप्त आत्मसंतुष्टि मिली।

चलनेवाले पौधे

डार्विन को पौधों पर अनुसंधान करना बहुत अच्छा लगता था। यह काम

उन्हें पुस्तकें लिखने या सामान्य अनुसंधान करने से कहीं अधिक सरल लगता था। उन्होंने इसे आगे भी जारी रखा। इस संबंध में जब भी कोई चर्चा चलती तो वे उसे बड़े ध्यान से सुनते थे और उसके किसी बिंदु को पकड़कर अनुसंधान प्रारंभ कर देते थे।

सन् 1860 के दशक में उनके एक मित्र आसाग्रे ने एक शोध-पत्र पढ़ा था। उसमें उन्होंने बेलों के मुड़ने, कुंडली बनाने पर चर्चा की। डार्विन का ध्यान तुरत इस विषय पर आ गया और उन्होंने एक परिकल्पना विकसित की कि पौधे भी चल सकते हैं। इससे पूर्व तक विशेषज्ञों का मानना था कि पौधों व चर प्राणियों में मुख्य अंतर इसलिए होता है, क्योंकि पौधे अचर हैं और प्राणी चर हैं।

डार्विन ने शोध आरंभ कर दिया। इसके आरंभिक दौर में उन्होंने 100 से अधिक विविध प्राणियों का अध्ययन किया। साथ ही उन्होंने अपने ग्रीन-हाउस में तमाम बेलें लगाईं, पर उन्हें ये अपर्याप्त लगीं और उन्होंने अपने बिलियर्ड-रूम को एक नई प्रयोगशाला में परिवर्तित कर दिया।

डार्विन ने एक जंगली प्रजाति कोकंबर पर विस्तृत अध्ययन आरंभ किया। उन्होंने उसकी बढ़त को बड़ी बारीकी से देखा और पाया कि इसकी हर शाखा का अग्रभाग धीरे-धीरे, पर लगातार मुड़ता रहता है तथा एक गोला जैसा बनाता जाता है। वह गोला-सा लगभग आधे से दो घंटे के बीच पूरा होता है। कई बार गोला दोहरा-तिहरा भी बन जाता है और फिर यह दूसरी दिशा में बनने लगता है।

बेलों के इस अटपटे विकास से डार्विन चकित थे। प्रारंभ में उन्हें इससे संबंधित कोई सुराग नहीं मिल रहा था। उन्होंने सहायता के लिए मित्र हूकर को याद किया और पत्र में लिखा कि आप भी बेलों के व्यवहार को ध्यान से देखिए, क्या यह आपको भी अटपटा लग रहा है?

उन्हीं दिनों चार्ल्स को थकान, शिथिलता और नाक बहने की भी शिकायत रही। इस बार स्थिति इतनी गंभीर थी कि कई हफ्ते तक वे अपने कमरे से बाहर ही नहीं निकल पाए। पर तभी एक पौधा, जो उन्होंने रोपा था, के अंकुर को उन्होंने निहारना आरंभ कर दिया।

शुरू में यह मात्र पौने दो इंच लंबा था। इसको निहारते-निहारते डार्विन अपने कष्ट एवं परेशानियों को भूल गए और उन्होंने उस बेल को इस तरह बाँधा कि उसका सामनेवाला भाग गतिविधि के लिए स्वतंत्र रहे।

प्रारंभ में लगा कि यह अचल है, पर अगले दिन प्रात: डार्विन ने पाया कि नौ घंटे में उसने एक गोला बना लिया है। अब वे उसे अपने सोफे पर बैठे-बैठे

देखते रहते थे। उन्होंने पाया कि इस बेल ने 37 चक्र पूरे किए और इसके बाद वह सीधी हो गई। उसका आगे बढ़ना बंद हो गया।

उन्होंने निष्कर्ष निकाला कि ये बेलें आगे बढ़ती हैं और जब किसी वस्तु या पिंड से टकराती हैं तो ये उसके चारों ओर घेरा डाल लेती हैं। इसके बाद इसके कोमल भाग सिकुड़ने लगते हैं और यह मजबूत होती जाती है। उन्होंने यह भी पाया कि ये ऊपर चढ़नेवाली बेलें प्रकाश पाने का प्रयास करती हैं। ये अपनी स्थिति ऐसी बनाने का प्रयास करती हैं, ताकि इनकी पत्तियों को अधिकाधिक हवा मिल सके।

ये बेलें लगभग उसी तरह से प्रयास करती हैं जैसे कि एक बड़ा पेड़ करता है। पर बड़े पेड़ के पास एक मोटा व मजबूत तना होता है, जिस पर उसकी शाखाएँ और पत्तियाँ टिकी रहती हैं।

डार्विन ने इन बेलों के बारे में किए लंबे अध्ययन को अपनी पुस्तक 'द मूवमेंट्स ऐंड हैबिट्स ऑफ क्लाइबिंग प्लांट्स' में दर्ज किया। पर इसमें एक रहस्य अनसुलझा ही रह गया और वह था कि अनेक पौधों में चढ़ने या आगे बढ़ने का गुण तभी हो सकता है जबकि सभी पौधों में यह गुण थोड़ी-बहुत मात्रा में हो। यदि ऐसा न हो तो डार्विन के जीवोत्पत्ति सिद्धांत पर ही प्रश्नचिह्न लग जाएगा।

वे लगे रहे और इस रहस्य पर से पर्दाफाश उन्होंने अपनी अगली पुस्तक 'द पावर ऑफ मूवमेंट इन प्लांट्स' में किया, जो सन् 1880 में प्रकाशित हुई। इस तरह उन्होंने यह भी बताने की कोशिश की कि पौधे अन्य चर प्राणियों की तरह आगे बढ़ भी सकते हैं और अपना भोजन पकड़ भी सकते हैं। उन्हें यह भी संदेह हुआ कि शायद दोनों का प्रजनन-तंत्र भी एक जैसा ही है।

अपने संदेहों को साबित करने के लिए उन्होंने दो क्यारियाँ तैयार करवाईं। एक में बीज सेल्फ फर्टिलाइजेशनवाले थे और दूसरे में क्रॉस फर्टिलाइजेशनवाले। डार्विन ने देखा कि सेल्फ फर्टिलाइजेशनवाले बीजों की क्यारी में जो पौधे उग गए थे, उनकी गुणवत्ता हर प्रकार से कमजोर थी। उनकी ऊँचाई भी कम थी और पौधे भी लटके-लटके से थे। अगले समय उन्होंने यही प्रयोग फिर से दोहराया और पाया कि परिणाम वैसे ही थे। वे इस प्रयोग को लगातार ग्यारह वर्षों तक दोहराते रहे। इससे पहले उन्होंने ऑर्किडों पर काम किया था और पाया था कि एक पौधे के पराग को दूसरे पौधे तक ले जाने से जो क्रॉस फर्टिलाइजेशन होता है, उससे एक-से-एक जटिल पर अद्‌भुत प्रजातियाँ तैयार होती हैं। यह सिलसिला अनेक रूपों में चलता रहता है। इस प्रभाव का वर्णन उन्होंने अपनी पुस्तक 'द इफेक्ट्स ऑफ क्रॉस ऐंड सेल्फ फर्टिलाइजेशन' में किया, जो सन् 1876 में प्रकाशित हुई।

इसी साल उन्होंने ऑर्किड से संबंधित विषय पर एक और पुस्तक तैयार कर दी, जिसका शीर्षक था—'द डिफरेंट फॉर्म्स ऑफ फ्लावर्स ऑन प्लांट्स ऑफ द सेम स्पेसीज'। इस पुस्तक के आने से पूर्व वनस्पति-शास्त्री इस बात से चकित रहते थे कि एक ही पेड़ पर दो या अधिक प्रकार के फूल कैसे उगते हैं। डार्विन ने अपने अनुसंधान द्वारा यह साबित किया कि ये अलग-अलग दिखनेवाले फूल वास्तव में सामान्य लिंग प्राणियों के नर और मादा की तरह एक-दूसरे से संबंधित हैं। यह प्रक्रिया मूलतः अनुकूलन है, जो क्रॉस फर्टिलाइजेशन को सुनिश्चित करती है और इसमें जो सर्वाधिक शक्तिशाली होता है वही अपना अस्तित्व बचा पाता है। यह भी कहा जा सकता है कि फूल की संरचना का अंतिम उद्देश्य क्रॉस फर्टिलाइजेशन है।

पर इन छोटी-छोटी खोजों से डार्विन को अधिक संतुष्टि नहीं मिली। उन्हें लगता था कि क्रॉस फर्टिलाइजेशन के कारण ही फूलों की प्रजातियाँ बची हुई हैं।

डार्विन का अपने समकालीन वनस्पति-शास्त्रियों से संबंध व पत्र-व्यवहार लगातार बना रहा। वनस्पति-शास्त्री आसाग्रे ने सन् 1874 में 'नेचर' पत्रिका के एक अंक में उनकी भूरि-भूरि प्रशंसा की और लिखा कि "उन्होंने अपने प्राकृतिक वरण सिद्धांत को अनेक दृष्टियों व कोणों से साबित किया है। उन्होंने यह भी कहा कि लीनियस ने तथा उनके बाद के वैज्ञानिकों ने अब तक जो कार्य किया है, उनमें डार्विन का काम सर्वश्रेष्ठ है।"

अपने जीवन-काल में ही चार्ल्स डार्विन श्रेष्ठतम जीव-वैज्ञानिक माने जाने लगे थे, पर वे ऐसा नहीं मानते थे। वे दूसरों के काम को श्रेष्ठतर मानते थे। उन्हीं दिनों एक जर्मन वनस्पति-शास्त्री ने उनके वनस्पति-शास्त्र संबंधी कार्य की एक सूची तैयार की। इस पर डार्विन ने आश्चर्य व्यक्त करते हुए कहा कि मैंने इतना काम कर दिया है। इस पर तो मुझे भी विश्वास नहीं होता है। संभवतः यह आप लोगों की उदारता है जो मेरे काम को बड़ा करके आकलन किया जा रहा है।

डार्विन आजीवन वनस्पति-शास्त्र संबंधी कार्य करते रहे। उन्होंने कभी थकान का अनुभव नहीं किया। प्रकृति उन्हें लगातार ऊर्जा प्रदान करती रही। उन्हें कभी सहायक की भी आवश्यकता महसूस नहीं हुई।

पर प्राकृतिक कारणों से उन्हें एक सहायक मिल ही गया। उनके पुत्र फ्रांक ने चिकित्सा-शास्त्र का अध्ययन किया था, पर उन्होंने चिकित्सा का पेशा कभी नहीं अपनाया। उनकी रुचि वनस्पति-शास्त्र में थी। युवा फ्रांक (फ्रांसिस) का विवाह हुआ, पर उनकी पत्नी अपने बेटे बर्नार्ड को जन्म देते समय स्वर्ग सिधार

गई। पिता फ्रांक अपने नवजात शिशु को लेकर अपने पिता के घर 'डाउन' में आ गया।

इस तरह चार्ल्स को अपने अनुसंधान कार्य के लिए एक सचिव मिल गया और डार्विन परिवार को बर्नार्ड के रूप में खिलौना। जब भी बर्नार्ड रोता तो चार्ल्स अपनी जेब में रखा विशालक शीशा निकालते और उसकी सहायता से चमकदार बिंदुओं को दिखाकर पोते को प्रसन्न करते थे।

□

बड़ा पर सुखी परिवार

चार्ल्स के शेष पुत्रों का विवाह भी यथासमय हुआ और उन्होंने पिता से अलग अपने-अपने घर बसाए। वे अपने बचपन के घर 'डाउन' से दूर अवश्य रहते थे, पर संबंधों में शिथिलता कभी नहीं आई।

विलियम डार्विन बैंकर बना। वह साउथैंपटन में रहने गया। जॉर्ज डार्विन कैंब्रिज में खगोल-शास्त्र का प्रोफेसर बना। होरेस डार्विन भी कैंब्रिज में ही बस गया और उसने वैज्ञानिक उपकरणों का निर्माण कार्य आरंभ किया। लियोनार्ड डार्विन सेना में अधिकारी बना। ये सबके सब अपनी पत्नियों व बच्चों के साथ अपने बचपन के घर 'डाउन' में अपने माता-पिता से मिलने समय-समय पर आते रहे।

चार्ल्स डार्विन अपनी पुत्रवधुओं को बेटियों की तरह प्यार करते थे। जब उनके पुत्र विलियम का विवाह सारा सेजविक से तय हुआ तो उन्होंने अपनी भावी पुत्रवधू को पत्र लिखा, जिसमें उन्होंने अपनी सारी भावनाएँ उड़ेलते हुए कहा कि मुझे अपने पुत्र के भाग्य खुलने पर असीम प्रसन्नता हो रही है। उनके अनुसार यदि साथ में प्यार करनेवाली पत्नी न हो तो जीवन शून्य-सा हो जाता है। अपनी पुत्रवधू को भरोसा दिलाते हुए चार्ल्स ने लिखा कि विलियम ने जीवन में ऐसा कोई काम नहीं किया है, जिससे उन्हें कभी कोई चिंता या दुःख हुआ हो। उसका स्वभाव मधुर है और उसका हृदय मक्खन जैसा कोमल।

भावी दंपती के प्रति शुभकामनाएँ व्यक्त करते हुए उन्होंने लिखा कि मेरी हार्दिक इच्छा है कि तुम दोनों प्रसन्न रहो। विलियम को अपना पति स्वीकार करने के लिए मैं हृदय से तुम्हारा धन्यवाद करता हूँ।

डार्विन अपने पुत्रों से बहुत संतुष्ट थे। जब उनके बेटे जॉर्ज को एक सम्मान मिला तो उन्होंने लिखा कि भगवान् ने उन्हें जो पुत्र दिए वे सभी अद्‌भुत कार्य करके दिखा रहे हैं। यह घोषणा उन्होंने बहुत पहले कर दी थी और बाद में उनके पुत्रों

जॉर्ज, फ्रांक तथा होरेस को 'सर' की उपाधियों से सम्मानित किया गया।

बाद के काल में फ्रांक डार्विन 'ब्रिटिश एसोसिएशन फॉर दि एडवांसमेंट ऑफ साइंस' के अध्यक्ष बने। लियोनार्ड तो दो संस्थाओं 'यूजेनिक्स सोसाइटी' तथा 'रॉयल ज्योग्राफिकल सोसाइटी' के अध्यक्ष बने।

उनकी नातिन ग्वेन रेवरेट ने अपनी रचना में अपने पाँचों मामाओं अर्थात् चार्ल्स डार्विन के पाँचों पुत्रों के गुणों का वर्णन किया। उसके अनुसार जितना वह वर्णन कर रही है उसके ये मामा उससे कहीं बेहतर थे। यह सब इतना सत्य है कि कई बार उसे स्वयं लगता कि क्या उसके ये मामा इसी साधारण-से दिखनेवाले बदसूरत संसार के निवासी हैं। अपने बचपन की यादों को ताजा करते हुए उसने आगे लिखा कि इन लोगों को कभी किसी प्रकार की परेशानी नहीं हुई और इन्होंने अपने विशिष्ट व सम्माननीय स्थान आसानी से बना लिये। उन्होंने लोगों का प्यार और सम्मान पाया तथा वही दूसरों को बाँटते रहे। नाना चार्ल्स इतने सहिष्णु थे कि व्यक्तित्वों के टकराने का प्रश्न ही नहीं उठा। उनकी सोच का दायरा इतना विशाल था कि बेटों को अपनी अलग सोच बनाने का अवसर ही नहीं मिला। उनके पीछे पिता की अद्‍भुत पृष्ठभूमि थी, जो उन्हें आगे बढ़ाती रही।

हालाँकि ग्वेन रेवरेट ने यह भी कहा कि आम परिवारों में इतनी प्रसन्नता तथा सुरक्षा का वातावरण न तो होता है और न ही होना चाहिए। थोड़ी-बहुत नोक-झोंक, कुछ सख्ती उचित ही होती है।

जब बच्चे 'डाउन' से दूर अपने परिवारों में मस्त होते तो भी 'डाउन' में जीवंत वातावरण बना रहता था। पति-पत्नी काम भी करते थे और आराम भी। वे टहलते भी थे और जब थक जाते तो बैठकर पढ़ते भी थे। पति-पत्नी खेल भी खेलते थे और हार-जीत का लेखा-जोखा भी रखते थे। सन् 1876 में आसाग्रे को एक पत्र में चार्ल्स ने लिखा कि बेचारी गरीब एम्मा सिर्फ 249 गेम जीत पाई, जबकि मैंने 2,795 गेम जीत लिये और इसके साथ ही उन्होंने अपनी जीत की खुशी को शब्दों में व्यक्त कर दिया।

हालाँकि वे शांत जीवन पसंद करते थे, पर फिर भी बतौर वैज्ञानिक बहुत सारे वैज्ञानिक विषयों से संबंधित काररवाइयों में भाग लेना पड़ता था। कभी-कभी वे आवश्यकतानुसार मुखर भी हो जाते थे। पर वे दूसरों की पीड़ा सहन नहीं कर पाते थे। एक बार उन्होंने देखा कि दूसरी घोड़ागाड़ी का कोचवान अपने घोड़े को पीट रहा है। वे तुरंत अपनी घोड़ागाड़ी से कूद पड़े और उन्होंने उस कोचवान को जाकर रोका। घोड़े की पीड़ा से वे इतने व्यथित थे कि जब वे लौटे तो उनका चेहरा

मारे दु:ख के पीला पड़ गया था।

उनका अपना कोचवान भी कभी उनके सामने घोड़े को चाबुक नहीं मार पाता था। एक बार एक अतिथि को लाने जब डार्विन की घोड़ागाड़ी गई तो अतिथि ने जल्दी पहुँचने की धुन में कोचवान से चाबुक चलाने को कहा। पर कोचवान ने अपने मालिक का किस्सा सुनाते हुए असमर्थता व्यक्त की और कहा कि यदि उसने ऐसा किया तो मालिक उसे भी नहीं छोड़ेंगे।

डार्विन को यह पता था कि यदि घोड़ों से ज्यादा काम लेना है तो उनकी नस्ल सुधारनी होगी। इसके लिए तरह-तरह के प्रयोग करने होंगे। इस तरह मारने-पीटने से कुछ नहीं होगा। यह बात उन्होंने 'द टाइम्स' अखबार तथा रॉयल कमीशन जैसे संगठन को पत्र लिखकर भी कही।

□

केंचुओं पर अनुसंधान

जब चार्ल्स बीगल की यात्रा से लौटे थे तो 'मायर' मकान में उनके मामा जोसियाह वेजवुड ने लॉन में बैठे-बैठे टिप्पणी की थी कि ये केंचुए बड़ी मात्रा में पृथ्वी के नीचे से मिट्टी ऊपर लाते रहते हैं। उनके इस कथन से युवावस्था में ही चार्ल्स की रुचि इन केंचुओं में विकसित हो चुकी थी।

पर बाद में व्यस्तता के कारण उन्हें इन केंचुओं पर अनुसंधान करने का समय नहीं मिला। परंतु 1870 के दशक के अंतिम वर्षों में उनका बहुत सारा कार्य समाप्त हो चुका था और अब उन्होंने इस विषय पर तरह-तरह के प्रयोग आरंभ किए। केंचुओं के बारे में ज्ञान को सार्वजनिक करने के अलावा उनका एक और उद्‌देश्य था कि वे अपने जीवोत्पत्ति के सिद्धांत को हर दिशा में साबित करना चाहते थे।

उन्होंने मायर मकान के पास पड़ी जमीन में सन् 1827 में चूना डलवाया था। बाद में जब उन्होंने उस जमीन में छेद करके देखा तो पाया कि चूने के अंश जमीन के ढाई इंच नीचे तक पहुँच गए थे। उन्होंने उससे निष्कर्ष निकाला कि इससे ऊपर की मिट्टी अलग से बिछाई गई है। यह कार्य इन नन्हे, लिजलिजे केंचुओं ने ही किया होगा, चार्ल्स को विश्वास होने लगा। ये केंचुए नीचे से जो मिट्टी लाते हैं वह ऊपरी सतह पर जमा होती है और हर साल होनेवाली बारिश इसे बिछा देती है।

डार्विन ने सन् 1837 में ही इस संबंध में एक शोध-पत्र तैयार किया था, जो लंदन स्थित भूगर्भ-शास्त्रीय सोसाइटी में पढ़ा गया था। पर इस पर प्रतिक्रियाएँ धीमी गति से आईं। लगभग दस साल बाद एम.डी. आर्कियाक ने इसकी तीखी आलोचना की। इसके बाद फिर कई साल निकल गए। प्रतिक्रिया का इंतज़ार होता रहा।

फिर 'गार्डेनर क्रॉनिकल्स' में प्रकाशित एक लेख में लेखक ने चार्ल्स डार्विन के केंचुए संबंधी अनुसंधान व निष्कर्ष का उपहास किया। उन्होंने लिखा कि ये केंचुए इतने छोटे और कमजोर होते हैं कि इतना बड़ा व उपयोगी कार्य वे कर ही नहीं सकते हैं। उन्होंने डार्विन की बातों को मूर्खतापूर्ण बताया।

उपर्युक्त लेख सन् 1869 में प्रकाशित हुआ था। डार्विन ने अब निश्चय कर लिया कि वे अपनी बातों को अब वैज्ञानिक रूप से प्रस्तुत करेंगे और प्रमाण सहित दुनिया के सामने रखेंगे। साथ ही उनकी अब तक की मान्यता और दृढ़ हो गई। उन्होंने कहा कि न सिर्फ मिट्टी में वरन् पूरे विश्व में बहुत धीमी गति से अनेक प्रक्रियाएँ चलती रहती हैं, जिनका कुल परिणाम चौंकानेवाला होता है।

पहली बार डार्विन ने अपने शोध-पत्र में लिखी भाषा में सख्ती लाते हुए कहा कि यदि हम अत्यंत धीमी गति से चल रहे अनवरत परिवर्तनों को कुशलता से जोड़कर सार्वजनिक करने में असफल रहेंगे तो हमारे विज्ञान की प्रगति की रफ्तार धीमी ही रह जाएगी।

जीवन के अंतिम दौर में जब डार्विन ने इन केंचुओं पर अनुसंधान आरंभ किया तो प्रमाणों का ढेर लगाना आरंभ कर दिया। अपने मकान 'डाउन' में उन्होंने प्रति वर्ग इंच जमीन में केंचुओं के चलने के निशानों की गणना शुरू कर दी। उन्होंने केंचुओं के जीवन, आदतों, शरीर रचना-शास्त्र आदि का भी अध्ययन आरंभ कर दिया। इतने छोटे जीव का इतना विस्तृत और गहराई से अध्ययन पहली बार चला।

वे अकसर एक बरतन में केंचुए भरकर ले जाते थे और अपने अध्ययन-कक्ष में उनका कई-कई दिन-रात लगातार अध्ययन करते थे। वे न सिर्फ उन्हें निहारते वरन् उनके साथ तरह-तरह के प्रयोग भी करते थे। उनकी इस दशा को देख कर पत्नी एम्मा कहा करती थीं कि वे इन केंचुओं को प्रशिक्षण दे रहे हैं।

उस समय एक मान्यता यह थी कि केंचुए प्रकाश के प्रति बहुत संवेदनशील हैं। पर जब डार्विन ने इसकी जाँच के लिए रात को केंचुए से भरे बरतन को बिना कोई आवाज किए पलट दिया और एक लाल या नीली लालटेन का पतला पुंज उन पर डाला तो पाया कि उन पर कोई प्रभाव नहीं पड़ा है। पर जब उन्होंने अपने विशालक शीशे की सहायता से उन पर प्रकाश को केंद्रित किया तो वे छटपटाते हुए अपने बिलों में उसी प्रकार घुस गए जैसे कि खरगोश अपने दरबे में घुस जाता है।

डार्विन इन नन्हे केंचुओं पर ध्वनि और कंपन का प्रभाव भी जाँचना चाहते थे। उन्होंने केंचुओं से भरे बरतन में तीखी सीटी बजाई। उन्होंने पाया कि इन केंचुओं पर इसका कोई प्रभाव नहीं पड़ा। अब उन्होंने अनेक प्रकार के तीखे ध्वनि

कंपन उत्पन्न किए। उनका उन पर कोई प्रभाव नहीं हुआ।

पर अभी तक चार्ल्स किसी निष्कर्ष पर नहीं पहुँच पा रहे थे। अब वे केंचुओं से भरा बरतन अपने पियानो के पास ले आए। जब उन्होंने उसका c नोट दबाया तो केंचुओं पर उसका प्रभाव देखा।

सभी लोग अब सफेद दाढ़ीवाले वैज्ञानिक को इन छोटे, लिजलिजे व घिनौने से केंचुओं से जूझते हुए देखकर चकित हो रहे थे। केंचुओं के साथ उनका यह सफर दशकों पुराना हो चुका था। सन् 1841 में उन्होंने 'डाउन' के पास पड़ी खाली जमीन में हल चलवाया। उसके बाद उन्होंने इसे फ्लिंट की मोटी परत से ढकवा दिया था। यह काफी मजबूत परत थी और लोग इसे 'पत्थर का मैदान' कहा करते थे। बच्चे इस पर दौड़ते थे। यदि घोड़े को भी इस पर दौड़ाया जाता था तो इस पर कोई निशान नहीं पड़ पाता था।

सन् 1871 में तीस साल बाद डार्विन को इस मैदान की याद आई और उन्होंने इसे केंचुओं से संबंधित अनुसंधान के लिए चुना। जब वे उसे देखने गए तो पाया कि उस मैदान पर अब मिट्टी की एक तह जम गई है। उन्होंने उस मैदान में गड़े पत्थरों की ऊँचाई को भी मापा और पाया कि वे नीचे चले गए हैं।

जाँच करने पर पता चला कि इन केंचुओं ने पत्थरों के चारों ओर की खाली मिट्टी और नीचे की मिट्टी को अपना आशियाना बना लिया है। इस कारण अनेक पत्थर अपने-अपने स्थान पर या तो धसक गए हैं या दूसरी ओर सरक गए हैं।

तमाम मापनों और गणनाओं के बाद जब डार्विन अपने घर वापस लौटे तो उन्हें इन मामूली से, बेकार लगनेवाले केंचुओं की प्रचंड शक्ति का एहसास हो चुका था। उन्हें लग रहा था कि इस तरह तो यादगार माने जानेवाले पत्थर भी इन केंचुओं के कमाल के आगे धराशायी हो जाएँगे।

उपर्युक्त अनुमान के सत्यापन में भी देर नहीं लगी। सन् 1876 में 'एबिंगर हॉल' में प्राचीन सभ्यताओं से संबंधित कुछ खोज कार्य चल रहा था। यह जगह लार्ड फारर की जायदाद थी। इन अन्वेषणों के दौरान कुछ रोमन अवशेष मिले। संयोगवश लॉर्ड फारर का विवाह हेंसले वेजवुड की पुत्री से हुआ था और इस नाते चार्ल्स डार्विन की उनसे रिश्तेदारी थी। इस कारण डार्विन परिवार को वह जगह देखने का अवसर मिला।

अगली गरमियों में चार्ल्स व एम्मा 'एबिंगर हॉल' देखने गए, जहाँ उस समय आगे के अन्वेषण के लिए गड्ढा खोदा जा रहा था। सतह से कई फीट नीचे खोदनेवालों को एक सख्त चीज मिली, जो कंक्रीट के कवरवाला एक बक्सा था या

छोटी लाल रोमन टाइल।

बाद में अनुमान लगाया गया कि ये टाइलें एक रोमन महल के स्वागत-कक्ष की थीं। इसके ऊपर के खेत को सदियों से जोता जा रहा था, पर किसी को भी इस बात का अहसास नहीं था कि इस हरी-भरी धरती के नीचे एक महान् साम्राज्य के अवशेष दबे पड़े हैं।

उस समय इस बात की कल्पना करना असंभव था कि इतना बड़ा महल केंचुओं ने नीचे दबा दिया होगा। पर डार्विन ने इसे ध्यान से देखना आरंभ किया। कंक्रीट के ऊपर कोई खास प्रभाव देखने को नहीं मिला। पर ज्यों ही डार्विन ने इन टाइलों के नीचे देखना आरंभ किया तो उन्हें केंचुओं की कारस्तानी के प्रभाव देखने को मिले। तीसरे दिन प्रातः डार्विन तथा लॉर्ड फारर ने जब और ध्यान से देखना आरंभ किया तो उन्हें केंचुओं के 25 बिल दिखाई दिए। उन्होंने जब उनके ऊपर की मिट्टी हटाई तो उन्हें चार जीवित केंचुए तेजी से भागते हुए दिखाई दिए।

निष्कर्ष स्पष्ट था। ये केंचुए वर्षों से रोमन इमारत के फर्श तथा दीवारों को नीचे ले जाते रहे थे और उनके नीचे की मिट्टी को ऊपर ला रहे थे। लगभग एक हजार वर्ष के परिश्रम से उन्होंने इस इमारत को इतना नीचे पहुँचा दिया था कि मनुष्य को इसकी उपस्थिति की भनक भी न लग पाए।

इस आधार पर डार्विन ने गणना आरंभ की। उन्होंने पाया कि इंग्लैंड के अनेक इलाकों में इतने केंचुए हैं कि वे प्रति एकड़ दस टन मिट्टी हर वर्ष हजम कर जाते हैं और वह उनके शरीर से होती हुई पृथ्वी की सतह पर आ जाती है। इस प्रकार पूरे इंग्लैंड के सतह की सारी मिट्टी इन नन्हे केंचुओं के पेट में कुछ वर्षों में ही चली जाती है। ये एक प्रकार से खेतों की जुताई करते हैं, मिट्टी साफ करते हैं। उसे एकरूप बनाते हैं और खेती के लिए अधिक उपयोगी व समृद्ध बनाते हैं।

डार्विन ने यह भी निष्कर्ष निकाला कि प्रकृति में शायद इतना अधिक उपयोगी प्राणी और कोई नहीं होगा जो मनुष्य के लिए इतनी उपयोगी भूमिका निभाता होगा। संयोग की बात यह भी थी कि डॉ. एरास्मस डार्विन ने अपनी पुस्तक 'जूनोमिया' में इन केंचुओं के बारे में टिप्पणियाँ की थीं और लोगों का आह्वान किया था कि वे केंचुओं को अपनी बहन मानें। एक सदी बाद उनके पोते चार्ल्स डार्विन ने उनके कथन को प्रयोगों द्वारा सत्यापित कर दिखाया था।

अब डार्विन ने अपने प्रयोगों व अन्य अध्ययनों को पुस्तक के रूप में कलमबद्ध करना आरंभ किया। अब तक लोग इन नन्हे, लिजलिजे, घिनौने प्राणियों को नेत्रहीन, श्रवणहीन, मूक, संवेदनहीन माना करते थे। इन्हें देखकर उनका मन

खराब हो जाया करता था, पर अब डार्विन को विश्वास हो गया था कि लोग इन्हें सलाम करेंगे और इनके बारे में ज्यादा-से-ज्यादा जानने का प्रयास करेंगे।

आखिर क्यों नहीं, ये जमीन को इतना उपजाऊ बना देते हैं कि पैदावार काफी बढ़ जाती है। साथ ही ये इतने शक्तिशाली भी हैं कि प्राचीन सभ्यताओं को जमीन के नीचे पहुँचा देते हैं।

डार्विन की पुस्तक 'द फॉर्मेशन ऑफ वेजिटेबल मोल्ड थ्रू दि एक्शन ऑफ वर्म्स' जब सन् 1881 में प्रकाशित हुई तो उसकी भूरि-भूरि प्रशंसा हुई। पाठकों व समीक्षकों दोनों ने डार्विन के उत्साह की प्रशंसा की।

□

सम्मानों की झड़ी

कुछ लोगों को छोटे-मोटे कार्यों पर ही पुरस्कार व सम्मान मिलने लगते हैं। पुरस्कार व सम्मान मनुष्य का उत्साह बढ़ाते हैं और इसलिए यदि वे जल्दी ही प्राप्त हो जाएँ तो अधिक उपयोगी सिद्ध होते हैं।

डार्विन ने अथक परिश्रम किया। उन्होंने अनुसंधान के लिए ऐसे विषय चुने जो नए व अछूते थे। उनके कार्य के जो परिणाम निकले वे तत्कालीन सामाजिक व धार्मिक मान्यताओं के विपरीत थे। उस समय भी ब्रिटिश समाज पर धर्म की पकड़ मजबूत थी। अत: उनके कार्य की आलोचना ही ज्यादा हुई।

चार्ल्स डार्विन के पीछे कोई संस्था नहीं थी। न्यूटन ने रॉयल सोसाइटी को अपना कार्यक्षेत्र बनाया था। माइकेल फैराडे ने रॉयल इंस्टीट्यूशन को अपना कार्य-क्षेत्र बनाया था। यहाँ किए गए कामों को सुविधाएँ व समर्थन ज्यादा व आसानी से मिलते थे।

पर चार्ल्स ने अपने घर, जो एक ग्रामीण इलाके में था, को अपना कार्यक्षेत्र बनाया था। वहाँ तक पहुँचना भी कठिन था। उन्होंने अपने घर व बगीचे को एक अनुसंधान केंद्र में परिवर्तित कर दिया था, जिसकी व्यवस्था उन्हें स्वयं ही करनी पड़ती थी। उनके ग्रीन-हाउस में लगाए गए एक-एक पौधे उनके द्वारा बहाए गए पसीने की दास्तान दोहरा रहे थे।

पर देर में ही सही, जीवन के अंतिम दशक तक दुनिया को उनके योगदान का एहसास हो ही गया और जब सम्मानों की शुरुआत हुई तो फिर झड़ी ही लग गई।

अनेक विदेशी वैज्ञानिक संस्थाओं ने उन्हें अपने यहाँ सदस्यता देने की पेशकश की। सन् 1878 में तो उन्हें आश्चर्यजनक सूचना मिली कि उन्हें एक फ्रेंच संस्थान के वनस्पति-शास्त्र संबंधी अनुभाग का सदस्य चुन लिया गया।

वास्तव में लंबे समय से इस बात पर आपत्ति व्यक्त की जा रही थी कि चार्ल्स डार्विन को फ्रांस के सम्मानित वैज्ञानिक समूह से बाहर रखा गया है। वैज्ञानिक जगत् इसे गोलमाल की संज्ञा भी दे रहा था। पर यह सब धीरे-धीरे ही हो पा रहा था और प्रारंभिक दौर में असफलताएँ देखने को मिलीं। सन् 1872 में फ्रांस में जंतु-शास्त्र संबंधी अनुभाग का सदस्य बनाने के लिए तैयारी होने लगी, पर उस समय वहाँ डार्विन के जीवोत्पत्ति सिद्धांत के विरोधियों का दबदबा था, इस कारण उन्हें कुल पड़े 48 मतों में से 15 मत ही मिल पाए।

इस चुनाव के बाद तीखी प्रतिक्रियाएँ होने लगीं। कुछ ने इस पर दुःख व्यक्त किया तो कुछ ने डार्विन के सिद्धांत को, कुछ ने उनकी पुस्तकों के शीर्षकों को बुरा-भला कहा। लोगों को 'डिसेंट ऑफ मैन' शीर्षक पसंद नहीं आया। उनका मानना था कि इससे पतन की बू आती है। उनके अनुसार इसमें कोरी कल्पनाएँ हैं, जो अंततः निराधार साबित होंगी। ऐसी पुस्तकों के रचयिता को सम्मानित संस्थाओं में कोई स्थान नहीं मिलना चाहिए।

पर जब वनस्पति-शास्त्र के रास्ते डार्विन को प्रवेश मिल गया तो उन्हें बड़ी हँसी आई। अपनी भावना को व्यक्त करते हुए उन्होंने आसाग्रे को पत्र लिखा—यह कैसा मजाक है कि मुझे वनस्पति-शास्त्र खंड का सदस्य चुना गया है, जबकि मैं तो कुछ फूलवाले पौधों और अनाजों में मटर आदि का ही थोड़ा-बहुत ज्ञान रखता हूँ।

पर डार्विन को जर्मनी के वैज्ञानिक जगत् में आसानी से प्रवेश मिल गया। बर्लिन विज्ञान अकादमी में हेमहोल्ट्स तथा विरचो ने उनके पक्ष में प्रचार किया और वे सदस्य चुने गए। उन्हें तुरीन की रॉयल अकादमी से 'ब्रेसा पुरस्कार' तथा रॉयल कॉलेज ऑफ फिजीशियंस से 'बाली' पदक भी प्राप्त हुआ। सन् 1877 में उनके जन्मदिवस पर दो सुंदर सजिल्द ग्रंथ मिले, जिनमें 154 डच तथा जर्मन वैज्ञानिकों के फोटोग्राफ्स थे और जो उन्हें सम्मानित करना चाहते थे।

इस अद्वितीय सम्मान की पेशकश पर हॉलैंड के प्रो. ए. वॉन बेम्मेलेन को लिखे पत्र में डार्विन ने कहा कि मेरा मानना है कि हर विज्ञानकर्मी को अपने जीवन में कभी-कभार ही निराश होना पड़ता है जब वह यह सोचता है कि जो कुछ भी उसने प्रकाशित किया क्या उसका मूल्य उस परिश्रम के समतुल्य है जो उसने किया है ? पर अब मेरे जीवन के कुछ वर्ष ही शेष रह गए हैं। जब भी मेरा मन प्रसन्न होने को करेगा तो मैं अपने इन वैज्ञानिक मित्रों के फोटोग्राफ्स देखकर प्रसन्न होता रहूँगा, जिन्होंने मेरे प्रति अनुराग प्रदर्शित किया है।

अंतिम दशक में उन्हें सम्मान मिलते ही रहे, पर उनमें एक सम्मान श्रेष्ठतम माना जाता है, जिसके अंतर्गत उनके अपने विश्वविद्यालय कैंब्रिज ने उन्हें मानद एल-एल.डी. की उपाधि प्रदान की थी। यह समारोह 17 नवंबर, 1877 को संपन्न हुआ था और उस दिन सीनेट हॉल खचाखच भरा हुआ था।

उस दिन चार्ल्स डार्विन ने परंपरागत स्कारलेट सिल्क गाउन पहना हुआ था और उनके स्वागत में इतना शोर हो रहा था कि कान के परदे फटे जा रहे थे। एम्मा अपने बेटे-बेटियों के साथ बैठी प्रसन्न तो हो रही थीं, पर उन्हें यह भी लग रहा था कि चार्ल्स इस अवसर पर अपनी भावनाओं को रोक भी पाएँगे या नहीं।

पर चार्ल्स पूरे धैर्य के साथ मुसकराते हुए बैठे रहे। तभी गैलरी से परदा हटा और सामने एक पुराना कमरा दिखाई दिया। अचानक एक खिलौना बंदर बाहर आया। उसे देखकर उपस्थित जनसमुदाय खिलखिला उठा। विश्वविद्यालय के प्रॉक्टर उसे पकड़ने के लिए दौड़े, पर पकड़ नहीं पाए और परदा गिर गया।

उधर लोग इस नाटक से चकित थे और इधर विश्वविद्यालय के उपकुलपति अपनी औपचारिक पोशाक में अंदर आए। परंपरागत ढंग से चार्ल्स डार्विन का स्वागत संपन्न हुआ। समारोह के पश्चात् जॉर्ज के कक्ष में भव्य दावत का आयोजन था। इसी बीच कॉलेज के अधिकारी, छात्र तथा पुराने मित्र चार्ल्स को व्यक्तिगत रूप से बधाई देने के लिए घेर चुके थे।

भोजन के पश्चात् चार्ल्स कॉलेज के मैदान में पहुँचे, जहाँ उन्होंने थोड़ा सा विश्राम किया और अपने कॉलेज के पुराने दिनों को याद किया। पर इन सबसे वे इतना थक चुके थे कि उनमें रात्रि के भोज में रुकने की इच्छा नहीं बची थी, जो फिलोसॉफिकल क्लब द्वारा दिया जा रहा था। परंतु रुकना तो था ही।

रात को भोज से पूर्व हक्सले ने उपस्थित जनसमुदाय को लगभग डाँटते हुए कहा कि इस महान् कैंब्रिज विश्वविद्यालय ने विश्व के महानतम वैज्ञानिकों में से एक चार्ल्स डार्विन को बहुत देर से पुरस्कृत व सम्मानित किया। इस अंतिम दौर में दिया जानेवाला सम्मान विश्वविद्यालय के लिए सुरक्षित तो है, पर बासी भी हो चुका है।

मौके की नजाकत को भाँपते हुए उन्होंने सधे शब्दों में कहा कि अरस्तू ने जो जीव-विज्ञान संबंधी ज्ञान दुनिया को दिया था, दुनिया अभी तक उसे ही आँख मूँदकर मानती चली आ रही थी। पहली बार 'ऑरिजिन ऑफ स्पेसीज' के रूप में नया ज्ञान मिला है। यह ज्ञान प्रमाणों पर आधारित है, इसलिए अद्वितीय है।

ये अकेले ऐसे वैज्ञानिक हैं जिन्होंने प्रकृति संबंधी नवीनतम ज्ञान दुनिया के

सामने प्रस्तुत किया है और उसके लिए अनगिनत एवं व्यापक प्रमाण भी एकत्रित किए हैं। अनोखी बात यह भी है कि आमतौर पर वैज्ञानिक सिद्धांत पहले सामने रख देते हैं और प्रमाण एक-एक कर बाद में आते हैं। इस पैमाने पर रखकर यदि देखा जाए तो चार्ल्स डार्विन की अंतर्दृष्टि अद्वितीय है और परिणामों में आश्चर्यजनक शुद्धता भी है।

□

अलविदा

सन् 1880 का दशक आरंभ हुआ। टी.एच. हक्सले द्वारा दिया गया भाषण समय के साथ सत्य साबित होता जा रहा था। डार्विन के जीवोत्पत्ति सिद्धांत को वैज्ञानिक जगत् में मान्यता मिलती जा रही थी।

उधर डार्विन को भी अपनी सफलता का एहसास हो रहा था। उन्हें उम्मीद नहीं थी कि उनके जीवन-काल में ही उनका विवादित सिद्धांत स्वीकृत होने लगेगा। पर साथ ही उन्होंने इस स्वीकृति को पूरी सरलता से लिया। अपनी आत्मकथा को वे कई वर्षों से लिख रहे थे। इस दशक के आरंभ में उन्होंने अपनी इस संक्षिप्त आत्मकथा को पूरा किया।

अपने जीवन पर उन्हें बड़ा संतोष था। उन्होंने लिखा कि मेरी क्षमताएँ तो सामान्य किस्म की ही थीं, पर मुझे आश्चर्य हो रहा है कि मैंने उन्हीं की सहायता से वैज्ञानिक जगत् को अत्यंत महत्त्वपूर्ण बिंदुओं पर अपनी राय से सहमत करा लिया।

सन् 1881-82 की सर्दियाँ जब आईं तो डार्विन को कमजोरी के अनेक झटकों का सामना करना पड़ा। पहले ही झटके में वे इतने कमजोर हो चुके थे कि उनके लिए टहलना तक असंभव हो चुका था। उन्हें लगने लगा था कि अब उनके पास अधिक समय नहीं है।

12 फरवरी, 1882 को उनका तिहत्तरवाँ जन्म-दिवस मनाया गया। उस दिन बहुत सारे लोगों ने उन्हें बधाई दी। पर बधाई देते समय उन्हें ऐसा लग रहा था कि यह उनके जीवन की अंतिम बधाई है।

सर्दियाँ बीतीं, वसंत आया। वनस्पतियाँ लहलहाने लगीं। फूल खिलने लगे, पर डार्विन की तबीयत बिगड़ने लगी। कुछ दिन बिस्तर पर रहने के पश्चात् 19 अप्रैल, 1882 को हृदय गति रुक जाने से उनके प्रिय निवास-स्थान 'डाउन' में उनका निधन हो गया।

आजीवन सक्रिय रहनेवाले चार्ल्स डार्विन का पार्थिव शरीर शांत-निश्चेष्ट हुआ। इस खबर से पूरे विश्व में तहलका मच गया। दूर-दूर के देशों में उनके मित्र, समर्थक, वैज्ञानिक व अन्य लोग शोकाकुल हो गए। व्यक्तिगत, औपचारिक, आधिकारिक, निजी शोक-संदेशों का ताँता लग गया।

'टाइम्स पत्रिका' ने उन्हें अपने विषय का अद्वितीय तथा विश्व के अब तक श्रेष्ठतम माने जानेवाले दो-तीन वैज्ञानिकों के समतुल्य बताया। उधर ब्रिटेन के बीस सांसदों ने वेस्टमिंस्टर के डीन को पत्र लिखकर एक स्वर से सुझाव दिया कि इस महानतम वैज्ञानिक को वेस्टमिंस्टर कब्रगाह में पूरे सम्मान के साथ दफनाया जाए। यही इच्छा देश के सभी नागरिकों की भी है, जिनमें सभी वर्गों व विचारों के लोग शामिल हैं।

सर जॉन लुबोक ने राष्ट्र की ओर से डार्विन परिवार को पत्र लिखा कि चार्ल्स डार्विन के शव को 'डाउन' की भूमि में नहीं, वेस्टमिंस्टर की भूमि में दफनाने के लिए अपनी सहमति दें। यह सभी की इच्छा है। हालाँकि चार्ल्स अपनी कर्मभूमि 'डाउन' को बेहद पसंद किया करते थे।

26 अप्रैल, 1882 को चार्ल्स डार्विन की शवयात्रा प्रारंभ हुई। लोग काले वस्त्र पहने हुए थे। यह उनकी विदाई भी थी और एक राष्ट्रीय समारोह भी था। इसमें सभी शामिल थे—जननेता, विचारक, राजनीतिक विरोधी, वैज्ञानिक सहकर्मी, प्रख्यात आविष्कारक, कलाकार व विशेषज्ञ।

इस शवयात्रा में फ्रांस, जर्मनी, इटली, स्पेन, रूस के सरकारी प्रतिनिधि भी शामिल थे और विश्वविद्यालयों, विद्वान् सोसाइटियों आदि के प्रतिनिधि भी। चार्ल्स ने अपना पूरा जीवन शांत व सादगी से जिया था, पर उनकी शवयात्रा में सादगी नहीं थी।

चार्ल्स की शवयात्रा के साथ उनके जीवन के तमाम सहकर्मी चल रहे थे—हूकर, हक्सले, वालेस, उनके पड़ोसी भी साथ थे। अमेरिका से आए मंत्री जेम्स रसेल लावेल, कैनन फरार, विलियम स्पोटिस्वुड भी साथ चल रहे थे। रॉयल सोसाइटी के अध्यक्ष, डरबी के अर्ल, डेवोनशायर के ड्यूक, आर्गिल के ड्यूक भी साथ थे। शायद ऐसा कोई नहीं था जो जीवन भर साथ रहा हो, पर अब साथ न हो।

जीवन भर साथ निभानेवाली जीवनी-संगिनी एम्मा कहीं दिखाई नहीं दीं।

□

जाने के बाद

अब तक किसी भी वैज्ञानिक ने जीवन के बारे में सत्य की इतनी गहन व विस्तृत खोज नहीं की थी। प्रकृति में व्याप्त विविधता का तो वर्णन भी कल्पनातीत माना जाता रहा था और इसमें व्याप्त व्यवस्था एवं इसके पीछे के सिद्धांतों को इतनी सरलता और स्पष्टता के साथ लाने का प्रयास किसी ने भी नहीं किया। आइंस्टाइन और फ्रायड भी चार्ल्स डार्विन के सामने हलके पड़ते हैं।

पर उन्होंने इतना विशाल कार्य किया था कि उसमें बीच-बीच में खाली स्थान या अपर्याप्तता दरशाना कठिन नहीं था, पर वे जीवन भर उन्हें भरने में जुटे रहे। उन्होंने जीवन के सभी पहलुओं, उसकी उत्पत्ति, विकास, गठन, कार्य-प्रणाली आदि को जीवन भर सरलतम बनाने के लिए अथक प्रयास किए।

पर चार्ल्स के जाने के बाद उनके सिद्धांतों का सत्यापन और तेजी से होता गया। उनके कार्य व परिणामों में जो खाली स्थान बचे थे वे तेजी से भरते चले गए। बाद में तमाम जीवाश्मों के नमूने प्राप्त हुए, जिन्हें उचित स्थानों पर रखकर तथा तदनुसार नामकरण करके श्रृंखला पूरी की गई।

डार्विन का सिद्धांत वैज्ञानिकों के लिए चुनौतीपूर्ण शोध का विषय बना रहा। अनेक वैज्ञानिक समय-समय पर इसे चुनौती देते रहे। डार्विन के अनुसार प्राणियों के अंगों में उनके उपयोग व अनुपयोग के अनुसार परिवर्तन होते हैं। जो अंग अधिक उपयोग होते हैं वे अधिक सशक्त होते जाते हैं; जिनका उपयोग नहीं होता है वे अंग कमजोर रह जाते हैं और अंततः लुप्त हो जाते हैं।

बाद में अनेक वैज्ञानिकों ने इस सिद्धांत को इस आधार पर चुनौती दी कि यह सिद्धांत यह तो बतला देता है कि प्राणियों के अंग समय के साथ सशक्त, परिवर्तित और लुप्त कैसे होते हैं, पर यह नहीं बतला पाता कि अचानक नए गुण या अंग कैसे विकसित हो जाते हैं।

सबसे बड़े चुनौतीदाता डच वनस्पति-शास्त्री डी व्राइस थे, जिन्होंने अपने प्रयोगों द्वारा ऐसी वनस्पतियों का उत्पादन किया था जो नई थीं। इस प्रकार डार्विन के विकासवाद को सशक्त चुनौती का सामना करना पड़ा।

दोनों ओर से पक्ष और विपक्ष में अनुसंधान चलते रहे। उस समय तक आनुवंशिकी के गुणों की पर्याप्त जानकारी नहीं थी। बाद में जब मेंडेल के प्रयोगों के परिणाम सार्वजनिक हुए तो डार्विन के विकासवाद पर एक बार फिर पक्की मुहर लग गई। ज्यों-ज्यों आनुवंशिकी का ज्ञान परिपक्व होता गया त्यों-त्यों डार्विन के सिद्धांत की विश्वसनीयता बढ़ती चली गई।

समय के साथ डार्विन के प्रति लोगों की व्यक्तिगत आस्था व श्रद्धा भी बढ़ती गई। इसका एक प्रमुख कारण यह भी था कि आमतौर पर इस प्रकार के मामलों में वैज्ञानिक सिद्धांत तो सार्वजनिक कर देते हैं, पर उसके पक्ष में पर्याप्त प्रमाण तत्काल नहीं जुटा पाते हैं। ये प्रमाण समय के साथ एकत्रित होते हैं और ज्यादातर मामलों में वैज्ञानिक की मृत्यु के पश्चात् दूसरे वैज्ञानिक ही इन्हें जुटाते हैं। पर चार्ल्स डार्विन ने अपने सामने तमाम प्रमाण जुटाए। उन्होंने सिद्धांतों के प्रतिपादन में किसी प्रकार की जल्दबाजी नहीं की। इसी कारण उनकी अंतर्दृष्टि तथा शुद्धता दोनों की सराहना की जाती है।

इसके अलावा एक अन्य महत्त्वपूर्ण बात यह भी है कि डार्विन ने मनुष्य को प्रश्न करने का अधिकार दिला दिया। इसके साथ प्रकृति की विभिन्न घटनाओं और उनके पीछे सिद्धांतों को तर्क की कसौटी पर कसा जाने लगा। इसके साथ ही आधुनिक विज्ञान का विकास आरंभ हो गया और प्राणियों के विस्तार, मनुष्यों की गतिविधियों और उनकी जटिलता आदि पर स्वतंत्रतापूर्वक अनुसंधान आरंभ हो गया।

लेकिन इससे ईश्वर के प्रति आस्था और धर्म की समाज पर पकड़ में कमी नहीं आई। अनेक लोग व संस्थाएँ अभी भी यह मानते रहे कि संसार का रचनाकार ईश्वर है और डार्विन का सिद्धांत अपूर्ण है या कपोल-कल्पना ही है। यह बहस बीसवीं सदी में लगातार जारी रही और दुनिया के आधुनिकतम व धर्मनिरपेक्ष माने जानेवाले अमेरिका में भी छात्रों को विज्ञान की पढ़ाई के साथ डार्विन का विकासवाद पढ़ाया जाए या नहीं, इस पर बहस चलती रही। विरोधियों ने साथ में ईश्वर द्वारा सृजन को पढ़ाने पर भी जोर दिया।

अमेरिका में डार्विनवाद और सृजनवाद के बीच संघर्ष बना रहा। एक जनमत-संग्रह के अनुसार ईश्वर ने इस संसार के जीवों का सृजन किया है, यह

मानने वाले 45 प्रतिशत लोग थे। इतना ही नहीं, कैंसास राज्य में डार्विनवाद के साथ सृजनवाद पढ़ाया जाए या नहीं, इस शिक्षा बोर्ड में मतदान हुआ और फैसला 6-4 से डार्विनवाद के पक्ष में गया।

सन् 1987 में यह विवाद अमेरिकी सर्वोच्च न्यायालय में गया था। तब न्यायालय ने यह निर्णय दिया था कि किसी भी धार्मिक विश्वास को विकासवाद के सिद्धांत के साथ नहीं पढ़ाना चाहिए, क्योंकि इससे विज्ञान की गरिमा कम होती है। पर तत्कालीन अमेरिकी राष्ट्रपति जॉर्ज बुश के अनुसार दोनों ही सिद्धांत पढ़ाए जाने चाहिए, ताकि लोग निर्णय कर सकें कि क्या मानना चाहिए और क्या नहीं।

बहरहाल, समय के साथ डार्विनवाद के पक्ष में एक के बाद एक अकाट्य प्रमाण मिलते चले गए। आज निम्न प्रमाण उपलब्ध हैं—

1. वर्गीकरण : संसार के तमाम जीवों को ऊँची और निचली कई श्रेणियों में विभाजित किया गया है। विकास की प्रक्रिया के कारण ही इतना उतार-चढ़ाव संभव हो सका है।
2. भूविज्ञानी अभिलेख यह प्रमाणित करते हैं कि सरल व निम्न श्रेणी के जीव पहले उत्पन्न हुए और जटिल या उच्च श्रेणी के जीव बाद में डार्विन के विकासवाद के आधार पर ही इस प्रक्रिया की व्याख्या की जा सकती है।
3. बाद के काल में अनेक लुप्त कड़ियाँ प्राप्त हुई हैं। ये दो जीव श्रेणियों के मध्य की हैं। बावरिया में पाया जानेवाला आर्किओप्टेरिक्स नामक जीवाश्म आधा पक्षी है और आधा सरीसृप। उसमें पक्षियों की भाँति डैने और चोंच हैं, पर सरीसृप की भाँति लंबी पूँछ और मुँह में दाँत हैं। इसी तरह ऑस्ट्रेलिया का प्लेटिपस पक्षियों की तरह अंडे देता है, पर उसके शेष अधिकांश गुण स्तनपायी जीवों की तरह हैं।

   हाल ही में अमेरिकी विज्ञान पत्रिका 'नेचर' में प्रकाशित एक शोध-पत्र में शिकागो विश्वविद्यालय के जीवाश्म-विज्ञानियों ने एक ऐसी मछली के जीवाश्मों की जानकारी दी है जिसके पंख भूमि पर चलनेवाले चौपायों की तरह विकसित होने की प्रक्रिया में थे। वैज्ञानिकों के अनुसार, यह जलचरों और थलचरों के बीच की कड़ी है।

   ये चार से नौ फीट लंबे जीवाश्म आर्कटिक वृत्त में आनेवाले कनाडा के एलसमेयर द्वीप में मिले। यह जीव मछली और घड़ियाल के गुणों के बीच का है। यह मांसाहारी था और अनुमानों के अनुसार साढ़े तैंतीस

करोड़ वर्ष पूर्व पृथ्वी पर निवास करता था। यह अधिकांशतः पानी में निवास करता था, पर इसके आगे के पंखों में जमीनी चौपायों की तरह हड्डियाँ थीं। यह पंखों की सहायता से जमीन पर आराम से चल सकता था। रिक्टालिक रोसिया नामक इस जीव के शरीर में फेफड़े और गलफड़े दोनों थे, पर उसका जबड़ा और सिर मछलियों जैसा था।

4. अनेक जीवों में ऐसे अंग आज भी विद्यमान हैं जिनका उनके लिए कोई उपयोग नहीं रह गया है, पर दूसरे जंतु उन अंगों का उपयोग करते हैं। ये जंतु पूर्णरूप से परिवर्द्धित हैं। उदाहरण के तौर पर, मनुष्य के कान की मांसपेशियाँ अभी भी हैं, पर ये निष्क्रिय हैं। लेकिन दूसरे जीव जैसे—गाय व भैंस आदि में ये मांसपेशियाँ सक्रिय हैं। ये इन्हें हिला-डुलाकर मक्खी उड़ा लेते हैं।

   इसी तरह मनुष्य के शरीर की पाचक-नाल में परिशोषिका है। यह भी अवशिष्ट अंग है और इसका उपयोग नहीं होता है। मनुष्य के ही शरीर में पहले पूँछ रही होगी, पर पूँछ का अवशेष जो नीचे निकली हुई हड्डी है, अभी भी मौजूद है।

5. भ्रूणावस्था में उच्च श्रेणी के जंतुओं का भ्रूण भी उन्हीं अवस्थाओं से गुजरता है, जिनसे निम्न श्रेणी का भ्रूण गुजरता है। प्रारंभिक अवस्था में मनुष्य, पक्षी, सरीसृप, मेढक, मछली के भ्रूणों में कई समानताएँ देखने को मिलती हैं।

6. यदि विभिन्न जंतुओं के शरीर की तुलना की जाए तो समानताएँ इतनी ज्यादा हैं कि यह मानना अधिक तर्कसंगत लगता है कि एक ही जीव की उत्पत्ति हुई होगी और उसी के विकास-क्रम में अन्य जंतु विकसित हुए होंगे। अलग-अलग जंतुओं की रचना हुई होगी, ऐसा मानने का कोई वैज्ञानिक आधार नहीं मिलता है।

पर डार्विन के विरोधी अकसर कहते रहते हैं कि आँख जैसे जटिल अंग का विकास डार्विन की परिकल्पना के आधार पर संभव नहीं है। उन्हें अवश्य ही ईश्वर या किसी महामेधा ने रचा होगा। हालाँकि वैज्ञानिक इस संबंध में डार्विन के पक्ष को प्रमाणित करने में लगे हैं।

□

परिशिष्ट-1

अठारहवीं-उन्नीसवीं सदी की महान् यात्राएँ, जो प्रकृति-विज्ञानियों ने संपन्न कीं—

1700–02 जोसेफ पिट्टॉन डी टोर्नीफोर्ट ने लेवेंट (यूनान व तुर्की) की यात्रा।

1732 लीनियस ने लैपलैंड की यात्रा की।

1735–70 जोसेफ डी जूसो ने दक्षिण अमेरिका की यात्रा की। उसने चार्ल्स मेरी डी ला कोंडामाइन के नेतृत्व में यात्रा आरंभ की थी। बाद में वह दक्षिण अमेरिका में 35 वर्ष तक रहा।

1749–54 माइकेल एंडेसन 'कंपनी डी इंडीस' के कर्मचारी के रूप में पाँच वर्ष तक सेनेगल में रहा।

1763–75 कैप्टेन जेम्स कुक के नेतृत्व में दक्षिणी गोलार्द्ध की यात्रा संपन्न हुई, जिसके जरिए जोसेफ बैंक और फिर जर्मन यात्रियों जोहान व जॉर्ज फोरस्टर ने वहाँ की प्रकृति का अध्ययन किया।

1767–71 लुई एंटनी डी बोगेनविले की विश्व-यात्रा, जिसमें फिलबर्ट कोमर्सन नामक वनस्पति-शास्त्री ने जगह-जगह अन्वेषण किए।

1768–74 साइबेरिया की यात्रा, जिसका नेतृत्व जर्मन जंतु-विज्ञानी पीटर साइमन पलास ने किया था।

1785–09 जीन फ्रांकोस डी ला पेरुज के नेतृत्व में यात्रा, जिसके अंत में दो जहाज बुसोली तथा एस्ट्रोलैब गायब हो चुके थे।

1791–04 एंटनी डी एंट्री कास्टू का अभियान, जो मूलत: ला पेरुज के जहाजों की तलाश के लिए था।

1799–1804 अलेक्जेंडर वॉन हंबोल्ट तथा ऐमे बोनप्लांड की दक्षिण अमेरिका यात्रा।

1800–04 कमांडेंट निकोलस बॉडीन की दक्षिणी सागरों की यात्रा।

1831–06 चार्ल्स डार्विन की बीगल जहाज पर यात्रा।

1832 विक्टर जैकमांट की यात्रा, जिसमें उनका बंबई (मुंबई) में निधन हो गया।

1848–52 अंग्रेज यात्रियों अल्फ्रेड रसेल वालेस तथा एच.डब्ल्यू. बैट्स की अमेजोनिया की यात्रा।

□

परिशिष्ट-2

उपकरण व सामग्री, जो साथ ले जाए जाते थे

उस काल की यात्राओं की अवधि न्यूनतम तीन वर्ष मानी जाती थी। अत: प्रकृति-विज्ञानी अभियान को सफल बनाने के लिए निम्न सामग्री साथ लेकर चलते थे—

1. 300 लीटर रंगहीन शराब (स्पिरिट)।
2. 300 सफेद शीशे के जार। (उन जारों में भरे अल्कोहल में छोटे-छोटे आकारों के प्राणी डाले जाते थे। इससे वे अधिक दिनों तक सुरक्षित रहते थे।)
3. 25 किलोग्राम मास्टिक।
4. 500 ग्राम कोरोसिव सब्लीमेंट, जो शीशे के फ्लास्क में रखा जाता था। यह दवा के रूप में प्रयोग होता था।
5. लेबल बनाकर लगाने के लिए 300 वर्ग फीट पतला गत्ता।
6. एक पंच तथा स्टैंप की लड़ी। इनके माध्यम से जारों पर संख्या डाली जाती थी और वही संख्या संलग्न विवरण में डाली जाती थी।
7. शिकार करने के लिए तीन बंदूकें।
8. चौड़ी तली के टीन के दो बक्से, जो शिकार व वनस्पतिशास्त्र संबंधी अध्ययन में प्रयोग होते थे।
9. एक ड्रम में 25 किलोग्राम आर्सेनिकल साबुन।
10. बारह बक्से, जिनमें कॉर्क की लाइनिंग होती थी और ये एक-दूसरे के अंदर फिट हो जाते थे। इनमें एकत्रित किए जानेवाले कीड़े रखे जाते थे।
11. पंद्रह रिम कागज, जिसमें पौधे लपेटे जाते थे।
12. 50 किलोग्राम रद्दी कागज, जिसमें खनिज पदार्थ लपेटे जाते थे।

□

परिशिष्ट-3

अद्भुत प्रयोग, जिसने सिद्ध किया कि विभिन्न वनस्पतियाँ एक स्थान से दूसरे स्थान तक किस प्रकार फैलीं।

चार्ल्स डार्विन ने उपर्युक्त तथ्य को सामने लाने के लिए एक प्रयोग शृंखला संपन्न की।

1. उन्होंने 87 बीजों को 28 दिनों तक समुद्री जल में डुबोए रखा।

   परिणाम—उनमें 64 अभी भी इस अवस्था में थे कि नए पौधों को जन्म दे सकें।

2. उन्होंने 94 पौधों को सुखाकर और फिर समुद्री जल में अट्ठाईस दिनों तक तैराया।

   परिणाम—94 में से 19 पौधे अट्ठाईस दिनों तक तैरने के बाद भी सकुशल थे तथा दोबारा उगने की स्थिति में थे।

   उपर्युक्त दोनों परिणामों को मिलाया गया।

अंतिम परिणाम—किसी भी देश के 100 में से 14 पौधे अट्ठाईस दिनों तक समुद्री जल में तैरकर दूसरे देश के अनुकूल समुद्री तट पर पहुँचकर फिर से उग सकते हैं। यदि औसत गतिवाली समुद्री धारा बह रही हो तो एक देश की वनस्पति एक हजार किलोमीटर दूर दूसरे देश में पहुँचकर उग सकती है।

□